沖縄の〈怒〉
いかり
日米への抵抗

ガバン・マコーマック＋乗松聡子 著
Gavan McCormack & Satoko Oka Norimatsu

Resistant Islands:
Okinawa Confronts Japan
and the United States

法律文化社

Resistant Islands: Okinawa Confronts Japan and the United States
by Gavan McCormack and Satoko Oka Norimatsu

Copyright © 2012 by Rowman & Littlefield Publishers, Inc.

First published in the United States by Rowman & Littlefield,
Lanham, Maryland U.S.A.
Reprinted by permission. All rights reserved.
Japanese translation rights arranged with Rowman & Littlefield Publishers, Inc.,
Lanham, Maryland, U.S.A. through Tuttle-Mori Agency, Inc., Tokyo

日本語版への序文

　この本の英語版（*Resistant Islands: Okinawa Confronts Japan and the United States*, Rowman & Littlefield, 2012）は、もともと日本や沖縄以外の読者のために、英文で沖縄の直面する問題について簡潔にまとめたものでした。2012年は沖縄の日本「復帰」40周年にあたり、この本が沖縄の歴史と日米、世界との関わりを振り返り、問題を解決する一助になればと願い日本語版を出版するに至りました。本書の出版が、日本本土でもっと沖縄のことを知ってもらう機会になればうれしく思います。

　2012年夏に英語版を出して以来沖縄をめぐる状勢は変わり、日本語版は読者対象も変わるということで、この本は英語版に相当の加筆修正を加えたものになりました。なので「邦訳」ではなく「日本語版」と呼んでいます。この文献からの引用をするときは、例えば日本語版にある情報が英語版にあることを仮定せず、どちらの版からの引用か必ず明確にしてください。また、この本は著者が直々日本語版を作成するという珍しい試みになっています。日本語版と原版の異なるところは、決して誤訳などではなく、著者2人の責任において修正した場所であると理解してください。また、この本は、英語の本をもとにしているというのもあり、人物への言及は原則的に敬称略としております。

　私が1962年6月、梅雨の雨の中を横浜港に上陸してから、今年は50年目です。この本の背景には、あるときは長く、あるときは短く、何回となく日本に滞在し、現代日本のいろんな面を見守って来た歴史があります。高度成長期からバブル期へ、バブル崩壊から日米関係の摩擦、変貌する北東アジアを目の当たりにした後では、沖縄を避けて通ることはできませんでした。沖縄には日本国家、日米関係、日本の民主主義の性格が集約的に現れているところだと思うようになりました。東京や大阪など、本土にいては混雑、混沌の中で隠れているものが那覇や名護にいればはっきりと見えてきます。沖縄ほど市民と国家の利害が、大きく激しく対立し、対立の成り行きが住民の生活に直接影響を及ぼすところは見られません。

この本は沖縄についての本であるのは確かですが、沖縄に関する密約が、ウィキリークス、情報公開法により、研究者や市民から、また内部告発などから暴露されたことを踏まえ、私の前著『属国──米国の抱擁とアジアでの孤立』（新田準訳、凱風社、2008年）に続き、日本国家と日米関係を改めて取り上げた本でもあります。2012年7月、オスプレイ配備のような問題は米国政府が決定するものであるから、日本が「どうしろ、こうしろという話ではない。」という野田首相の発言は衝撃的でした。しかしそれ以上に恐ろしかったのは、この発言が政界でも世間でも大した騒ぎにならなかったことです。日本は主権国家ではないということを大半の日本人は認めているということでしょうか。
　『沖縄問題』は同時に日本国家のあり方の問題でもありますが、沖縄問題に真剣に取り組まないことには、日本の対アジア関係の難問を解決するのは無理です。米国の財政赤字の悪化には歯止めがかかる見通しもないのに、暴力的で無法な覇権を維持するために、米国による同盟国への要求は今後ますます厳しくなることが予想されます。それでも日本政府は米国政府を何としてでも満足させようと努力するでしょうが、それは沖縄と日本にとってだけでなく、アジアと世界にとって有益なこととは言えません。
　2012年9、10月、日本政府はオスプレイの強行配備に反対する沖縄住民へ暴力的攻撃を加える行動に出ました。沖縄県民はそれまで、ありとあらゆる非暴力の抗議運動を展開してきたのですが、日本政府は頑として耳を貸さず、オスプレイを飛来させたのです。オスプレイは開発段階から現在まで、事故多発で安全性に大きな疑問があるのにもかかわらず、住宅密集地に位置する普天間基地に配備されました。オスプレイが日本の安全に貢献しないことは明白なのに米国の言いなりになる日本政府のやり方に、市民たちが怒って普天間基地の各ゲート前に座りこみました。警察は、老若男女、国会議員であれ、誰であれ暴力的に引きずり出し、現場に市民を拘禁する場所を作って3時間以上もトイレにも行かせなかったのです。現場のシーンは将来の日本の禍々しい前兆のように思われました。日米政府が沖縄を力ずくで制圧することが許されるなら、日本に民主主義が生き残れるのでしょうか。
　私が満州（中国東北地方）を中心とした日中関係を専門にしていたころ、満州における反日運動の拡大を憂慮する日本の外交官の公電を読む機会がありま

した。とりわけ 1927 年の「東方会議」前夜の公電がまだ記憶にはっきり残っています。反日運動への対策をあげ、第一に説得、次に運動費を出して買収する、それから脅迫する、最後には武力を行使すると書かれていました。当時の方針がどんな結果になったか、いまでは周知のことです。沖縄もこのように敵の領土のように扱われてきているのではないでしょうか。説得にも買収にも抵抗した沖縄を待ち受けるのが、脅迫と剥き出しの暴力でないことを願っています。

　沖縄の人々から、「沖縄のことを取り上げ、書いてくれてありがとう」と言われることもありますが、それは全くそうではないのです。歴史を作る人と歴史を記録する人では格が違います。歴史を作る人の方が断然偉いのです。沖縄の抵抗の歴史を書くだけの筆者たちを仲間として接してくれる沖縄の皆さんに深く感謝しています。沖縄の歴史を作る人々の勇気と心の温かさに触れ、自分こそしっかりしなくては、と気の引き締まる思いです。この本のメッセージの核心は沖縄の「歴史を動かす人々」の声、9章にあります。読者の皆さんはこの章をぜひ見逃さないようにしてください。

　この本はオンライン英語ジャーナル『アジア太平洋ジャーナル：ジャパン・フォーカス』（www.japanfocus.org）で一緒に沖縄のことを発信してきたバンクーバー在住の乗松聡子さんと書いたものです。このジャーナルの中心的存在である、ニューヨーク州イサカのマーク・セルデンさんには編集における助言をもらいました。日本語版を出していただいた法律文化社の小西英央さんに感謝します。この本は、オーストラリア、カナダ、米国、日本にいる著者や編集者たちが情報テクノロジーの力を借りて実現したものです。本書は近いうちに韓国と中国でも翻訳出版される予定です。日本の隣国でも沖縄の動向に高い関心があります。

　本書が戦争や対立ではなく、平和と友好への小さな架け橋になればと願っています。

　　　2012 年 10 月

　　　　　　　　　　　　　　　　　　　　　　　キャンベラにて

　　　　　　　　　　　　　　　　　　　　　　ガバン・マコーマック

推薦文

　深い情報と豊かな洞察に裏付けられた本書は、平和と繁栄を享受していた沖縄の地が征服され、次いで東アジアの民族国家・帝国主義勢力の中へと残忍に併合され、第二次世界大戦での殺戮を経て、アメリカの属国としての日本の手によって米軍基地へと作り変えられてきた史実に光を当てる。そしてついに誇り高き人々の勇気ある抵抗運動は、何世紀もの圧政の中で失われたものを取り戻し、正義と希望に満ちたアジア共同体への道を開くことを決意する。これは、広く永く続く教訓を含んだ、恐怖と高揚の物語である。

ノーム・チョムスキー
（マサチューセッツ工科大学）

　読者は「沖縄中心の」現代日本史観を読むべきだと思って本書を手に取るかもしれないが、すぐその内容に釘付けになり、特に日本や沖縄に関わっていない友人にも勧めずにはいられなくなっている自分に気付くだろう。日本全体と、ことさら沖縄で、主権・憲法・民主主義が尊重されるのをできるなら永遠に引き延ばそうと意図した、この日米間のうさんくさい舞踏は、アメリカと世界中の市民にとって冷静に読む価値のあるテーマである。ことのあらましは、アメリカの権益が最上位に君臨する社会に生きた人には見慣れたものだとしても、丹念に調べ上げられた細部に読者は息をのむに違いない。本書は、率直・明解な道義に基づいた沖縄への関心に貫かれている。この道義を体現した終わりから2番目（日本語版では9章）の章が伝えるのは、数世代にわたる沖縄の活動家たちの声であり、全ての読者への贈り物である。

ノーマ・フィールド
（シカゴ大学）

　『抵抗する島々』は力作である。沖縄の人々の粘り強さと未来像への驚くべき導入であるだけでなく、東京の政府官僚がワシントンから発せられる命令に示す卑屈さへの痛烈な批判である。

ジョン・ダワー
（マサチューセッツ工科大学）

沖縄問題は現代日本の要諦である。そこには、東アジアと欧米の間に存在する、戦争と平和の内部的緊張が凝縮され、現代世界のほとんどの基本的矛盾が集約されている。本書は鋭い洞察をもって、これらの深い矛盾が沖縄と全人類に属するものであることを明らかにする。

孫歌（スン・グー）
（中国社会科学院）

　冷戦と自民党一党支配が終わったのに、なぜ75％もの米軍基地が日本列島のわずか0.6％にも満たない沖縄県に今も存在するのか。1870年代の琉球諸島の日本国への編入と、1972年アメリカの統治から形式的には日本主権への「まやかし」の沖縄返還という歴史的文脈の中に、この基本的問題を位置づけることで、ガバン・マコーマックと乗松聡子はアメリカ権力の軍事的前哨とされた沖縄の運命を鋭く分析する。海兵隊普天間飛行場の辺野古移設問題をめぐって地元が抵抗している現在の闘争を描き出すとともに、鳩山由紀夫・菅直人の両首相の元での同盟関係に深い洞察力で切り込んだ本書を、沖縄住民の視点から見た日米同盟の本質を理解しようとする全ての読者に勧めたい。

グレン・フック
（シェフィールド大学）

　本書の著者たちが弱者に向ける情熱的な感覚を共有できない人にとっても、太平洋地域の政治学に興味のある読者には必須の書である。本書の読みやすさ、歴史的な深さと正確さから、沖縄住民が日本ではなく中国の主権を望む可能性（既に日本の右翼勢力を扇動している）が、なぜ将来の米中冷戦に重要な役割を果たすのかがわかってくる。日本政府は固い地面と岩の間に挟まれているような板挟み状態に陥っている。この場合「固い地面」とは沖縄のことだが、この「岩」、つまりアメリカとの深い軍事同盟は、日本政府のエリートが自ら選んだものである。

ロナルド・ドーア
グリッツァーナ（イタリア）

目　次

日本語版への序文
推薦文

序　章　琉球／沖縄──処分から抵抗へ……………………………1
　1　翻弄される島々　1
　2　国家の重圧　5
　3　抵　　抗　8

第1章　「捨て石」の果てに──戦争、記憶、慰霊……………………14
　1　戦　　争　15
　　皇民化政策／「最も血みどろの」戦争／太平洋を渡った戦争／住民避難と対馬丸撃沈事件／天皇の責任／米軍上陸、激闘の果てに
　2　住民被害　20
　　子どもたちの死／住民虐殺／離島の住民退去と戦争マラリア被害／強制集団死／沖縄戦における朝鮮人の被害／戦時性暴力と「慰安所」／強制難民収容所／戦争の傷跡
　3　記　　憶　28
　　強制集団死の記憶と用語をめぐって／軍関与の論争／大江・岩波裁判／2006-2007年教科書検定問題／狙われる国境の島／「沖縄」対「靖国」／記憶の場／資料館展示をめぐる論争／平和の礎／終わらぬ戦争の中で

第2章　日米「同盟」の正体──密約と嘘が支える属国関係………47
　1　干渉と密約　48
　　核密約／岡田委員会／沖縄「返還」──日米共謀のさらなる「琉球処分」／沖縄密約訴訟

2　日米「同盟」　57
　　　樋口レポートVS. ナイレポート／安保違反の在日米軍／「抑止力」＝「ユクシ」(嘘)
　3　属　　国　62

第3章　分離と復帰——軍支配と基地被害は続く　71

　1　「復帰」とは　71
　　　本土にとっての「主権回復」の日は、沖縄にとっての「屈辱の日」／奪われた土地／占領下、基地は沖縄に集中する／「民主国家」による民主主義の妨害／コザ蜂起／枯葉剤問題
　2　1972年5月15日——「返還」という名の安保強化　79
　　　「核隠し、基地強化」返還
　3　犯罪、事故、騒音、汚染——基地被害に脅かされ続ける戦後　83
　　　戦後沖縄における基地被害（米軍機事故、米軍関係者による犯罪、事故）から／軍政下の沖縄／軍政から「地位協定」下へ／「運用改善」——変わらぬ日米地位協定／性犯罪／爆音＝「殺人音」

第4章　辺野古——望まれぬ基地　100

　1　辺野古新基地案の展開　102
　　　辺野古案1（1966-1969年）——占領下の大浦湾軍港計画／辺野古案2（1996-1997年）——普天間代替「ヘリポート」から、大規模複合軍施設へ／辺野古案3（2002年）——沖合軍民共用空港案／辺野古案4（2005年）——在日米軍再編：再び頭越しに／辺野古案5（2006年-）——「ロードマップ」V字案
　2　グアム協定　109
　3　グアム協定以降——パッケージを開け、包み直し、ひもを掛け直す　113

第5章　鳩山の乱　120

　1　属国体制に挑む　121
　　　挑戦と、脅し／「米国をひっぱたき回る」／米国相手の陰口合戦

2　迷走と挫折　127
　　　　「降伏」への道／茶番劇の顚末／日本の「二度目の敗戦」

第6章　選挙と民主主義　142
　　1　民意介入の歴史　143
　　　　1990-1998年、大田知事と「アクション・プログラム」／米軍用地強制使用問題／普天間「返還」と「移設」――名護の民意、裏切られる／大田後
　　2　流れは変わった――2010年の3選挙　148
　　　　1月――名護市長選挙／9月――名護市議会選挙／11月――沖縄知事選／不可逆的変化か

第7章　環　　境――「非」アセスメント　163
　　1　名ばかりの「アセスメント」　164
　　　　環境影響評価法／違法調査強行に海自出動／「アワセメント」／アセスやり直しを求め法廷へ／「ジュゴン対ラムズフェルド（ゲイツ）」裁判
　　2　従属の道具としてのアセス　170
　　　　「カン」から「ドジョウ」へ／「米国の走狗」／2011年末、未明の急襲／知事意見、「不可能」
　　3　高江とオスプレイ用ヘリパッド　176
　　　　「前代未聞！　国が座り込み住民を訴える」
　　4　オスプレイ配備　20年間隠された暴力　177
　　　　防衛官僚高見沢将林による隠蔽工作／強行配備へ

第8章　同盟「深化」　189
　　1　進む軍事統合とその代償　189
　　　　2011年「2＋2」――「人道支援」「災害救助」を口実とした軍備拡大／属国・日本の「思いやり」／「思いやり」の見直しは、さらなる「思いやり」

2　「トモダチ」関係の屈折　197
　　　　「政府を巧みに操り、ゆすりをかける名人」／「トモダチ作戦」／政治利用への反発／ウェブ・レビン・マケインの衝撃

第9章　歴史を動かす人々 ……………………………………………… 208
　　1　与那嶺路代　209
　　2　安次嶺雪音　211
　　3　宮城康博　213
　　4　知念ウシ　215
　　5　金城実　219
　　6　吉田健正　223
　　7　大田昌秀　227
　　8　浦島悦子　236

終　章　展　望 …………………………………………………………… 242
　　1　沖縄、抵抗する島々　242
　　　　「踏まれても蹴られても」——どちらが？／否定される民主主義／続く抑圧と差別を前に結束する沖縄
　　2　日米関係再考　247
　　　　日本政府の固執をよそに、視点の変化が広がる米国／「属国」問題
　　3　「普天間問題」を超えて　251
　　　　「普天間移設問題」を捉え直す／新たな沖縄への動き／「県外移設」＝平等負担の訴え／帰属の相対性と、運動の普遍性／沖縄——「市民」であることとは

あとがき——日本は「愚者の楽園」のままでいるのですか？

沖縄の〈怒〉
―――日米への抵抗―――

「抗議」だけではダメだ！ 徹底した「抵抗」が必要！ 闘うぞっ！

ゲート前での「抗議」も必要、「反対」って叫ぶのもいい。
でも……いまわたしたちには徹底した「抵抗」が必要。

人間を蹂躙し、島を潰し、海を埋めることを
座ってみていても、何も変わらない

普天間市街地オスプレイの訓練がはじまる。
伊江島での訓練がはじまる。
高江は、あと10日足らずで着陸パッドができる
……つぎは辺野古だとの記事も出始めた。

凧でも、風船でも、花火でも、パラグライダーでも、米国領事館前、ゲート前、訓練場前でのデモ、座り込み、クルマのノロノロ運転なんでもいい。マスコミ、米国政府への直接の抗議、写真展、直接行動でも、間接行動でも

警察、防衛局は「法律だ」「政府の決定だ」「合意だ」と脅してくる。
このシマに住む主権者であるわれわれは「合意していない」
法律や政府の決定が、沖縄を差別し、苦しめているのなら、法律が変わるまで、抵抗する。
悪い法律はどこかで破られなければならない。

非暴力で徹底して闘うだけだ。
あらゆる手段で、あらゆる場所で
「抵抗」しなければ沖縄は潰され続けるだけだ！

あきらめない！
あきらめない！
あきらめない！
あきらめない！

たたかうぞ！

辺野古の座り込みを綴るブログ『辺野古浜通信』より[1]
2012年10月4日

序　章

琉球／沖縄
――処分から抵抗へ――

1　翻弄される島々

　1972年5月、当時琉球列島として知られていた島々が、27年にわたる米国の直接支配を経て日本に返還された。2012年は返還40周年であった。
　琉球は明朝から清朝の時代にかけての約500年間、東アジア全域の朝貢・冊封体制の一部として中国に進貢した。しかし1609年には薩摩藩の侵攻を受け薩摩（1871年から鹿児島県）の支配下に置かれ、19世紀後半の日本の開国・近代化に伴い、「琉球処分」と呼ばれる一連の強制的併合措置によって日本の一つの藩（琉球藩、1872年）、その後一つの県（1879年）とされた。アジア・太平洋戦争終盤1945年には日本本土防衛のために沖縄が激しい日米地上戦の場とされ、敗戦後は米国軍政下に置かれた。1952年のサンフランシスコ講和条約で日本は「独立」したが沖縄は分離されて米国支配が続き、1972年の「返還」において再び日本の沖縄県になったが実質的な米軍の占領は今日まで続いたままだ。日米関係において最近議論されている事柄を理解するためにはまず、日本に組み込まれたり切り離されたりし続けてきたこの地域の複雑な歴史を綴る必要がある。
　沖縄県は、東西約1,000キロメートル、南北約400キロメートル（以下、キロ）にわたり160の大小の島々を抱え、有人島はそのうち40ほどである。人口は2012年時点で140万人強、人口の約90％は面積最大の沖縄島（長さ約106キロ、幅は最大約31キロ、最短約3キロ）に住む。沖縄県全体の面積は2,275平方キロ、ハワイ州の7分の1ぐらいである。琉球列島は、昔は大陸と陸続きであったが、

海底火山や地殻変動などで、海底に沈んだり陸続きになったりして、1万年ほど前に現在の形になったと言われている。人々は元々、日本語とは異なる琉球諸語を話していたが、日本への併合と同化政策のせいで言語は次第に失われ、現在は若い世代ほど話せない傾向にある。琉球諸語のうち六つの言語はユネスコにより「存続の危機にある」または「深刻な存続の危機にある」と指定されている。[3]

　2008年、国連の自由権規約委員会は琉球民族をアイヌ民族とともに先住民族と明確に認め、日本政府に対してもそのように認めることを要請し、民族の「文化遺産及び伝統生活様式を保護し、保存し、促進し、彼らの土地の権利を認めるべきである」、そしてまた、「児童が彼らの言語で、あるいは彼らの言語及び文化について教育を受ける適切な機会を提供し、通常の教育課程にアイヌの人々及び琉球・沖縄の人々の文化及び歴史を含めるべきである」と勧告した。[4] しかし4年経った2012年現在も、日本政府はこれらの勧告のいずれも真剣に受け止めた形跡はない。

　琉球は琉球王国として統一される（1429年）以前の、三つの勢力圏（三山）に分かれていたころから、中国を統一した明朝（1368-1644年）が敷いた東アジア全域の朝貢・冊封体制に組み込まれ、1372年から、清朝（1644-1912年）の時代にかけて約500年間中国に進貢した。15-16世紀の琉球王国は、東アジア・東南アジアとの中継貿易地点として繁栄し、周辺諸地域の文化を取り入れて、音楽や舞踊、漆器や織物染物、陶器まで、豊かな文化を形成していった。一方日本は長期間の内戦時代を経た後、時の最高権力者、豊臣秀吉が1587年の九州征伐で島津氏（薩摩）を支配下に置く。琉球と友好的に交流してきた島津氏も、次第に琉球貿易の支配や領土への野心を露わにするようになる。秀吉の大陸侵攻時、明朝との関係を重んじる琉球国は、薩摩の島津氏への協力に抵抗し、江戸幕府成立後も家康からの服従の要求に応じなかった。1609年3月、島津氏は3,000人の兵と銃器をもって琉球国に攻め入り、4月には王都首里は降伏し、尚　寧王（1564-1620年）と従者たちは薩摩に送られた。[5]

　薩摩侵攻により琉球王国は幕藩体制に取り込まれ、士族層と百姓層が公的に区別される身分制度が確立した。「沖縄学の父」と称される伊波普猷（1876-1947年）は、この薩摩の琉球侵略とその後3世紀近くにわたる圧政と経済的・

文化的剥奪は、それまで「自主の民」として自尊心を持って生きていた沖縄人に決定的な痛手を与えたと見た[6]。島津氏が自らを支配する秀吉や江戸幕府に忠誠を示すために琉球を抑圧し利用した有様は、戦後日本が米国への服従の道具に沖縄を利用してきた姿によく似ていると言えるのではないか。

かくして琉球は劇場的要素を持つ国家となった。琉球国は、中国との冊封・進貢関係を維持するためにも「独立」を保っているように見せかけねばならず、中国からの冊封使を受け入れるとき、日本的なものは隠した。逆に、江戸上りの使節団は琉球風・中国風の衣装を着て、琉球は王国としての体面を保ち、江戸幕府は、「異国」の使節団に忠誠を誓わせるという体裁を整えることで幕府の権威を高めることもできた[7]。琉球は、二つの強大で、気を遣う相手である隣国—北は薩摩藩、西は清朝—に対し懸命に敬意を表明することで不安定ながらも王国を維持していた。

19世紀の半ばには日本や中国、琉球近海には通商や布教を目的とした欧米船が現れるようになる。1853年、米国海軍代将ペリーが黒船で日本に来航する前に「ルーチュー」と呼ばれた琉球に立ち寄った。ペリーの科学顧問たちは琉球を肥沃な土地を持ち、人々は友好的で、繁栄した国であると報告している。「非常に豊かで上手く耕作されている農村地帯の光景」であり、より園芸に近い「ほとんど非の打ちどころのない」農業体系を持ち、集落は「夢のような、今までに見たこともない美しさ」と形容している[8]。琉球は、独立国として米国（1854年）、フランス（1855年）、オランダ（1859年）と修好条約を結んだ[9]。

しかし、上記のような二重主権とも呼べるような琉球の地位は、領土拡大、軍事志向の「新世界秩序」と相容れるものではなかった。1816年に琉球を訪問した英艦船長がセント・ヘレナ島に島流しにあっていたナポレオン・ボナパルト（1769-1821年）のところに立ち寄り、武器を持たず戦争を知らない国があるということを報告、ナポレオンを驚かせたというその国である[10]。しかし日本は開国に伴いその「新秩序」、つまり西洋式の知識、技術、軍隊を取り入れ、拡大主義に向かった。天皇を中心とした新政府の下、日本全国は廃藩置県により近代的統一国家として生まれ変わった。

琉球王国については依然「日支両属」の状態にあったが、1871年、遭難した宮古の船が台湾に漂着、上陸した68人の乗組員のうち54人が地元の住民

（先住民）に殺されるという事件が起きた。このとき清国は被害者を「日本国臣民」と呼んで責任逃れをし、かたや日本は「我が人民」である琉球人を殺害したという名目で台湾出兵の口実を得た。日本は1872年、清国の承認はないまま琉球を薩摩支配下から明治政府直下の「琉球藩」として位置づけ（「琉球処分」の始まり）、1874年には3,600人の兵を率いて台湾出兵した。中国は日本の出兵を容認し、琉球の帰属問題は暗黙の決着がついた。

存続が危機的状況に置かれた琉球王国は、「父の国」日本と「母の国」中国に属するというこれまでの形態の存続を強く訴え、王国を救うため清に亡命した「脱清人」たちもいた。[11]明治政府は、説得しても困難であると判断し、軍隊と警察官を率いて繰り返し琉球に赴き、廃藩置県を通達した。1879年の「沖縄県」誕生は、「一方が征服者で他方は被征服者」[12]という関係を作り上げた「処分」であった。[13]

元沖縄県知事で社会学者の大田昌秀は、このような「処分」のあり方が後の日本と沖縄の関係にさまざまな悪影響を及ぼしたと見る。

　……近代沖縄における深刻な問題の一つとなった差別問題、すなわち中央政府の沖縄・沖縄人に対する差別的処遇も、一つには沖縄を植民地化したことに起因していると言ってよい。[14]

この差別の構造から、沖縄戦から戦後にかけて沖縄と日本の間に「大きな心理的亀裂」が生まれたことも必然的であったと大田は述べる。[15]現代において、本土の人々がよくこの「亀裂」を指して沖縄との「温度差」という言葉を使うが、このような歴史に照らし合わせてみると、これは、まるで差別構造を自然現象のように見るかのような無責任な視点である。「説得」をしても応じない琉球を軍事力で威嚇して服従させようとする方法は、133年後の2012年10月、全県の反対の中、沖縄の空に侵入して普天間基地に降り立ったMV-22オスプレイ機にそのまま引き継がれている。

「処分」に際し、琉球最後の王、尚泰は東京に追放された。出所については諸説あるが、尚泰王が1879年に首里城を明け渡すときに「命どぅ宝」という言葉を民の前で口にしたと伝えられている。この言葉は後に、1945年の沖縄戦の体験からも、沖縄の道義的価値観の中核をなすものになった。圧政、戦争、

被支配の歴史の中で、沖縄の人々は死より生、戦争より平和、銃より三線が大事であるという理想を守り続けた。

2　国家の重圧

　こうして沖縄は日本国へ強制併合された。1879 年以後の日清交渉で、日本は宮古・八重山諸島を中国領土とするかわりに日本を「最恵国」待遇するように要求した（分島・増約案）のに対し、中国は奄美以北を日本領土とし、宮古・八重山を中国領とし、その間を琉球王国として復活させる「琉球三分割案」を提示した。[16] 日本はこれを拒否し、分島・増約案の方向で交渉が進んだが、結局条約調印は棚上げされた。日清戦争における日本勝利後、台湾割譲を定めた下関条約下で初めて中国は琉球諸島の日本主権を正式に認めた。[17]

　近代日本国家に組み込まれた沖縄では、県庁職員は他府県出身者で占められた。政府は、急激な改革は控えるという理由から「旧慣温存策」を取ったが、学校教育の普及を通して日本への同化を進めた。1887 年、師範学校に他府県に先だって「御真影」（天皇と皇后の写真）を導入し、その後県内の小学校にも普及させ、皇民化教育を推進した。学校では琉球の言葉を使った子どもに罰として「方言札」を首にかけさせたりした。[18]

　そしてこれらの同化政策が始まってから半世紀強の 1945 年、沖縄は「皇土」と国体、即ち天皇制を守るための「捨て石」とされた。1945 年 3 月から 6 月までの戦争で、人口の 4 分の 1 から 3 分の 1 にあたる、12 万人以上の県民が殺された。この悲惨な戦争の記憶は現代においても生々しく残り、沖縄の過去や未来に対する考え方の源流を成している。

　1945 年 3 月末の沖縄戦開始時から、沖縄島を含む南西諸島は米国太平洋艦隊の指揮官、チェスター・C・W・ニミッツ最高司令官によって日本本土から分離された。[19] 数か月後、北緯 30 度線が境界線と定められる。[20] 戦後、分離された沖縄は米国の「太平洋の要石」とされた。天皇裕仁（1901-1989 年）自身、分離と米国による長期軍事占領を希望した。自らの政治的権力を全てはく奪した 1947 年憲法を公には受諾しておきながら、憲法施行数日後、裕仁はマッカーサー元帥に、「日本の安全保障を図る為には、アングロサクソンの代表者であ

る米国が其のイニシアチブを執ることを要するのでありまして、此の為元帥の御支援を期待して居ります」と伝えている。そして同年9月には、「米国の沖縄（および必要とされる他の島々）軍事占領は、日本に主権を残したままでの長期租借—25年ないし50年、あるいはそれ以上—の擬制に基づくべきであると考えている」と述べた。裕仁のメッセージを聞いて、米国当局は東京裁判で彼を戦犯として裁かずに天皇として維持したことが賢明であったとの感を新たにしたことであろう。

　1946年11月3日に公布され、翌47年5月3日に施行された日本国憲法はその9条で、国際紛争を解決するための「武力による威嚇又は武力の行使」を禁じていたが、天皇はマッカーサー元帥指揮下の大軍隊のみが日本の安全を保証することができると信じていた。一方マッカーサーにとっては、米国の長期にわたる沖縄支配を日本が認めることにより、自信を持って日本本土の武装解除ができるようになる。

　このような仕組みにより、日本本土は憲法により「平和国家」となり、沖縄は「戦争国家」となり、双方が米国のアジア太平洋基地帝国に共生的に組み込まれた。本土では米国の占領は1952年に終わり、翌年1953年の12月には琉球諸島の北端の島々である奄美諸島が返還されたが、沖縄本島と周辺の島々、宮古・八重山諸島は1972年まで米国占領が続いた。

　米国の直接支配を経て1972年、施政権が日本に返還され、「琉球」から「沖縄」となり、また新たな「劇場的国家」の幕が上がった。その舞台に登場したものは全てが見かけとは違うものであった。第一に、施政権返還は「返還」などではなく実際は「購入」であった。第二に、米国は沖縄の肥沃な農地と空、海を占領し続けることになったので「返還」とはほど遠い状態であった。第三に、米国よりも、日本自身が在沖米軍の駐留継続を望んだということだ。米軍に居続けてもらうために、日本はさらなる米軍駐留費用を負担するようになり、払う額は年々増加していった。日本はさらに返還の取引の真実を隠蔽するための諸策を講じ、秘密のベールを剥がそうとする者を容赦なく糾弾した。

　沖縄の人々は武力支配からの解放と、豊かな農地の返還、昔のような「基地のない平和な島」を願って復帰を望んでいたので、1972年の復帰の条件は失望と怒りを呼んだ。復帰式典が開催された5月15日、東京の式典には沖縄か

ら選出されたばかりの国会議員7人は誰も出席しなかった。沖縄県・那覇の式典会場近くの与儀公園では、返還条件に抗議する「沖縄処分抗議、佐藤内閣打倒」県民総決起大会が開かれ、隣の市民会館における復帰式典よりも遥かに多くの人を集めた。長年復帰のために運動してきた沖縄初の公選主席で復帰後初代知事となった屋良朝苗（1902-1997年）は、復帰の条件を「必ずしも私どもの切なる願望が入れられたとはいえない」としたが、「沖縄がその歴史上、常に手段として利用されてきたことを排除して（中略）、希望のもてる新しい県づくりに全力をあげる決意」と述べた[23]。

　1972年以降の沖縄は、日本主権に復帰し、日本国憲法の平和主義が適用され、県は自治と自律を回復したように見えたが、実際には主権は部分的に日本に返還されただけ（基地と米軍軍事支配は保持された）で、日米安保条約が実質的には憲法を超越する基本憲章として機能し、そのしわ寄せである基地負担はほとんど沖縄に課され、意思決定能力は東京とワシントンが握っていた。

　「返還」後20年余経って冷戦は終わり、基地を置く理由であった敵国は崩壊したが、基地機構はそのまま残った。残ったどころか、日米両政府は基地強化を言い出し、沖縄県民を深く失望させた。湾岸戦争、イラクとアフガニスタンの戦争で、米国は日本に軍事的役割を増大するよう要求した。「同盟深化」は日本の従属を強化し、それはそのまま日本の無責任を強化することにもつながった。2012年現在、沖縄本島の約20％が米軍基地として占有されている。沖縄県は日本の総面積の0.6％に過ぎないが、米軍専有基地のうち74％を負担させられている。面積あたりの米軍基地負担密度で言えば、沖縄は本土の約500倍にもなる。想像を絶する不平等とは言えないか。

　冷戦後も居座った米軍基地への不満は、1995年の米兵による少女暴行事件後に頂点に達した。宜野湾市の人口密集地帯の中にある海兵隊普天間飛行場をはじめ、新たな基地「返還」が1996年に約束されたが、やはり「ごまかし」を基調とするものであった。1972年時の「返還」は、実際には「維持」（プラス「購入」）であったのに対し、1996年のそれは「代替」、「近代化」、「米軍基地の拡大」であった。1972年の取り決めを「返還」と呼んで実態を不明瞭にしたのと同じように、新基地を「ヘリポート」と呼んでその規模を小さく見せ、「整理縮小」と呼ぶことで、全体的には基地負担が減少するような印象を与えた。

冷戦後の米軍再編成で、日本は従属的で半独立的な存在から完全な「属国」になることを求められた。[24]属国主義や米国との軍事同盟への依存は、本土のほとんどの人々にとっては日常生活に支障を及ぼすものではないので無視できてしまうが、過重な負担を押しつけられている沖縄の人々にとっては受容できるものではない。いまや、米国への信頼はあらゆる側面において失墜している。経済的にも、政治的にも、そしてとりわけ、イラクやアフガニスタンへの違法な侵略戦争と拷問、暗殺といった戦法により、道義的な面も含めてである。日本に対し服従の要求をし、自らの覇権維持のための援軍要請を強めている国がそういう国であるという認識は本土にはほとんどないようだが、沖縄の多くの人々にとっては明らかである。

　沖縄は今、再び危機に立たされているが、これをチャンスと見ることもできる。米国の「アジア回帰」戦略の中で海兵隊の新基地建設、垂直離着陸機オスプレイの配備、離島の自衛隊配備などの軍備強化が図られ、中国との領土問題表面化により脅威感は増大した。そういった中で、平和と人権の回復を求めてきた沖縄の人々の声は二つの強大な国家の抑圧を根底から覆すことができるのか。あるいは再び搾取され利用される地位に引きずり込まれるのか、それとも歴史の立役者として自らの地位を主張するのか。

3　抵　　　抗

　沖縄は過去400年の歴史において、強力な外部勢力による相次ぐ「処分」によって主体性が奪われてきた。それらの勢力は軍事主義をその特徴とし、薩摩によって1609年から1870年代、近代日本国家によって1870年代から1945年、米軍によって1945年から1972年、そして1972年以降は実質的には日米の軍事支配を受けた。しかし沖縄では、住民の権利や自治が否定されればされるほど、その抵抗運動は粘り強いものとなり、米国と属国日本が押し付けてくる軍事基地としての役割に対し「NO」を突きつけている。このように、普天間の海兵隊基地とその代替基地建設を巡る論争は、一つの基地を作るか作らないかの議論のように見えても、実際はそれよりはるかに大きい問題である。この本で後述するように、2012年秋の時点で沖縄は全県を挙げて、人権回復と差別

解消へのたたかいにおいて結束している。

　日本国家は、自らの米国への依存体質を日本国内の秩序形成にも応用し、報酬をちらつかせて反対派を懐柔し、合意を買い取るというメカニズムを作っていった。この仕組みの中で、沖縄は以下の条件によって依存体制の中に閉じ込められていった。一点目として、人口あたりのGDPや他の経済指標において沖縄は全国的にも低いことから、沖縄は「遅れて」おり、したがって「追いつく」ことが必要とされた。二点目として、中央省庁の官僚は「振興」のための交付金が、依存気質を植え付け、反基地運動や環境運動を失速させる最善の手段と考えた。「振興計画」とは言っても実際には経済的にも不効率なもので、環境に害を及ぼし、負債と依存を生み出すような公共事業が主なものであった。自然は、実質的には制限なしで「整備」される対象と見られ、土建国家型の公共事業が本土ではもう不評となっていた中で、沖縄ではそのような工事により自然環境は破壊されていった。[25]

　今日、沖縄本島北部では、豊かな自然がまだ残る大浦湾に大規模軍事基地を作る計画と、それに関連して北部やんばるの森にヘリパッド（実際はオスプレイ離着陸帯）を建設する計画がある。一方中南部では、人工海浜開発のために泡瀬干潟を埋め立てる計画がある。沖縄大学の桜井国俊によると、沖縄本島には38の人工ビーチがあり、自然海岸が減る中で、さらに10が計画されているという。[26]基地維持のための振興は、本土に20年遅れて沖縄に再現された「土建国家」の最悪の姿であり、県の経済と生態系に破壊的な影響をもたらした。しかし流れは変わってきている。例えば2010年の名護では、このような欺瞞に満ちた政策はもうたくさんだと、人々は明白に拒否の姿勢を示した。

　1609年の薩摩侵攻以前、沖縄の小ささと地理的な孤立は強みと言えたが、その後、世界が国民国家の競合と武力による覇権に基づくウェストファリア体制に入ってからは逆に弱みとなっていった。日本という国民国家（とそのパトロンである米国）は沖縄の位置を「日本本土」防衛の要と見なし、地域の中で、また世界においての戦力投射能力を発揮し、国益を推進する格好の場所であるとしている。沖縄の人々は歴史の教訓から、軍隊は住民を守らない、それどころか、作戦上、自国民を殺害したり、死に追いやるということ、そして本当の安全保障は周辺諸国との友好関係を築くことにあるということがわかってい

る。そのような安全を得るためには、アジア太平洋地域に米国の覇権を確固たるものにするために沖縄に配備された「戦争準備」機能を、「平和構築」機能に転換しなければいけない。沖縄は、その地理的位置と、異なる文化を受け入れてきた歴史から、平和構築の中心地として、日中の架け橋として、そして北東アジアの国際協力機関を置く場所として、つまり、アジアのルクセンブルクかブリュッセルのような存在としてふさわしい場所なのだ。

　ある意味ではこの本は二つの大国同士の関係を中央からは遠く離れた末端地域の視点から、またその地域の中でさらに遠隔地である山村と沿岸部からの視点を踏まえて綴ったものである。我々は、権力が集中する首都からあえて視点をずらして論じることに意義があると信じている。沖縄全体、そして辺野古と大浦湾の将来に関する差し迫った問題と、進行中の抵抗運動は、より本質的な問題を浮かび上がらせる。もし日本国憲法が保障する国民主権、基本的人権の尊重、平和主義の3原則が沖縄に適用されないのなら、それは日本本土にとってどのような意味を持つのか。強大な国家、特に「同盟」関係にある国家間の関係を考えるにあたって、2009年から2010年にかけて起こった沖縄をめぐる日米間の対立（首相に対するいじめと脅しにより内閣退陣という結果を招いた）をどう理解すればいいのか。そして日本史の中で、今日の沖縄のように、国家の中で一つの地域が中央政権と世界の軍事覇権国に対し全県一丸となって明確な「NO」を突きつけるということはどういう意味を持つのか。この不協和音は現在の国家体制の中で解決できるものなのか、それとも沖縄は日本国家から準独立、または完全な独立に向かっているのだろうか。

　こういった問題は現代日本や米国、アジア太平洋地域を専門とする学者だけではなく、世界中の市民にとって大きな意味を持つ。我々はこの本でこれらの課題に対する解決策を提示したなどとはとても言えないが、読者にとってある程度の判断材料を提供できることを願っている。

　何よりもこれは、市民たちが地道な運動において自ら舵を切り、長いたたかいを経て歴史を決定づける主役として躍り出たという、日本・沖縄近代史においても稀有と言える物語である。本書では、その主役たちの中から8人に、「歴史を動かす人々」（9章）として登場いただいた。この8人の声と主張はこの本の中核を成すものである。

日米政府に対する沖縄の差し迫った要求はしごく単純で、新基地計画への「NO」である。これは「NO」という否定的な要求ではあるが、その中に新しい沖縄を作ろうという肯定的なビジョンが含まれており、そのメッセージには日米だけではなく周辺諸国、世界にも通じる普遍性がある。それは、「命どぅ宝」の精神である。

【注】
1)「『抗議』だけではダメだ！徹底した『抵抗』が必要！闘うぞっ！」『辺野古浜通信』2012年10月4日。<http://henoko.ti-da.net/e4107455.html>
2) これらの統計は沖縄県ホームページより。
3) 奄美語、国頭語、沖縄語、宮古語、八重山語、与那国語。"Atlas of the World's Languages in Danger," UNESCO Publishing, http://www.unesco.org/culture/en/endangeredlanguages/atlas.
4) United Nations Human Rights Committee, "CONSIDERATION OF REPORTS SUBMITTED BY STATES PARTIES UNDER ARTICLE 40 OF THE COVENANT, Concluding observations of the Human Rights Committee, Japan (October 30, 2008) 10. http://www.mofa.go.jp/policy/human/civil_ccpr2.pdf; 日本語仮訳は、自由権規約委員会「規約第40条に基づき締約国より提出された報告の審査 自由権規約委員会の最終見解 日本」(2008年10月30日)、12頁。<http://www.mofa.go.jp/mofaj/gaiko/kiyaku/pdfs/jiyu_kenkai.pdf>
5) 琉球国の抵抗は薩摩の軍力、特に銃器によって圧倒された。Gregory Smits, "Examining the Myth of Ryukyuan Pacifism," *The Asia-Pacific Journal: Japan Focus* (September 13, 2010). http://japanfocus.org/-Gregory-Smits/3409. 琉球王府の降伏により武力による抵抗は鎮圧されたが、3司官のうちの1人、謝名親方利山（鄭迵）(1549-1611年) は島津氏に忠誠を誓う起請文への連判を拒否して処刑された。
6) 大田昌秀『沖縄差別と平和憲法──日本国憲法が死ねば、「戦後日本」も死ぬ』BOC出版、2004年、21-23頁。
7) 新城俊昭『ジュニア版 琉球・沖縄史──沖縄をよく知るための歴史教科書』編集工房東洋企画、2008年、95-96頁。
8) J. Morrow, "Observations on the Agriculture, etc. of Lew Chew, Made During a Stay on that Island from the 22d January to the 7th of February, 1854," in *Narrative of the Expedition of an American Squadron to the China Seas and Japan, Performed in the Years 1852, 1853, and 1854, under the Command of Commodore M. C. Perry, United States Navy* (Washington: A.O.P. Nicholson, 1856), 15; and D. S. Green, "Report on the Medical Topography and Agriculture of the Island of Great Lew Chew," in *Narrative of the Expedition of an American Squadron to the China Seas and Japan, Performed in the Years 1852, 1853, and 1854, under the Command of Commodore M. C. Perry, United States Navy*) Washington: A.O.P. Nicholson,

1856）、26, 36.
9) 西里喜行「東アジア史における琉球処分」『経済史研究』13号、2010年2月、74頁。
10) 「四　来琉外国人」『文献で見る沖縄の歴史と風土』琉球大学附属図書館貴重書展、2001年。<http://manwe.lib.u-ryukyu.ac.jp/library/digia/tenji/tenji2001/index.html>
11) 「脱清人」の例として、琉球の学者・官僚であり琉球救国運動に尽力した林成功（1842-1880年）がいる。1876年に清国に渡り、1880年に新体制に絶望して北京で自殺した。
12) 大田『沖縄差別と平和憲法』28頁。
13) 「琉球処分」の記述は、西里「東アジア史における琉球処分」、大田『沖縄差別と平和憲法』25-29頁、大田昌秀「いまだ夜は明けず──沖縄史を貫く政府の対沖縄政策の不変性を問う」『歴史学研究』882号、2011年8月、38-53頁、新城『ジュニア版　琉球・沖縄史』を参考にした。
14) 大田『沖縄差別と平和憲法』29頁。
15) 同上。
16) 西里「東アジア史における琉球処分」107-108頁。
17) 石井明「中国の琉球沖縄政策──琉球沖縄の帰属問題を中心に」『境界研究』no.1、2010年、73頁。
18) 立命館大学国際平和ミュージアム監修・石原昌家編『オキナワ──沖縄戦と米軍基地から平和を考える』岩波書店、2006年、6、14-15頁。
19) "Proclamation No. 1（The Nimitz Proclamation), 5 April 1945," Gekkan Okinawa Sha, *Laws and Regulations during the U.S. Administration of Okinawa, 1945-1972*（Naha: Ikemiya Shokai, 1983), 38.
20) "Navy Military Government Proclamation No. 1-A, 26 November 1945," Gekkan Okinawa Sha, *Laws and Regulations*, 41-42.
21) 豊下楢彦『安保条約の成立──吉田外交と天皇外交』岩波書店、1996年、144頁に引用された、1947年5月6日、天皇・マッカーサー会見第四回における天皇発言。
22) 進藤榮一「分割された領土」『世界』1979年4月号、45-50頁。（米国政治顧問W・J・シーボルドが天皇側近の寺崎秀成から聞き取ったものをマッカーサー宛にまとめた1947年9月20日付文書「琉球諸島の将来についての天皇の意見」）
23) 新崎盛暉　『沖縄現代史』新版、岩波書店、2005年、34頁。
24) 以下参照。Gavan McCormack, *Client State: Japan in the American Embrace*（New York: Verso, 2007）。ガバン・マコーマック『属国──米国の抱擁とアジアでの孤立』新田準訳、凱風社、2008年。孫崎享『戦後史の正体 1945-2012』（創元社、2012年）の第6章「冷戦終結と米国の変容」も示唆に富んでいる。
25) 詳細は以下を参照。Gavan McCormack, "Okinawa and the Structure of Dependence," in *Japan and Okinawa: Structure and Subjectivity*, ed. Glenn D. Hook and Richard Siddle（London, New York: Routledge Curzon, 2003), 93-113.
26) 桜井国俊「COP10以後の沖縄 "モグラ叩き"を超えて」『沖縄は、どこへ向かうのか』沖縄大学地域研究所、2012年6月23日、51頁。（2010年12月19日沖縄大学における第471回沖縄大学土曜教養講座『ジャパン・フォーカス』フォーラム「沖縄は、どこへ向か

うのか」報告集)。

第1章

「捨て石」の果てに
──戦争、記憶、慰霊──

　沖縄ほど、戦争の計画と実行に責任がなかった県はなかった。それなのに沖縄ほど、悲惨で広範囲にわたる人命と財産を失い、そして最終的に軍事占領下に置かれることによって苦しんだ県はなかった。

ジョージ・H・カー[1]

　65年以上前に沖縄で起こったこと、すなわち沖縄戦(1945年3月26日-9月7日)を理解することなしに、現代の沖縄を理解するのは不可能であろう。今日の沖縄人が戦争を嫌い、軍隊というものに不信を抱き、「国家防衛」戦略といったものを拒絶するとしたら、その根底には何よりもまず沖縄戦の経験と記憶がある。丹治三夢が言うように、沖縄戦の直接の記憶は戦後の基地反対運動における「思想的な糧」になってきた。[2] 想像を絶する悲惨な結果をもたらしたこの戦争で、沖縄県民は動員され、利用され、騙された挙句に見捨てられた。沖縄の人たちが強制的に「防衛」させられたのは、自分たちの命や財産ではなく、天皇制であった。そして多大な被害が償われることもなく、沖縄は分離されることによってまた見捨てられた。さらに27年後には日本に「返還」されるものの、再び日本という「国家」防衛のためという名目で犠牲を強いられることとなった。
　今日、沖縄はさらなる基地建設強行を阻止するためのたたかいを続けているが、それと同等の情熱と信念をもって、沖縄戦の壮絶な経験を否定したり歪曲したりする動きに対して抵抗している。

1　戦　　　争

皇民化政策

　沖縄が日本の帝国主義のために利用された歴史は、1870年代に日本近代国家に「県」として吸収され、熊本の日本陸軍第六師団が駐屯したときに遡る。最初の軍事基地は沖縄の人々を威嚇し、制圧するためであった。元沖縄県知事で沖縄戦の体験者である大田昌秀はこのように言う。「実際この時点で琉球は日本政府によって軍事基地に変容させられ、後になって米政府がその例に従った。これは言うまでもないが、このことは太平洋戦争における沖縄の悲劇の本当の原因であった……」。

　そして、沖縄の人々を天皇の臣下として洗脳し、同化していく「皇民化」政策が始まった。朝鮮半島等、日本が植民地化した地域の人々がそうさせられたように、沖縄の人々は地元の言葉の代わりに、新しく国家言語として採用された「日本語」を学ぶことを強制された。学校で沖縄の言葉を話した生徒は「方言札」を首からかけさせられた。人々は沖縄の名前を日本的な名前に改姓するように促された。天皇を中心とする国家神道が導入され、沖縄の神聖な御嶽の前に神社が建てられたり、学校には天皇夫妻の写真を祀った「奉安殿」が建てられたりした。教師も生徒も学校行事では、「教育勅語」を暗唱した。

「最も血みどろの」戦争

　沖縄戦（米側では「アイスバーグ作戦」と呼んだ）は、アジア太平洋戦争でも「最も血みどろの」たたかいの一つであったと言われ、その凄惨さは統計にも表れている。米側の総兵力の54万8,000人（うち上陸部隊が18万3,000人で、残りは支援部隊）に比べ、日本側の総兵力は11万人以上（うち約2万5,000人は防衛隊・学徒動員などで召集・動員された沖縄住民たち）と推定されるが、40万人以上もの住民がさまざまな形で動員された。「鉄の暴風」と呼ばれた猛烈な無差別砲爆撃が海、空、陸から3か月間続き、沖縄本島南部では受けた砲弾の数が地元住民1人あたり50発に及ぶところもあった。女性や子どもや高齢者などの非戦闘員が容赦なく殺された。沖縄戦の死亡数は軍民合わせのべ21万人以上に及

び、そのうち沖縄人は、人口46万人のうち12万人以上に上った。[5] 非戦闘員の死亡（約9万4,000人）が、日本の沖縄防衛軍の兵士となった沖縄人（2万8,228人）を大きく上回った。他県出身の日本兵は6万5,908人、米軍は1万2,520人（平和の礎調査では1万4,009人）、他国の兵士も死んだ。[6] また、強制労働で動員された男性と日本軍の性奴隷とされた女性たちを含む、1万余の朝鮮人が亡くなったと言われる。

太平洋を渡った戦争

　沖縄自体の爆撃と侵攻が始まる前に、沖縄の民間人は既に戦争の深刻な被害を受けていた。主に1920年から30年代にかけての貧困問題により、南太平洋の島々をはじめとする世界中に移住していたからである。1940年までには5万7,000人もの沖縄人が日本の領土の外に住んでいた。[7] サイパン島には約2万5,000人、パラオ島には約5,000人、ポナペ島にも1,000人以上の沖縄出身者がおり、南洋諸島の移民では日本人より沖縄人の方が多かった。[8]

　1944年2月、米軍はトラック島の爆撃を開始し、続いてサイパン島とテニアン島を攻撃した。戦争は日本領土そのものに迫ってきていることは明白であった。沖縄に住む日本人は本土に避難し、沖縄には南西諸島方面防衛のために帝国陸軍第32軍が創設された。南洋諸島は戦場と化し、沖縄や日本出身の移民たちの多くが巻き添えになって死んだ。1944年7月のサイパン陥落では1万5,000人の日本領土出身者（うち1万3,000人は沖縄人）が殺され、これから沖縄に起こることを予告するものであった。多くの人々が「玉砕」という言葉で知られる、自殺を強要された。

　1943年9月には、大本営は、日本本土を守るため、沖縄を含む南西諸島と台湾の防衛を強化する決定をした。沖縄県全域に航空軍事基地建設が計画され、「足腰の立つ住民は根こそぎ動員」された。1944年4月以降、中国や本土から部隊が続々と到着した。兵舎は不足し、学校や民家が兵舎、軍用貯蔵施設、日本軍の「慰安所」として使われた。[9] この軍民が混在した状態が、多くの住民が殺された一因となった。軍の機密が地元住民の目にさらされることになり、米軍上陸後のスパイ容疑、住民虐殺につながった。

住民避難と対馬丸撃沈事件

　1944年7月、サイパンが陥落し、大本営統合参謀本部が連合軍の上陸のための対策を立て始めたころ、沖縄や周辺の島々から学童を中心に住民の疎開命令を出した。家族離散への抵抗や、途中で潜水艦の攻撃に遭う不安などから、疎開計画は思うようには進まなかった。1944年8月22日、対馬丸は、1,788人（834人の学童、教師を含む827人の大人、127人の乗組員）を乗せて鹿児島に向かう途中であったが、米潜水艦ボーフィン号の魚雷攻撃を受けて沈没した。1,418人の死亡が確認され、うち学童775人、教師や付き添いは29人、他の大人は569人、乗組員は45人であった。他にも多くの疎開船が攻撃されている。沖縄では、この事件は沖縄戦における民間人の大量殺害事件の一つとして記憶されている。結局沖縄戦が開始する前に県外に疎開できたのは10万人だけであり、49万人が逃げ場のない島に残された。

　1944年10月10日、米軍は沖縄に広範囲の空襲を仕掛け、那覇市の90％を破壊し、軍民合わせて668人が殺された（「10・10空襲」）。そのとき米軍は、軍事施設はもちろん、港湾、道路、村落などを空撮して翌年の沖縄戦に備えた。地上戦が近づくにつれ、日本軍は「軍官民共生共死の一体化」を極秘のうちに県民指導の方針とした。

天皇の責任

　1945年2月、前首相で天皇の側近である近衛文麿は、「敗戦必至」であり、共産化を防ぎ国体を護持するためにも早期和平の道を探るようにと天皇に進言した。天皇は合意せず、「もう一度戦果を挙げてからでないと」難しいと答えた。日本本土で敗戦を論じるときは、8月15日にポツダム宣言を受諾して降伏したという、いわゆる天皇の「聖断」が注目されるが、沖縄では逆に、天皇がこの「近衛上奏文」にもかかわらず戦争を続行した責任に重点が置かれる。この決断により多大な被害を受けたのは沖縄だけではない。広島と長崎の原爆を含め約50万人と推定されている日本本土の空襲などによる民間人死者の大半が、このときの天皇の戦争続行決断の後に殺されている。

米軍上陸、激戦の果てに

　米軍は慶良間諸島に対し1945年3月23日には空襲、翌日には艦砲射撃を行い、3月26日に上陸した。孤立して恐怖に怯える住民たちは、日本軍関係者によって特定の場所に集められ、「強制集団死」に追い込まれた。軍から渡された手りゅう弾や、縄、包丁、鎌、剃刀、石などが使われた。この集団死は当時「玉砕」と呼ばれ、後に「集団自決」「強制集団死」という言葉で語られるようになった（後述）。3月26日と28日にわたって、慶良間諸島で何百人という人々がこのような状況で死亡した。[15]

　1945年4月1日、米軍は沖縄本島の西海岸、読谷から北谷にかけての海岸に上陸した。日本軍の目的は米軍の本土侵攻を遅らせることであり、上陸地点での戦闘を避け持久作戦を取ったので、米軍は何の抵抗も受けずに、「無血上陸」した。米軍は二手に分かれて北上と南下を開始、破竹の勢いで進軍、3日目には沖縄本島を分断した。正規軍が布陣していなかった北部は一般住民の疎開地域になっていたので、数週間で制圧されたが、大飛行場のあった伊江島では一般住民を巻き込む戦闘となり、アハジャガマでの約100名の集団死を含む大きな被害が出た。日本軍は、南は台湾から北は鹿児島にかけての特攻基地から、のべ2,000機に及ぶ神風特攻隊を米軍艦船に向けて出撃させた。米軍が1,400から1,500隻の艦船と兵員18万3,000人（補給部隊を含めると54万8,000人）で沖縄上陸作戦に臨んだのに比べ、日本軍の総数は10万人以下（陸軍は約6万9,000人から約8万6,400人、海軍は約8,000人から約1万人という推定の幅がある）であった。[16] 防衛隊、義勇隊、男女中等学校学生、女子救護班、炊事班として動員された13歳から70歳までの地元住民を含めれば11万人から12万人であった。[17] 米軍は数だけではなく近代兵器の備えにおいても圧倒的に優位な立場で、制海権、制空権を握っていた。

　4月8日、南下した米軍は、日本軍の司令壕のある首里を守る前衛拠点、嘉数高地で日本軍の激しい抵抗に遭った。嘉数高地から首里にいたる約10キロで死闘が繰り広げられ、米軍はここを突破するのに約50日かかっている。首里の日本軍防衛線に達した米軍は、5月11日から総攻撃を開始した。首里北西部の「シュガーローフヒル」と呼ばれた丘陵地等での激戦では米軍にも多大な死傷者や精神障害者を出した。第32軍の沖縄守備隊はここまでで約7割の

兵力を失い、5月末には首里を放棄して南部に撤退した。司令官の牛島中将は摩文仁の丘に司令部を移し、残された3万余の兵力を持って「出血持久作戦」を展開することにした。日本にとって沖縄は本土防衛のため、そして終戦において「国体護持」(天皇制維持)の条件を引き出す時間を稼ぐための「捨て石」とされたのである。[18]

写真1.1　沖縄戦の民間人犠牲者（米国国立公文書館）

　1945年4月20日、大本営陸軍部が発令した『国土決戦教令』の条文には、現代語に訳すと、「敵が住民、婦女、老女を先頭に立てて前進し、我が戦意の消磨を計るだろうが、そのような場合にも、我が同胞（住民）は自分たちの長命よりも皇国の戦勝を祈念すると信じ、敵兵を殲滅することを躊躇してはいけない」という意味のものがある。[19] 日本皇軍にとって、沖縄の住民の命などどうでもよかったのである。日本軍は首里から摩文仁にかけて、この教令に忠実に従った。この地域は住民が多く避難しており、出血持久作戦に入った日本軍は、まさしく老人、婦女、子どもを盾にして戦い、戦闘員より住民の死者が多いという結果を招いた。沖縄島南部では、地元住民は各地にある自然に形成された石灰岩の壕、「ガマ」（洞窟）に避難していたが、浦添首里から敗退してきた日本兵はこれらの壕を占拠し、住民を追い出した。「鉄の暴風」が吹き荒れる中、ガマの外に出されるということは死に直結する。南部の戦闘は混乱を極め、沖縄中部から南部に逃げる軍民共に艦砲射撃、空襲、火炎放射器にさらされた。米軍はガマに潜む日本兵や住民には、出入口から爆発物を投げ入れたり、ガソリンを流して放火したりして殲滅を計る「馬乗り攻撃」を行った。

　沖縄人はこの戦争を通して、軍隊は敵味方かかわりなく住民を守らないこと、守るどころか盾として利用し、自死を強要し、ときには直接殺害するということを学んだ。

6月22日、第32軍司令官の牛島満中将と長勇参謀長の自殺により、首脳陣率いる組織的戦闘は終結した[20]。しかし牛島が「最後まで戦うように」との命令を残して死んだために[21]、その後も多くの住民と兵士が殺された。第32軍の正式な降伏調印は1945年9月7日に行われたが、それは、東京で天皇が降伏を表明した3週間後、東京湾での日米間降伏文書調印があった5日後のことであった。

　海軍司令官であった大田実少将も、6月4日に米軍が上陸した小禄半島の戦いに敗れた後、6月13日に、海軍司令部壕にて自殺している。死の1週間前に海軍次官宛てに打った最後の電文は、「沖縄県民斯く戦えり。県民に対し後世特別の御高配を賜らんことを。」という言葉で結んでいる。沖縄県民の被害を認めていることと、後世の「高配」を願っていることから、大田は牛島に比べ好意的に記憶されている。しかし後に大田の息子、大田英雄はこの傾向を疑問視し、父親の言葉や人柄を賛美する背景には、軍国主義を再び推し進めようとする官僚や政治家の意図があるのではないかと見た[22]。

2　住民被害

　沖縄戦は最初から絶望的な戦いであり、日本本土への連合軍侵攻を先延ばしするためのものであった。沖縄での戦争の記憶においては、敵国の米軍の攻撃よりも、友軍であるはずの日本軍の手による壕追い出し、食糧強奪、戦闘下での弾薬運搬や水汲み、スパイ視・殺害、投降を許さないで死を強要したり、軍民雑居の中で乳幼児の殺害などの行為が重きを占めている。

子どもたちの死

　第32軍は中等学校の生徒を全員、軍人・軍属として動員した。おもに14歳から19歳までの1,787人以上の中学生が「鉄血勤皇隊」として配属され、そのうち半数以上（921人以上）が死亡した[23]。女子生徒は「従軍看護隊」に配属され、壕内の野戦病院にて負傷兵の面倒を見、手術に立ち会い、切断した足を外に運び出すといった作業まで、寝ずに行った。看護隊として動員されたとわかっている717人のうち、283人が死亡した。このように把握できている学生たち

の死は、沖縄戦全体における子どもの死者数全体の中では少数派である。ある自衛隊資料によると、沖縄戦における14歳以下の子どもや乳幼児の死者数の推定は1万1,483人である。これは非戦闘員の死者総数の1割以上に当たる。子どもの死者のうち9割近くは、「壕提供」、すなわち日本兵の居場所を作るために壕から追い出され、艦砲や銃弾の飛び交う戦場に出された子どもたちである。他には「炊事雑役救護」、「糧秣運搬」などで、直接の死因になるような業務ではなく、業務中に壕外で米軍の攻撃にさらされ殺されたものと思われる。313人が「自決」とされているが、これは先述した「強制集団死」によるものである。14人は友軍による射殺と記録されている。要するに、沖縄戦で殺された子どもたちのうち圧倒的多数が、日本軍による保護義務放棄か日本軍による直接の暴力により命を奪われている。総数1万1,483人のうち5,296人、半数近くが5歳以下の乳幼児であった。[24]

住民虐殺

　食糧不足の島に何万もの日本兵が入ってきて、食糧、兵器など全てが不足する中で始まった沖縄戦であったので、日本兵による略奪は絶えなかった。戦場で軍と住民が「共生共死」状態であったので、日本軍は機密が住民に漏れること、特に投降により敵軍に伝わることを恐れた。「沖縄語ヲ以テ談話シアル者ハ間諜トシテ処分ス」という命令も下された。[25] 投降を呼びかける米軍のビラを持っていたり、他者に投降を呼びかける住民はその場で処刑されたりした。また、米軍による投降兵の殺害や強姦も沖縄戦の期間を通して起こった。[26]

　久米島の虐殺　1945年6月13日、沖縄本島にて日本軍の敗色が決定的になったころ、米軍が、那覇から西方100キロほどに位置する久米島の住民3人を拉致した。久米島の海軍守備隊長は地域の指導者に、被害者が帰ったら直ちに連行するように、敵機から撒かれたビラは回収し当局に届けることという命令を、逆らうものはスパイと見做し銃殺するという脅迫と共に発した。6月26日の米軍上陸の3日後、被害者のうち2人が帰されたが、戦況の悪化の中で、守備隊長の所在もわからず、帰宅は報告されなかった。そのため海軍守備隊員が拉致被害者とその家族、地域の指導者の9人を銃剣で殺した後、家に火を放った。そのときには沖縄戦の組織的戦闘は終わっていたが、牛島司令官の「最後

の1人まで戦う」という最期の命令があったために、日本軍の抵抗や、日本軍による住民への暴力は続行していた。久米島での虐殺行為は、天皇が降伏を宣言した8月15日を越えても続いた。朝鮮人だというだけでスパイ容疑をかけ、守備隊が一家7人を惨殺した事件は8月20日に起こっている。[27]

離島の住民退去命令と戦争マラリア被害

　戦争の惨禍は米軍が上陸したところだけではなく、宮古八重山列島などは米、英両国空軍による空爆被害を受けた。特に、山岳地帯の多い八重山諸島では、人口最大の石垣島で飛行場建設のために日本軍により一日平均2,000人もの住民と、朝鮮人労働者約600人が動員され、満足な食事も与えられず酷使された。住民は家畜や米はもとより、石垣の石までも建設資材として軍に供出させられた。当時人口約3万1,000人であった八重山に約1万人の、そして人口約6万人の宮古には約3万人の日本軍が来た。飛行場や基地、陣地等建設のための農地の略奪、食糧供出、強制労働の上に最大の問題であったのが戦争マラリア被害であった。[28]　日本軍は山間地に住民を強制移住させ、軍隊も駐屯させた。八重山諸島では1万7,000人近く（人口の半数以上）がマラリアに罹り、そのうち3,647人が死んだ。[29]多数の住民をマラリア有病地帯であるということを承知の上で強制移動させ、見殺しにしたのである。沖縄本島では、終戦により死者や罹患者は無くなったが、宮古、八重山では戦後1年から1年半くらい戦争マラリアによる死者や罹患者は延々と続いた。[30]

強制集団死

　沖縄戦の記憶の中で強制集団死は突出しているが、これは、久米島の虐殺やマラリア有病地帯への退去命令をはじめとする、日本軍による沖縄住民への暴力という枠組みの中で捉えるべきことである。慶良間諸島の強制集団死で何百人もが死んだ後、住民にとって恐怖であったのが、米軍攻撃が終了した後、潜伏している日本兵による「スパイ狩り」であった。[31]石原昌家が以下で強調するように、住民殺害と強制集団死は、投降を阻止し情報漏えいを防ぐという同一の目的の下で行われたことであった。

手を挙げて助かろうとする住民は銃殺するとか、また敵に捕まったら男性は八つ裂きにされるとか、女性は慰み者にされた上で殺害されるとか、とっても強い恐怖心を植え付けており、住民は前もって日本軍に心理的に死に追い込まれていたのです。政府の言う「集団自決」というのは、住民自らが天皇のため、国のために死んだという意味ですが、実際は、日本軍が、住民から軍事秘密が漏れないように、敵に捕まる前に、住民がお互いで、死ぬように、命令したり、強制したり、あるいは、指導、誘導、説得していたのです。[32]

　強制集団死は、3月26日と6月21日の間に、把握できている範囲でも30か所で起きており、事件の規模は数人から数百人の間である。大規模なものでは、3月26日から28日までの慶良間諸島（渡嘉敷島329人、座間味島234人、慶留間島53人）、4月1日の読谷のチビチリガマでの83人、4月22日伊江島アハジャガマでの約100人等[33]、ほとんどがその地域への米軍上陸直後に起きており、日本軍のいるところで起きている。慶良間諸島の前島のように、軍隊のいなかった島では、家族同士で殺し合ったりスパイ容疑で殺されたりすることはなかった。[34] 二つのストーリーをここに記す。

渡嘉敷島　　強制集団死を生き延びた人たちの多くは、戦後長い月日を経てもその体験を語ることはできなかった。当時16歳だった金城重明は、証言をするようになった1人である。米軍が自分の島に上陸したとき、金城は、死は免れないと思った。日本軍は、敵と遭遇したときには死ななければいけないと、既に村役場の男子職員や青年たちに手りゅう弾を渡していた。[35] 米軍上陸にあたり、住民は日本軍陣地近くの場所に集められ、村長の「天皇陛下万歳！」の言葉とともに[36]、集団死が始まった。手りゅう弾の数は限られており、多くは不発に終わったので、米軍の迫撃砲に怯えながら、人々は、側にあったものは何でも使い、愛する者に手をかけた。金城は、ある男性が木の枝で妻子を殴殺したのを見た。[37] 他の人たちは、剃刀や鎌で頸動脈を切ったり、紐で首を絞めたりしていた。金城は、兄とともに、弟、妹、そして母に手をかけた。[38] 金城は回想した。「母親に手をかした時、私は悲痛のあまり号泣しました」。「愛する者を放置しておくということは、彼らを、最も恐れていた『鬼畜米英』の手に委ねて惨殺させることを意味したからです」。金城と兄が自死しようとしたとき、1人の少年が駆け込んできて、どうせ死ぬのなら敵を1人でも殺してからにしようと誘った。生き残ったのは自分たちだけと思っていた金城兄弟は、棒切れででも米軍

と戦い、死のうという意志でその場を離れた。しかし道中で、全滅したはずと思っていた日本軍に遭遇し、友軍と思っていた軍隊への深い失望と憤りを覚えた。他の住民が生き残っていることを知らされたときもさらなる衝撃を受けた。そして、飢えとたたかいながら山地で避難生活を送った後、米軍に捕らえられた。[39] 金城の戦後は、耐えがたい罪の重荷と深い心の傷をもって始まった。絶望のさ中、金城はキリスト教信仰との出会いで希望を見出し、牧師となった。

チビチリガマ　4月1日、米軍が読谷に上陸した日、上陸地点の近くのチビチリガマに140人の地元住民が避難していた。米軍がガマの入口で投降を呼びかけたとき、2人の男が竹槍を持って飛び出し、即座に米軍の銃撃を受け重傷を負った。翌日、丸腰の米兵がガマ内に入り再び投降を呼びかけたが、住民は応じなかった。米兵が去った後、壕内は緊張が高まり、包丁、毒薬注射、布団への放火等による自死、自死ほう助が始まった。140人のうち83人が死に（そのうち47人は15歳以下）、射殺されたりした人が4人、残る53人は脱出して助かった。近くのシムクガマでは、住民の1人が移民帰りであったこともあり、投降しても殺されないと説得し、全員が助かった。[40] 戦後、地元住民は、恥、心の傷、恐怖心を抱えたままこの事件については口を閉ざしていたが、ノンフィクションライターの下嶋哲朗が何年もかけて住民たちを説得し、体験者や遺族にインタビューを行った。1987年には、地元の彫刻家金城実の協力を得て、住民たちはガマの入口に「チビチリガマの悲劇を忘れず、隠さず、世代を越えて語りつぐ意志」[41] を込めた像を作ったが、その彫刻は7か月後に国粋主義者に破壊された。平和を願い、「日の丸」の代わりに憲法九条を掲げてきた読谷村で初めて、「日の丸」がスポーツ大会で掲揚されたことに反対して、チビチリガマ像建立の中心人物でもあった知花昌一が旗を焼却したことへの復讐行為だった。地元住民は壊れた彫刻をシートで覆い、再び口を閉ざした。しかし2年後、「二回三回ぶん殴られても、立ち上がるんだ」[42] と言って覆いを取った。その後、像は再建された。[43]

死の背景　林博史は強制集団死が引き起こされた要因として以下の相互関連する6項目を挙げている。1) 捕虜になることは恥であり、天皇のために勇敢に死ぬことが美徳であると教えられていた。2) 米軍に捕らえられたら男は惨殺され、女性は強姦された上で殺されると宣伝・教育されていた。3) 投降

しようとする者は日本軍により非国民、裏切り者と見なされ、殺されるという恐怖心が植えつけられていたし、実際にその理由で多くの住民が殺された。4)「軍官民共生共死の一体化」の概念が沖縄住民の心に叩き込まれていて、軍が「玉砕」すれば自分たちもそうするしかないと思わされていた。5) あらかじめ軍により手りゅう弾が渡されていて、いざというときは自死するように命令・指示・勧告されていた。6) 渡嘉敷や座間味の場合のきっかけとなったのが「軍命」が下されたと住民が聞いたこと。いつ誰がどう言ったのかということが不明であっても、住民は軍命だと理解しており、軍命があれば死ぬしかないと住民はあらゆる機会で言われており、信じ込まされていた。44) 捕虜と収容された民間人の調査を行った米国の分析によれば、このうち2番目の理由、即ち捕らえられれば虐待され残酷な方法で殺されるという恐怖が最も重要な要因だったという。45) これは沖縄戦で戦った旧日本兵の調査とも一致している。多くの兵士は沖縄戦以前に中国戦線に赴いており、中国では日本兵による地元住民の虐殺、強姦、略奪が横行していたので、当然米軍もそのように振舞うと思っていた。46)

沖縄戦における朝鮮人の被害

当時日本の植民地とされていた朝鮮半島からも、1万以上といわれる男たちが「軍夫」として連れてこられ、飛行場や陣地づくり、弾薬運搬、港湾の仕事などをさせられた。「内鮮一体」のスローガンにもかかわらず、朝鮮人は差別を受けた。過酷な労働環境と虐待、栄養失調により多くの死者が出た。慶良間諸島の阿嘉島にいた元軍夫はこう語る。「私たちは飢えていたので仕方なく、稲や芋を取って食べた。仲間の軍夫らはそのせいで銃殺された」47)。阿嘉島では12人が殺された。日本軍の扱いに耐えかねた朝鮮人軍夫は次々と米軍に投降していった。48)

1975年に建てられた沖縄平和祈念公園にある韓国人慰霊塔には「1万余名」の朝鮮人が戦死したり、虐殺されたりしたとあるが、1995年にできた「平和の礎」に刻銘されている朝鮮人は447人のみであり（2012年6月23日現在49)）、この大きな差を埋める必要がある。50)

戦時性暴力と「慰安所」

　日米軍ともに地元女性への性犯罪が多々あったが、日本軍がいたところにはいわゆる「慰安婦」、すなわち軍の性奴隷がいた[51]。朝鮮半島、日本、中国、フィリピン等から幅広く集められ、軍が組織的に関与した性奴隷制度の被害者となり、沖縄も例外ではなかった。沖縄本島と周辺の島や離島も含め、130か所を超える日本軍慰安所があった。そこには沖縄、日本の女性に加え、少なくとも数百人の朝鮮半島の女性が「慰安婦」として連行されてきた。朝鮮の女性の場合、女工としてとか、兵隊の身の回りの世話をするためとか、騙されて来た人が多かった[52]。軍自らが慰安所を建築した場合もあったが、多くの場合は民家などを接収して慰安所とした[53]。鉄血勤皇隊の一員であった大田昌秀は振り返る。

　　沖縄の場合、首里城の地下司令部には、『朝鮮ピー』と蔑称され差別視される女性たちが2、30人ほどいました。わたしたち学生は、激闘の戦場にそぐわないその存在を奇異に感じていろいろと噂し合ったものでした[54]。

　沖縄の「慰安婦」の歴史の記録、記憶への関心は近年高まっているようだ。2008年には宮古島に「慰安婦」の祈念碑が建立され、碑文には12か国語で「全世界の戦時性暴力の被害者を悼み、二度と戦争のない平和な世界を願います」と記された[55]。2012年6月、那覇で「沖縄戦と日本軍『慰安婦』」展が開催された。この問題についての県内の展示は初であったが関心は高く、期間中1日の来場者数は通常の4倍であった[56]。

強制難民収容所

　沖縄住民は戦闘開始直後から日本軍降伏後までを通して、米軍の収容所に入れられた。400万枚の投降呼びかけビラをはじめとした米軍の心理作戦は功を奏し、沖縄戦開始直後の3月27日から6月末までの間に、1万740人が捕虜（7,401人の軍人と3,339人の労務者）になり、28万5,272人の民間人が収容されている[57]。強制集団死は多数あったが、全体的には自死しなかった住民の方が圧倒的に多い。沖縄戦における戦死者に対する捕虜の割合は約18%であり、1-2%程度であった太平洋の他の戦場に比べて著しく高い[58]。投降あるいは保護された後は、民間人と軍人に分けて取り調べが行われ、民間人は難民収容所に、軍人

は捕虜収容所に入れられた。民間人は、収容所内で、自分たちで掘立小屋を作ったり、収容所とされた他人の民家に住んだ。米軍が食糧、衣服、薬品などを支給したりもしたが、多くがマラリアや栄養失調で死んだ。米軍による強姦も頻繁に起こった。[59]

当時家族と共に収容所に入った沖縄のジャーナリスト、吉田健正は回想する。

写真1.2 食事をする栄養不足の子どもたち。沖縄本島のコザにて。1945年8月4日（米国国立公文書館）

　私は4歳になる直前、自然壕から自宅裏の壕に戻ったあと、家族と共に米兵に銃をつきつけられ、収容所につれていかれました。防衛隊員だった父はハワイに連行され、祖母と弟は栄養失調のせいか収容所で病死しました。田畑には艦砲射撃のあとが残り、弾薬や人骨が散乱し、不発弾爆発で死ぬ人も絶えませんでした。少年期は、ひどい食糧不足や衛生環境の中で過ごしました。家族には、戦後、異常出生児や早死者もでました。[60]

戦争の傷跡

　沖縄戦の経験は多くの沖縄人の心に、癒えることはない傷を残した。大田昌秀は、鉄血勤皇隊の一員として、毎日のように学友たちが砲爆撃で「人間の死というより、虫けらのよう」に死んでいくのを見た。沖縄師範学校の学友は386人中226人が死んだ。日本のポツダム宣言受諾後も2か月間、摩文仁海岸の岩陰で、飢えと怪我と絶望とたたかいながら潜伏生活を送った大田は、その後1945年10月23日に投降し、収容所に入った。忌わしい戦争の記憶は大田の頭から離れることはない。1945年5月、日本軍が首里司令部から南部へ撤退しようというとき、ある負傷兵は大田にすがりつき、連れていってくれと懇願した。60年以上経った今でも毎日のように、負傷兵の「学生さん！　学生さん！」という叫びが頭の中に響く。「まだやり残していることがある」と大

田は言う。[61] 戦後すぐの日々は、戦場に残された遺骨を収集し、遺族の許に返す事業を、米軍を挑発する行為だという周囲の心配を押し切って、始めた。最終的に 18 万人の戦争被害者の遺骨が見つかったが、まだ見つかっていない遺骨は多数ある。島中にまだ埋まっている不発弾は、処理に 40 年、50 年はかかるといわれる。[63] 「戦争が終わってもいないのにどうしてさらに戦争の準備をするのか」と大田は問う。同じように思う沖縄人は多い。沖縄県民の米軍基地への抵抗は、筆舌に尽くしがたい沖縄戦の体験と切り離せるものではない。沖縄に再び戦争がもたらされるのを望まないだけではなく、自分たちの土地が基地として使われることで、イラクやアフガニスタンの戦争に加担してしまったという責任を感じている人もいる。[64]

辺野古の座り込みテントの内側に飾ってあるタペストリーにはこのような詩があった。

あの沖縄戦が終わったとき
山は焼け、里も焼け、豚も焼け、
牛もやけ　鳥もやけ
陸のものは　すべて焼かれていた
食べるものといえば
海からの恵みだったはず
その海への恩返しは
海を壊すことではないはずだ

―沖縄ウミンチュ　山城善勝

3　記　　憶

強制集団死の記憶と用語をめぐって

「強制集団死」で亡くなった人は沖縄戦の死者全体の中では少数派であるし、[65] 沖縄特有のものでもなかった。このような死はサイパンをはじめとする太平洋の他の場所でも、満州でも起こった。しかし、戦後の沖縄と日本において、強制集団死は沖縄戦をめぐる歴史論争の中心的位置を占めてきた。特記するに、第三次家永教科書裁判 (1984-1997 年)、岩波書店と大江健三郎に対する（集団自

決軍命の有無をめぐる）名誉棄損裁判（2005-2011 年）、そして 2006 年度歴史教科書の検定で、強制集団死の軍関与が削除されるという文科省の「検定意見」が発端となり、島ぐるみの撤回要求運動へと発展した「教科書検定問題」（2006-2007 年）である。既述のように、強制集団死は日本軍の地元住民への加害行為の枠組みで捉えるものだが、軍の責任を軽少化したり否定したり、軍民一体を強調しようとする者は、この強制集団死が被害者自身の責任か殉国意識によるものだと位置づけようとしたのである。

　用語自体も物議を醸してきた。戦争中は、神風特攻隊や、捨て身の斬り込みのような、戦場での自殺的行為を指して使った「玉砕」という言葉が、これらの市民の死を指しても使われた。石原昌家の指摘によると、「集団自決」という用語は 1945 年 7 月に地方新聞（福島民報）に登場し、重傷兵が部隊に重荷をかけたくないので行う自殺を指していた。その後、沖縄タイムス社 1950 年発行の『鉄の暴風』で使われ、定着し始めた[66]。しかし「集団自決」という言葉は、（責任をとって）自ら選んだ死という意味を持つことから、軍に強制された死という実態にもかかわらず、このような死における軍の役割を過小化したり否定したりする勢力に利用された。第三次家永裁判は、これらの死を住民虐殺と敢えて区別するために「集団自決」として教科書に加筆するよう求めた文部省と、これらの死を住民虐殺の一環と捉える原告側とのたたかいであった。この法廷での論争の過程で、原告側証人として法廷で証言した歴史家の安仁屋政昭や石原昌家が、これらの死が自発的であったという誤解を与えないために「自決」を排して、替わりに「集団死」という概念を提起した[67]。人によっては「集団自決」を使う場合もカッコ付きで書き、実際は「自決」ではなかったという含蓄を持たせることもあるし、両方を併記することもある。しかし、後述するように、50 年代後半から、沖縄戦民間被害者にも戦傷病者戦没者遺族等援護法（以下「援護法」と略記）を適用するために「戦闘参加」の形態の一つとしての「集団自決」という概念が使われてきた。石原昌家は、この用語自体が、多数の住民が殺され、死に追い込まれた沖縄戦の体験を捏造している（沖縄戦の本質を歪めている）から、使用すべきでないと強く指摘している[68]。安良城米子は、本質をより正確に表現する「強制集団死」は、自発的な死を意味する「集団自決」とは相容れず、併記は成り立たないと論ずる[69]。一方では、軍強制の実態を承知しながらも「集

団自決」という言葉をずっと使ってきたから使うとする人もいる。林博史は、「集団自決」という用語使用自体が靖国思想に基づくものだと批判することや、「自決」か否かを単に軍民で分けることは、単純化し過ぎた議論であると論ずる。[70]
屋嘉比収は強制的環境下における自殺行為の矛盾に対する考察から、「強制的集団自殺」という概念にこだわるとしている。[71] この語句はノーマ・フィールドが提起したもので、「一つには、二国の軍隊の存在、もう一つには、日本皇民をつくりだすための長年の教化・訓練というかたちでの」二重の強制力のもとでなされていることから、「強制的集団自殺」と表現した。[72] 石原昌家はさらに踏み込み、いじめなどによる自殺を「社会的他殺」という社会心理学用語に準じて、日本軍の作戦による「軍事的他殺」と呼ぶ。[73] 本書では、以上の見方を考慮しつつ、軍の強制について疑問を差し挟む余地のなく、かつ普及している用語として、「強制集団死」という表現を使っている。

軍関与の論争

沖縄戦の強制集団死における軍の強制を否定しようとする動きは、過去60年にわたり政府、官僚、右翼組織が教科書や、他メディアにおける戦争の記述の中で、日本の戦争責任を否定しようとする流れの中で理解する必要がある。他にも日本軍「慰安婦」、南京大虐殺、731部隊といった歴史的事象が論争の対象になった。歴史家で教科書執筆者の家永三郎は、32年間、三次にわたる裁判で、歴史を歪曲する勢力とたたかった。[74] 家永の努力は、保守的な勢力による教科書の支配を阻止し、日本の加害を学ぶ教育的環境を育む功績を残した。しかし1990年代半ばになって、このような傾向に危機感を感じた者たちが、「新しい歴史教科書をつくる会」、略して「つくる会」を結成し、圧力を加速させている。沖縄戦の強制集団死は、このような勢力の主要な攻撃対象にされてきている。[75]

大江・岩波裁判

2005年、大江健三郎の著書『沖縄ノート』における、座間味島と渡嘉敷島で起こった強制集団死の記述において、座間味島の日本軍指揮官であった梅澤裕と、渡嘉敷島の指揮官であった赤松嘉次が集団死を命令したとあるのは虚偽

であるとして、梅澤と赤松の弟が、大江と岩波書店を相手取って名誉棄損で訴えた。原告の訴えは 2008 年大阪地裁、大阪高裁で退けられ、原告は上告したが、2011 年 4 月最高裁でも棄却され、大江と岩波書店は 6 年にわたる訴訟を勝利のうちに終えた。この訴訟は、後述する 2006 年から 2007 年にかけての教科書検定問題と直接関連している。原告と原告の支持者たちが、高校教科書の強制集団死における軍の強制の記述を削除する勢力であったのだ。[76]

2006-2007 年教科書検定問題

　2006 年 12 月の教科書検定で、提出された高校歴史教科書 8 冊のうち 7 冊に、住民の集団死における軍の強制の記述が「沖縄戦の実態について誤解するおそれのある表現である」として検定意見が付けられた。[77] 先述したような、強制集団死の背景にあった構造的な問題に目を向けず、特定の事象においての直接の軍命が証明できないからといって軍の強制はなかったとする、大江岩波裁判の原告の主張を再生産したものに過ぎなかった。教科書執筆者は、軍の強制についての表現を後退させるよう要求された。例を挙げれば、「日本軍に集団自決を強制された人もいた」という表現は、「集団自決に追い込まれた人々もいた」と変えさせられた。強制を明確に強調する文言が避けられ、主語が削除された。[78]

　沖縄の強制集団死の本質である「強制」に対しての攻撃が仕掛けられたのは、第二次世界大戦中の日本軍の加害行為の記録を塗り替えようとする組織的な動きの一部であった。日本軍による自国民とアジア諸国の人々への戦争犯罪に対する責任から免れることができたら、現在の日本の指導者たちが企てている軍備強化と米国との同盟「深化」が進めやすくなる。歴史を歪曲しようとする勢力は「南京大虐殺、従軍慰安婦強制連行説、沖縄戦集団自決軍命令説は、日本軍を貶める自虐史観の三点セット」として一番の重点を置いた。検定で文科省に教科書記述変更の圧力をかけられた執筆者の 1 人である石山久男は、「つくる会」はこの三つの重点分野のうち、「慰安婦」を中学教科書から消し、多くの教科書から南京大虐殺事件の死者数を削除させることに成功した後、[79]手つかずだった沖縄問題をターゲットにしたと見る。2006 年から 2007 年にかけてのキャンペーンのねらいは「『軍隊は住民を守らない』という沖縄戦の重要な教訓を人々の意識から消し去り、天皇の軍隊の『名誉』を守ることによって、国

家と軍隊に奉仕する国民を育て、国民をふたたび戦争に動員すること」であったと。[80]

　沖縄の反応は早かった。平和団体、教員組合、地元新聞からの非難の嵐が吹き荒れた。市町村議会、県議会は検定意見撤回を要求する決議を次々と出した。2007年9月29日に開催された超党派の「検定意見撤回を求める県民大会」は11万7,000人を集め、1972年の沖縄返還以来最大の集会となった。[81] 強制集団死を生き抜いた人で体験を語ったことがなかった人たちも、この集会で沈黙を破った。高校生代表は、「分厚い教科書の中のたった一文、たった一言かもしれませんが、その中には失われた多くの尊い命があります」と語った。[82] 2007年9月29日の県民大会は「沖縄戦における『集団自決』が、日本軍による関与なしに起こり得なかったことは紛れもない事実であり、今回の削除・修正は体験者による数多くの証言を否定し歪曲しようとするものである」との文言を含む決議文を採択した。[83] 文科省はかつてない大規模な抗議運動を受けて、訂正申請に応じる姿勢を見せ、教科書執筆者や専門家との交渉を行ったが、検定意見そのものは撤回しないという立場を変えなかった。2007年末に承認された訂正申請では、強制を示唆する言葉を認めたものの、「強制」という言葉自体は認めなかった。[84]

　この教科書問題勃発から5年以上が経った。2011年4月に大江・岩波裁判で最高裁が原告の訴えを棄却したにもかかわらず、文科省はいまだに2007年の検定意見を撤回しようとしない。沖縄の高校生は今でも、文科省の誤った検定意見を反映した教科書で学んでいるのである。

狙われる国境の島

　2007年の検定意見問題が未解決の中、2011年半ばには新たな教科書問題が沖縄で勃発した。八重山諸島の教科書採択協議会（以下、協議会）が、「つくる会」系の教科書会社2社のうちの一つ、育鵬社の公民の教科書を採択したのである。

　八重山諸島は石垣、竹富、与那国の三つの教育委員会に分かれている。人口は合計約5万5,000人、沖縄県全体の約4％に過ぎない。しかし沖縄2紙はこれらの離島での教科書選定の過程について連日大々的に報道し、本土のメディアも注目した。

2001年に初めて「つくる会」系の教科書が文科省の検定に合格したとき、戦時中日本に被害を受けた国々からの批判が高まったが、最初の数年の採択率は1%にも満たなかった。しかし2011年の夏までには、中学の公民教科書ではこの割合は約4%にまで達している[85]。沖縄県内の教育委員会が「つくる会」系の教科書を採択したのは初めてだった。「つくる会」系の歴史教科書は強制集団死における日本軍関与について触れておらず、日本国憲法が米国から押し付けられたものだと位置づける。育鵬社の公民の教科書は表紙の日本地図に沖縄が含まれてもおらず、米軍基地への言及は欄外にあるだけで、沖縄が基地被害で苦しんできていることも、普天間基地移設問題についての言及もない。このような教科書を沖縄の学校が採用するとは通常は考えられないのだが、八重山では協議会の会長である石垣市教育長が、地元や本土の保守勢力をバックにつけ、育鵬社の教科書が採用されるような巧妙な操作を行った。独断で協議会の規約を改定し委員を入れ替え、教科内容に通じた調査員による教科書の調査研究報告を無視し、育鵬社教科書採択に持ち込んだ（2011年8月23日）。与那国町と石垣市は協議会の答申に従って育鵬社版に決定したが竹富町教育委員会は否決して東京書籍版に決定し、その後3教育委員会が協議して東京書籍版に一本化する決定をした（9月8日）にもかかわらず、文科省は認めず、竹富町への東京書籍版無償配布を拒否した。この問題について調査、取材をしてきた前田佐和子はこれを、憲法26条の理念を踏みにじった「歴史的な暴挙」と呼ぶ。自民党や「日本の前途と歴史教育を考える議員連盟」の右翼議員たちによる文科省の教育行政への露骨な政治介入も報告されている。2012年4月、竹富町は町民の寄付によって東京書籍版の教科書を子どもたちに提供したが、東京書籍版の無償給付を訴えるさまざまな住民運動が展開され、2011年末には八重山の住民たちが、3教育委員会全員協議の確認を求めて裁判所に提訴している[86]。

　八重山の教科書問題は、中国や台湾との国境近くのこれらの離島において日本と米国が軍備強化しようとしている動き、とりわけ2010年秋、日中間で噴出した尖閣／釣魚諸島の問題後の動きの中で捉える必要がある。教科書問題は昔も今も、その時点での政治的状況と密接に関連している。1980年代、中曽根康弘首相が日本を米国の「不沈空母」と呼んだ時期、そして、2000年代すぐ、安倍晋三首相が日本は、新憲法などの「戦後レジーム」から脱却すべきだ

と訴えたときは、沖縄戦も争点となった第三次家永訴訟や「つくる会」教科書が台頭してきたときと重なる。渡名喜守太の目には、「これは単に歴史の歪曲ではなく、日本の国防と密接に関連している……歴史修正主義は日本の再軍備に伴って国民の国防意識を育成するために日本政府の施策として現れた」と映る。渡名喜によると、1954年自衛隊が発足した直後、内閣調査室の『調査月報』に「国民の防衛意識」という論文が掲載され、このように書いてある。「国民の中に残る戦争の被害の記憶が平和思想となり国民の防衛意識育成を阻害している。国民の愛国心・防衛意識を育てるために戦争被害の記憶を除去し、被害の記憶のない青少年層に大胆に訴えよ」（要約）。

「沖縄」対「靖国」

彫刻家の金城実（9章参照）の父・盛松は、母・秋子との結婚後1年で志願兵となり、1944年3月のソロモン群島ブーゲンビルの戦いで、24歳で亡くなった。金城は父の死を敢えて「犬死にだった」と言う。このように言うと、母は激怒したそうだが、金城は言う。「父が犬死にと言わないと、沖縄戦が見えない」。

金城は、小泉首相の靖国神社参拝を、憲法20条（政教分離）違反であるとして2002年9月に那覇地裁に提訴した「沖縄靖国違憲訴訟」の94人の原告の1人である。参拝の公務性、違憲性を問い、政教分離違反による原告の法的権利の侵害と訴え、遺族が日本軍と一緒に靖国神社に祀られるという精神的苦痛への賠償を請求した。2005年初頭の那覇地裁の判決時点で既に判決が出ていた本土の靖国参拝違憲訴訟5件では、賠償請求は棄却されたものの、福岡地裁における2004年4月の判決では首相参拝の違憲性が認められ、大阪（一次）、福岡、千葉地裁では首相参拝は公務であると判断されていた。沖縄訴訟で那覇地裁は、南部戦跡で異例の現場検証まで行ったにもかかわらず、2005年1月28日の判決では原告の訴えを全面棄却し、首相参拝の公私判断も違憲判断もしなかった。

沖縄の訴訟は、原告のほとんどが沖縄戦の体験者か遺族であった。原告たちは、家族や沖縄戦の被害者たちが日本軍と一緒に英霊として祀られていることに反対したのである。

金城実は2008年3月に、靖国神社と国を相手取って遺族の合祀取り下げを

求めて訴えた原告の 1 人でもあった。本来靖国神社は天皇のための戦争で死んだ軍人・軍属を祀る場所であり、同じ戦争による死者でも、空襲や原爆で死んだ何十万もの民間人は扱わない。しかし沖縄の民間人戦争死者は、「援護法」と呼ばれる、「戦傷病者戦没者遺族等援護法」の下での援護の対象になるように、一般人であっても戦闘に参加したとみなし「準軍属」扱いにされたのである。「援護法」は 1952 年に制定された、軍人軍属の戦傷病者や戦没者遺族に対して生活を援護する法律で、53 年になって、米軍統治下にあった沖縄の旧軍人軍属にも適用された。さらに 58 年には、「唯一地上戦になった沖縄県」という理由から沖縄の民間人にも適用された。その際厚生省は「戦闘参加概況表」を作り、戦争被害者がどのように「戦闘参加」したのかを定義づけるために 20 の項目を設けた。日本軍に壕から追い出され戦火の中に放り込まれた人々は「壕の提供」とされ、食糧を強奪された人は「食糧供出」とした。前述のように「集団自決」はこの時点から軍による強制死を戦闘協力と定義するための行政用語となり、「スパイ嫌疑による斬殺」までもが、戦闘協力の一種とされた[92]。こうして民間人の被害者が「準軍属」扱いになると、遺族には無断で、「靖国神社合祀予定者名簿」に記載され、沖縄の日本政府の出先機関から厚生省経由で靖国神社に合祀予定者名簿が提供された[93]。

　このようにして、子どもも含め約 5 万 5,000 人もの沖縄の民間人戦争被害者が靖国に合祀された。「援護法」は「日本が沖縄にやったことの罪を覆い隠すもの」[94]で、沖縄戦の真実を歪めるものであった。この歴史の歪曲は後の教科書問題にも影響を与えた[95]。戦後当時、経済的に困窮している遺族が多かった上に、援護法適用の申請も代筆で行ったケースも多く、戦争で殺された家族が「戦闘参加」して死んだということになっていることなど気づいていない場合がほとんどだった。そのような中で金城と他の原告たちは敢えて靖国神社と国家に立ち向かう決心をした。戦後、占領軍は靖国神社の国家管理を廃止し、1 宗教法人となったが、そこに「神」として祀っている人たちの合祀取り下げ要求に応じたことはない。金城たちの訴えも、2010 年 10 月、那覇地裁で、2011 年 9 月、福岡高裁でそれぞれ棄却された。金城ら原告にとってこの裁判の意義は賠償を求めることではなく、2 歳の子どもも含む、沖縄戦の民間人被害者を「戦闘参加者」として合祀することの間違いを正すためであったが、2012 年 6 月、最

高裁が上告を棄却、敗訴が決定した。
　金城実は、差別されないためにも自分を日本人としてしっかり教育したいと思っていた父の死が無駄死にだったと、最初から思っていたわけではない。しかし沖縄人がどんなに日本人になろうとしても壕から追い出され、虐殺され、集団死を強いられたことを思うと、沖縄人はだまされて無駄死にしたと結論づけざるを得なかった。金城の母、秋子は最終的には小泉参拝違憲訴訟の原告に加わり、息子を支える立場となった。[96]
　沖縄と靖国は「生」と「死」という対極の思想を体現している。前者は命を喜び戦争を否定するが、後者は死を喜び戦争を肯定する。沖縄対靖国のたたかいは続く。金城実にとって靖国裁判と基地建設反対運動は表裏一体のものだ。「米兵につかまるくらいなら死になさい、という沖縄戦と普天間基地の県内移設は一緒」である、と金城は言う。[97]

記憶の場

　日本は、過去の戦争を展示する場所である「平和博物館」の列島といえる。世界に約200あると言われる平和博物館のうち、3分の1は日本にある。[98]このような列島の中でも沖縄は突出しており、平和のための博物館や慰霊塔、記念碑などが、激戦地であった沖縄本島南部を中心に、全県に多数ある。糸満市だけでも、大きな平和博物館が二つと[99]、約250の慰霊塔がある[100]。離島を含む沖縄県全体では400以上の慰霊塔がある。その中には、国籍にかかわらず死者を刻銘する「平和の礎」、戦後沖縄の最初の慰霊塔である「魂魄の塔」[101]、主に摩文仁の丘に建立された都道府県の慰霊塔、朝鮮半島出身の死者を慰霊する塔、男女学徒隊、強制集団死で死んだ人々や戦争マラリア被害者を慰霊するもの、日本軍「慰安婦」祈念碑などがある。[102]
　戦争の記憶に議論は尽きない。1979年から2年がかりで沖縄の慰霊塔の碑文調査を行った団体によると、調査対象となった140基のうち、37基は「戦争・戦死の肯定賛美」、「愛国憂国の心情」を含み、戦争への反省に欠けるものであった。[103]大城将保は慰霊の「靖国化」に警鐘を鳴らしており、戦争被害を殉国美談として語り、被害の実態と日本軍の加害に目を向けようとしないことを批判する。[104]沖縄には年間約200万人の観光客が訪れるが、観光バスが行くのは、各県

ごとの兵士が祀られている摩文仁の丘と、第32軍司令官牛島中将と長参謀長を祀っている「黎明の塔」である。牛島と長の塔は海を見渡せる丘の上の一等地に建っているのに比べ、「鉄血勤皇隊」に動員され半数以上が死んだ若者たちを慰霊する「沖縄師範学校健児の塔」は階段をはるか下に下ったところにある。裏手の壕は、動員されていた師範学校生大田昌秀が負傷して横たわっていた場所である。食糧管理や炊事で動員されていた10代の女性たちが焼夷弾に当たり次々と無残な死に方をしていくのを何もできず見ているしかなかった。

資料館展示をめぐる論争

　1999年、沖縄は「沖縄県平和祈念資料館展示改ざん事件」と呼ばれた出来事で大騒ぎになった。沖縄南部摩文仁の沖縄県立平和祈念資料館は1975年開館したが、企画自体が沖縄の日本復帰関連事業の流れの中で浮上したもので、県民の意見を反映する機会はなかった。軍事資料館の様相を呈していたことから批判の声が高まり、沖縄の識者、専門家を中心とした運営協議会が発足し、1978年には沖縄住民の視点を反映した形で資料館は再開した。1999年の「展示改ざん事件」の県を挙げた論争はこの資料館にとっては二度目であった。

　大田県政（1990-1998年）下の平和行政の三本柱として、平和祈念資料館の拡充と内容の充実、「平和の礎」の建立と、国際平和研究所をつくることがあった。「平和の礎」は1995年に完成したが、大田が1998年三期目を目指した選挙に敗れた後、後任の稲嶺恵一知事の下で、研究所の方は事実上中止となり、資料館については展示内容が、監修委員会にわからないように変更されていくという事態、即ち「展示改ざん事件」が起こる。展示変更は「日本兵の残虐性が強調されすぎないように配慮」するという新県政下の方針によるものだった。ガマに避難している住民に、泣く赤ん坊を黙らせるように日本兵が銃を突き付けている原寸大の模型が計画されていたが、県担当者によると稲嶺知事は、「資料館が県立であることを強調した上で政府を刺激するような展示内容にしないように暗に求めた」という。監修委員会のメンバーが1999年7月に製作中のガマの確認をしたところ、日本兵が手ぶらであることに気づいた。担当者は、兵士から銃を外したことと、負傷兵に青酸カリ入りのコンデンスミルクで自殺を強いる衛生兵も外したことを認めた。後に専門家や報道関係者が入手した、

県による具体的な変更項目は18項目にも及んだ。例えば、「虐殺」を「犠牲」に置き換え、「日本兵の残虐性が強調され過ぎないように配慮する」という方針もあった。変更内容は日本軍の沖縄住民への暴力だけではなく、アジア隣国への加害行為にも及んだ。[111]

稲嶺県政下での「改ざん事件」は、離島にも波及した。大田県政下で企画され、1998年には建物が完成していた石垣島の「沖縄八重山平和祈念館」でも、写真説明文の文言を中心に、大幅な展示内容変更がなされた。戦時中日本軍により、マラリアに罹るとわかっている山間部に移動させられたときのことを「強制退去」と表現していたのを「避難」に変えられた。飛行場建設に地元民や朝鮮人が大量動員されたこと、戦争マラリア被害の実態も実相が希釈されるような簡潔表現に変更された。[112]

1999年8月から10月まで、「資料館展示改ざん事件」は沖縄2紙の見出しを独占し、全県に議論が巻き起こった。県知事は改ざん指示を認めなかったものの結果的に「監修委員会に任せる」と表明し、当初の計画に近い形に軌道修正することになった。沖縄県平和祈念資料館は2000年4月、沖縄八重山平和祈念館は同年11月に開館した。[113]

沖縄戦の記憶と記録をめぐる論争は終わることがないように見える。仲井眞県政の下、2012年2月になって、旧日本軍沖縄守備隊第32軍司令部壕前に設置予定の説明文から、「住民虐殺」「慰安婦」といった文言が削除された。2月24日県議会で、県知事は文言削除の撤回はしないと表明した。さらに英語、韓国語、中国語に訳されるに至っては、沖縄戦の本質を表すキーワードである「捨て石」の表現が削除された。石原昌家は、これは従来の沖縄戦の体験の捏造どころではなく「沖縄戦そのものの捏造」であると批判する。[114]県は3月23日、翻訳文に誤植や文法ミスを残したままで拙速に説明板を立ててしまったが、その後も市民団体や専門家により削除撤回運動が続いている。

平和の礎

「平和の礎」は、国籍や、軍民を問わず、沖縄戦で亡くなった全ての人を記録するという考えの下に1995年に建立された。2012年6月23日の時点で24万1,167人の名前が刻銘されている。[115]「平和の礎」は、戦争に関連した記念碑

として世界でも珍しい、偏りのない人間的な見地から作られていると形容される碑ではあるが、それでも論争から自由ではない。この碑には宗教的関連はなく、戦争放棄の象徴であり[116]、戦没者を全て区別なく個人として扱うという意味[117]づけがされている。その建立の趣旨は「恒久的平和を創出する」理念に基づき、「たんに戦争で甚大な被害をこうむった沖縄や日本の人びとだけに限定」せず、連合軍側の将兵も、日本が被害をもたらしたアジア隣国の死者も共に刻銘し、非戦を誓うことであった。しかし、加害者と被害者を一緒に刻銘することで戦争・加害責任を曖昧にしてしまうと批判する人もいる。それは結果的に「靖国化」、即ち戦争の加害者と戦争自体を美化し肯定することにつながりかねないとの懸念である[118]。2000年の九州沖縄サミットで、ビル・クリントン大統領が「平和の礎」の前で行った演説にはまさしくそのような変質化への方向性があった。

　……大抵の記念碑は戦争で亡くなった一方の側の人々だけを記憶するものですが、「平和の礎」は戦った双方の人々、そしていずれの側にもつかなかった人々の名を刻むものです。したがって、「平和の礎」は単に一つの戦争の記念碑という以上に、あらゆる戦争の記念碑であり、そのような破壊が二度と人類に降りかかることを防ぐための私たちの共通の責任を想起させてくれてもいるのです。

ここまでは「平和の礎」建立の意義を捉えたものであったが、その後クリントンはこのように続けた。

　過去50年間、日米両国は、この礎の心を持って、そうした責任を満たすべく協力してきました。日米同盟関係の強さは、20世紀の偉大な物語です。今日、アジアが概ね平和であるのは、日米同盟関係がこの地域のすべての人々に、平和が守られ維持されていくという信頼感を与えてきたからです。同盟関係というのは、まさにそのために存在するのであり、だからこそ、日米同盟関係は維持されていかなければならないのです[119]。

言い換えれば、クリントンは、日米軍事同盟は「平和の礎」にこめられた平和主義の精神の体現であると言っている。大田昌秀はこう評価した。

　クリントン大統領のスピーチは美しい言葉が並べたてられていますが、その真意は日米同盟関係の維持、そのための沖縄にとって不可欠で重要な役割＝基地の受け入れを支持し、求めるものにほかなりません。したがって、県民の痛切な慰霊の気持ちとはずいぶんとかけ離れているのです[120]。

終わらぬ戦争の中で

　日本の戦争体験者はよく「平和な時代になった今……」と語る。日本本土での平和教育において戦争は過去のものであり、現在、憲法9条によって平和が守られていると教えることが多い。しかし、沖縄から見ると、本土の人たちは、その「平和」のために今も誰が犠牲を強いられているのかを認識していないのである。「基地を歩けば戦跡にぶつかるし、戦跡を歩けば基地にぶつかる」[121]沖縄では、戦争は過去ではなく、今なのである。

　沖縄の著述家知念ウシは、自分の子どもたちに沖縄戦のことを教えるのは、若い世代に歴史を継承することが大事だからというだけではなく、「『沖縄戦』はまだ終わっておらず、沖縄人への攻撃はやんでいないからだ」という。

　　現在は、実際の戦闘のど真ん中にいて身体が傷つけられ命を奪われるわけではない。しかし、反対し続けても基地は強化、拡大される。基地への抵抗を威嚇、排除するために日本の軍隊はやってくる。私たちが住んでいる土地が攻撃されることを前提にした迎撃ミサイルは配備される。事故が続く軍用機は私たちの頭上を飛ぶ。日本の軍隊は米軍の基地を共同で使い出し、一緒に戦闘練習する。先島の軍事基地化も企図されている。[122]日本国に直接戦争を許す憲法に変われば、これらはますます勢いづくだろう。

　沖縄にとって戦争は、記憶に閉じ込めておくには程遠い存在である。

【注】
1） George H. Kerr, *Okinawa: The History of an Island People* (Rutland, Tokyo: Charles E. Tuttle Company, 2000), 465.
2） Miyume Tanji, *Myth, Protest and Struggle in Okinawa* (Oxon, New York: Routledge, 2006), 37.
3） Masahide Ota, *This Was the Battle of Okinawa* (Naha: Naha shuppan sha 1981), 2.
4） 新城俊昭他監修・沖縄県平和祈念資料館編集『沖縄県平和祈念資料館　総合案内』沖縄高速印刷株式会社、2001年、69頁。
5） Ota, *This Was the Battle of Okinawa*, 96.
6） 『沖縄県平和祈念資料館　総合案内』90頁。
7） 新城俊昭『ジュニア版　琉球・沖縄史――沖縄をよく知るための歴史教科書』編集工房東洋企画、2008年、209頁。
8） 『沖縄県平和祈念資料館　総合案内』31頁。
9） 石原昌家『沖縄の旅・アブチラガマと轟の壕――国内が戦場になったとき』集英社、2007年、199頁。

10)　対馬丸記念館「対馬丸撃沈事件とは」<http://www.tsushimamaru.or.jp/jp/about/about1.html>
11)　2010年7月、対馬丸記念館にて提供されたプリント「『対馬丸』に関する基礎データ」より。
12)　大城将保「沖縄戦の真実をめぐって――皇軍史観と民衆史観の確執」石原昌家他『争点・沖縄戦の記憶』第一章、社会評論社、2002年、19頁。
13)　石原『沖縄の旅』201頁。国立公文書館所蔵『秘密戦ニ関スル書類』の中の「報道宣傳等ニ関スル縣民指導要綱」(球第1616部隊、昭和19年11月18日)の表紙に「極秘」との押印がある。
14)　吉田裕『アジア・太平洋戦争』岩波書店、2007年、219-220頁。
15)　慶良間諸島での強制集団死の死者は座間味島で234人、慶留間島で53人、屋嘉比島で10人ほど、渡嘉敷島で329人と記録されている。大田平和総合研究所『沖縄関連資料――沖縄戦及び基地問題』大田平和総合研究所、2010年、5-6頁。
16)　沖縄戦の日本軍の戦力についてはまだ研究途上である(石原昌家、2012年4月10日著者、乗松聡子への質問に答えて)。『沖縄平和祈念資料館　総合案内』(81頁)では陸軍約6万9,000人、海軍約8,000人、石原『沖縄の旅』では陸軍約8万6,400人、海軍約1万人と推定されている。
17)　石原『沖縄の旅』202頁。
18)　新崎盛暉『沖縄現代史』新版、岩波書店、2005年、2-3頁。
19)　石原『沖縄の旅』204頁に引用された、防衛庁防衛研究所図書館所蔵の「国土決戦教令」の第二章十四条(引用者により旧漢字は新漢字に直してある)。「敵ハ住民、婦女、老女ヲ先頭ニ立テテ前進シ　我ガ戦意ノ消磨ヲ計ルコトアルベシ　斯カル場合我ガ同胞ハ　己ガ生命ノ長キヲ希ハンヨリハ　皇国ノ戦捷ヲ祈念シアルヲ信ジ　敵兵殲滅ニ躊躇スベカラズ」。
20)　牛島と長が自殺したのは6月22日なのか23日なのか、また、どのように自殺したのかについては相反する説がある。大田昌秀・佐藤優『徹底討論――沖縄の未来』芙蓉書房出版、2010年、34-38頁。
21)　この章の沖縄戦の記述は、特記がない限り以下の資料を参考にしている。『沖縄平和祈念資料館　総合案内』、Ota, *This Was the Battle of Okinawa*, Masahide Ota, *The Battle of Okinawa: The Typhoon of Steel and Bombs* (Nagoya: Takeda Printing Company 1984)、新崎盛暉『沖縄現代史』、新城俊昭『ジュニア版　琉球・沖縄史』、新崎盛暉他『観光コースでない沖縄――戦跡・基地・産業・自然・先島』第四版、高文研、2008年、石原『沖縄の旅』。
22)　大田昌秀『死者たちは、いまだ眠れず――「慰霊」の意味を問う』新泉社、2006年、30-35頁。
23)　大田平和総合研究所『沖縄関連資料』2頁。
24)　陸上自衛幹部学校『沖縄作戦講和録』、1961年。大田平和総合研究所『沖縄関連資料』4頁に引用。
25)　大田昌秀編著『総史沖縄戦　写真記録』岩波書店、1982年、180頁。

26) 林博史『沖縄戦と民衆』大月書店、2001 年、356-362 頁。
27) 久米島事件の記述は大田昌秀『死者たちは』96-108 頁に基づく。久米島事件についての英語による資料は以下を参照。Matthew Allen, "Wolves at the Back Door - Remembering the Kumejima Massacres," in *Islands of Discontent: Okinawan Responses to Japanese and American Power*, ed. Laura Hein and Mark Selden (Lanham: Rowman & Littlefield, 2003), 39-64.
28) 林博史『沖縄戦が問うもの』大月書店、2010 年、165-166 頁。
29) 大田平和総合研究所『沖縄関連資料』8 頁。
30) 戦争マラリアについての記述は、上記文献及び、著者（乗松聡子）が 2012 年 6 月 25 日に八重山平和祈念館を訪問した時点での展示物、当日案内をしてくれた戦争マラリア被害体験者、潮平正道氏、高宮（山里）節子氏の解説に準拠している。
31) 謝名元慶福（脚本・監督・製作）沖縄戦記録フィルム 1 フィート運動の会設立 25 周年記念『軍隊がいた島〜慶良間の証言〜』2009 年。
32) 同上。
33) 大田平和総合研究所『沖縄関連資料』5-6 頁。
34) 謝名元『軍隊がいた島』。
35) 金城重明『「集団自決」を心に刻んで——沖縄キリスト者の絶望からの精神史』高文研、1995 年、50 頁。
36) 謝花直美『証言 沖縄「集団自決」——慶良間諸島で何が起きたか』岩波書店、2008 年、i 頁。
37) 金城『「集団自決」』53-54 頁。
38) 國森康弘『証言 沖縄戦の日本兵——六〇年の沈黙を超えて』岩波書店、2008 年、74 頁。
39) 金城『「集団自決」』53-69 頁。
40) チビチリガマの事件についての記述は以下の資料を参考にしている。林博史『沖縄戦 強制された「集団自決」』吉川弘文館、2009 年、50-55 頁、下嶋哲朗『沖縄・チビチリガマの「集団自決」』岩波書店、1992 年、立命館大学国際平和ミュージアム監修・石原昌家編『オキナワ——沖縄戦と米軍基地から平和を考える』岩波書店、2006 年、42-43 頁、「戦場となった村」（石原昌家担当）北中城村史編纂委員会編『北中城村史』第四巻争・論述編第三章、2010 年、173-178 頁。
41) 下嶋『沖縄・チビチリガマ』48 頁。
42) 同上、51 頁。
43) 下嶋哲朗『チビチリガマの集団自決——「神の国」の果てに』凱風社、2000 年、250-270 頁。金城実・柴野徹夫『彫塑 鬼——沖縄のもの言う 糞から金蠅』憲法 9 条・メッセージ・プロジェクト、2010 年。
44) 林『沖縄戦 強制された「集団自決」』192-208 頁。
45) 同上、194-195 頁
46) 國森『沖縄戦の日本兵』119-120 頁。
47) 謝名元『軍隊がいた島』。

48) 謝花直美「沖縄戦の跡をたどる」新崎他『観光コースでない沖縄』第二章、97頁。
49) 沖縄県環境生活部平和・男女共同参画課「平和の礎刻銘者数」2012年6月23日現在。<http://www3.pref.okinawa.jp/site/view/contview.jsp?cateid=11&id=7623&page=1>
50) 1999年には沖縄に連行された朝鮮人名簿2,815人分が、日本から韓国に1993年に渡されていた資料から発見された。そのうち650人が生還、273人の死亡が確認され、1,872人は「『ほとんどが戦病傷死』したとされる生死不明者」とされる。この名簿の中では、70%以上の軍夫が死亡か生死不明者ということになる。「沖縄連行の朝鮮人軍夫2815人名簿を韓国遺族会が発見／本紙入手・厚生省は非公開」『琉球新報』1999年6月22日。
51) 林『沖縄戦と民衆』61-69頁、362-364頁。
52) 林『沖縄戦が問うもの』47頁。
53) 林『沖縄戦と民衆』62頁。
54) 大田『死者たちは』118頁。
55) 「慰安婦問題解決訴え　祈念碑建立4周年の集い」『琉球新報』2012年9月10日。
56) 「慰安婦」展に1800人　"沈黙の歴史"に新証言も」『琉球新報』2012年6月29日。
57) 林『沖縄戦と民衆』338-339頁に引用されたHQ 10th Army, *G2 Report*, (RG407/Box2948) 1945, 3.26-6.30.
58) 林『沖縄戦と民衆』334-337頁。
59) Kensei Yoshida, *Democracy Betrayed: Okinawa under U.S. Occupation*, Studies in East Asia Vol. 23 (Bellingham: Center for East Asian Studies, Western Washington University, 2001), 12.; 林『沖縄戦が問うもの』182頁。
60) 吉田健正、著者（乗松聡子）宛ての電子メールにて（2011年6月29日）。
61) Ota Masahide and Satoko Norimatsu, " 'The World Is Beginning to Know Okinawa': Ota Masahide Reflects on His Life from the Battle of Okinawa to the Struggle for Okinawa," *The Asia-Pacific Journal: Japan Focus* (September 20, 2010), http://japanfocus.org/-Norimatsu-Satoko/3415.
62) 大田『死者たちは』137頁。
63) 推定2,200トンの不発弾がまだ沖縄に残っている。沖縄県は年に約30トンを処理しているが、このペースで続けると全て終わるのに70年ほどかかることになる。「不発弾処理策　国の責任で補償制度つくれ」『琉球新報』2011年9月12日。
64) Ota and Norimatsu, " 'The World Is Beginning.' "
65) 大田平和総合研究所『沖縄関連資料』には、把握できている範囲で1,202人の死亡が記録されている。
66) 石原昌家「『沖縄戦体験』を捏造した『援護法』の仕組み」石原昌家編『ピース・ナウ沖縄戦——無戦世界のための再定位』第二章、法律文化社、2011年、25-27頁。
67) 屋嘉比収『沖縄戦、米軍占領史を学びなおす——記憶をいかに継承するか』世織書房、2009年、28-31頁。
68) 石原昌家「沖縄戦体験の認識は、なぜ共有されていないか」（石原編『ピース・ナウ沖縄戦』第一章）、石原昌家「『沖縄戦体験』を捏造した『援護法』の仕組み」（同上、第二章）を参照。

69) 安良城米子「沖縄地元紙社説に見る沖縄戦認識——『沖縄タイムス』・『琉球新報』を通して」（同上、第三章）、40-63頁。
70) 林『沖縄戦　強制された「集団自決」』229-232頁。
71) 屋嘉比『沖縄戦、米軍占領史を学びなおす』50-54頁。
72) Norma Field, *In the Realm of a Dying Emperor: Japan at the Century's End* (New York: Vintage Books, 1993), 61. 日本語訳はノーマ・フィールド『天皇の逝く国で』大島かおり訳、みすず書房、1994年。
73) 石原昌家「『援護法』によって捏造された『沖縄戦認識』——『靖国思想』が凝縮した『援護法用語の集団自決』」『沖縄国際大学社会文化研究』別刷 Vol.10, No.1、2007年3月、50頁。
74) 家永教科書裁判の詳細や日本の教科書問題全般についての英語の資料は Yoshiko Nozaki, *War Memory, Nationalism and Education in Postwar Japan, 1945-2007 : The Japanese History Textbook Controversy and Ienaga Saburo's Court Challenges* (Florence: Routledge, 2008).；Julian Dierkes, *Postwar History Education in Japan and the Germanys-Guilty Lessons* (New York: Routledge, 2010)., Laura Hein and Mark Selden, eds., *Censoring History-Citizenship and Memory in Japan, Germany, and the United States* (New York: M. E. Sharpe, 2000).
75) 以下参照。Yoshiko Nozaki and Mark Selden, "Japanese Textbook Controversies, Nationalism, and Historical Memory: Intra-and Inter-National Conflicts," *The Asia-Pacific Journal: Japan Focus* (June 15, 2009), http://japanfocus.org/-Yoshiko-Nozaki/3173.
76) Steve Rabson, "Case Dismissed: Osaka Court Upholds Novelist Oe Kenzaburo for Writing That the Japanese Military Ordered "Group Suicides" in the Battle of Okinawa," *The Asia-Pacific Journal: Japan Focus* (April 8, 2008), http://japanfocus.org/-Steve-Rabson/2716.
77) 石山久男『教科書検定——沖縄戦「集団自決」問題から考える』岩波書店、2008年、32頁。
78) 栗原佳子『狙われた「集団自決」——大江・岩波裁判と住民の証言』社会評論社、2009年、60頁に紹介されている清水書院の例。
79) 日本軍「慰安婦」の記述は2002年から使用の中学教科書で大幅に後退した。2006年には、「慰安婦」という言葉は完全になくなった。石山『教科書検定』27頁。参考：VAWW-NET ジャパン「教科書に『慰安婦』についての記述を！」。<http://www1.jca.apc.org/vaww-net-japan/history/textbook.html>
80) 石山『教科書検定』43頁。
81) Kamata Satoshi, "Shattering Jewels: 110,000 Okinawans Japanese State Censorship of Compulsory Group Suicides," *The Asia-Pacific Journal: Japan Focus* (January 3, 2008), http://www.japanfocus.org/-Kamata-Satoshi/2625.
82) 石山『教科書検定』57頁。
83) 沖縄タイムス社編『挑まれる沖縄戦——「集団自決」・教科書検定問題報道特集』沖縄タイムス社、2008年、245頁。
84) 先に挙げた清水書院の例では、当初の訂正申請の記述は「手榴弾を配布されたり、玉砕を強いられたりするなど、日本軍の強制によって集団自決に追い込まれた人々もいた」

であったが、承認された訂正申請は、「軍・官・民一体の戦時体制のなかで、捕虜になることは恥であり、米軍の捕虜になって悲惨な目にあうよりは自決せよ、と教育や宣伝を受けてきた住民のなかには、日本軍の関与のもと、配布された手榴弾などを用いた集団自決に追い込まれた人々もいた」であった。石山『教科書検定』34頁。

85) 「保守系教科書：議論呼ぶ　来年度から4年間の中学社会科教科書を各地で採択」『毎日新聞』2011年9月19日。

86) 前田佐和子「揺れる八重山の教科書選び」『Peace Philosophy Centre』2011年9月16日。<http://peacephilosophy.blogspot.com/2011/09/blog-post_16.html> 前田佐和子「八重山教科書問題の深層」『Peace Philosophy Centre』2012年5月31日。<http://peacephilosophy.blogspot.ca/2012/05/part-ii.html>

87) 渡名喜守太「背景にあるもの　八重山教科書問題　上」『琉球新報』2011年9月1日。

88) 同上。

89) 「英霊か犬死か──沖縄から問う靖国裁判」（琉球朝日放送、2010年）の石原昌家インタビュー。

90) その後、2005年9月に、福岡に続き大阪高裁で違憲判断を含む判決が出た。靖国裁判についての詳細は、田中伸尚『ドキュメント　靖国訴訟──戦死者の記憶は誰のものか』岩波書店、2007年を参照。

91) 琉球朝日放送「Weekend　ステーションQ」2004年9月3日、2005年1月28日、「原告側が全面敗訴　沖縄靖国訴訟」『琉球新報』2005年1月28日。

92) 石原「『援護法』によって捏造された『沖縄戦認識』」34-44頁。

93) 石原「『沖縄戦体験』を捏造した『援護法』の仕組み」30-31頁。

94) 「英霊か犬死か」。

95) Tanaka Nobumasa, "Desecration of the Dead: Bereaved Okinawan Families Sue Yasukuni to End Relatives' Enshrinement," *The Asia-Pacific Journal: Japan Focus* (May 7, 2008), http://www.japanfocus.org/-Nobumasa-Tanaka/2744.

96) 金城実『沖縄から靖国を問う』宇多出版企画、2006年、40頁。

97) 「英霊か犬死か」。

98) Kazuyo Yamane, ed. *Museums for Peace Worldwide* (Kyoto: The Organizing Committee of The Sixth International Conference of Museums for Peace, 2008), 10-15.

99) 「沖縄県立平和祈念資料館」と「ひめゆり平和祈念資料館」。

100) 大田昌秀『沖縄の「慰霊の塔」──沖縄戦の教訓と慰霊』那覇出版社、2007年、12-15頁。

101) 市民主導で収集された3万5,000人の遺骨を納めていたが、現在はほとんどの遺骨が国立沖縄戦没者墓苑に移されている。大田『死者たちは』156頁。

102) 大田『沖縄の「慰霊の塔」』230-239頁。

103) 大城「沖縄戦の真実をめぐって」39-40頁。

104) 同上、34-35頁。沖縄の慰霊塔や観光ツアーについての英語論文としては以下を参照。Gerald Figal, "Waging Peace on Okinawa," in *Islands of Discontent: Okinawan Responses to Japanese and American Power*, ed. Laura Hein and Mark Selden (Lanham: Rowman & Littlefield, 2003), 65-98.

105) 梅田正己「本書『観光コースでない沖縄』の"履歴"について」新崎他『観光コースでない沖縄』315-316 頁。
106) 大田『死者たちは』169 頁。
107) 大城「沖縄戦の真実をめぐって」49-56 頁。
108) 大田『死者たちは』203 頁。
109) 松永勝利「新沖縄県平和祈念資料館問題と報道」石原他『争点・沖縄戦の記憶』第四章、141-142 頁。
110) 同上、142-144 頁。
111) 同上、131-209 頁。変更内容の例を挙げると、「慰安所」の地図は展示しない、「15 年戦争」は「アジア・太平洋戦争」に変更、日本の加害行為の写真展示の削除などがあった。資料館展示改ざん事件の詳細を綴る英語論文として以下参照。Julia Yonetani, "Contested Memories – Struggles over War and Peace in Contemporary Okinawa," in *Japan and Okinawa: Structure and Subjectivity*, ed. Glen Hook and Richard Siddle (London, New York: RoutledgeCurzon, 2003), 188-207.
112) 保坂廣志「沖縄県八重山平和祈念館──『戦争マラリア』資料館の問題点とその課題」石原他『争点・沖縄戦の記憶』第五章、235-254 頁。
113) 「資料館展示改ざん事件」の記述は、松永「新沖縄県平和祈念資料館問題と報道」と大田『死者たちは』202-204 頁に基づく。
114) 石原昌家「沖縄戦そのものを捏造」『琉球新報』2012 年 3 月 17 日。
115) 14 万 9,246 人 の沖縄人 (十五年戦争全体の戦没者も含む)、7 万 7,349 人の日本人、1 万 4,009 人のアメリカ人、447 人の朝鮮人、82 人の英国人、34 人の台湾人。
116) 石原昌家「沖縄県平和祈念資料館と『平和の礎』の意味するもの」石原他『争点・沖縄戦』321 頁。
117) 石原、同上、321 頁、大田『死者たちは』189 頁。
118) 石原、同上 、319 頁。
119) この演説の抜粋は、2000 年 7 月 21 日のビル・クリントン「平和の礎におけるクリントン米大統領の演説」の沖縄県による「非公式訳」(沖縄県知事公室基地対策課 <http://www3.pref.okinawa.jp/site/view/contview.jsp?cateid=14&id=673&page=1>) に一部手を加えたものである。県の非公式訳は remember を「追悼する」、recognize を「悼む」、war memorial を「戦争の慰霊碑」と訳しているが、これは、「平和の礎」建立の考え方において、慰霊碑という位置づけではなかったことからも不適切な訳である。筆者はこの 3 語をそれぞれ「記憶する」、「名を刻む」(この文脈での recognize の意訳)、「戦争の記念碑」と訳し直した。英語の原文は Bill Clinton, "Remarks by the President to the People of Okinaha (July 21, 2000)," Okinawa Prefecture Military Affairs Division, http://www3.pref.okinawa.jp/site/view/contview.jsp?cateid=14&id=681&page=1.
120) 大田『死者たちは』192-196 頁。
121) 大城「沖縄戦の真実をめぐって」46 頁。
122) 知念ウシ『ウシがゆく──植民地主義を探検し、私を探す旅』沖縄タイムス社、2010 年、171-173 頁。

第2章

日米「同盟」の正体
―― 密約と嘘が支える属国関係 ――

2010年1月19日、日米の外務・防衛閣僚は、日米相互協力及び安全保障条約（日米安全保障条約）締結50周年に際しての共同発表の中で次のように宣言した。

「日米同盟が、日米両国の安全と繁栄とともに、地域の平和と安定の確保にも不可欠な役割を果たしていることを確認する。日米同盟は、日米両国が共有する価値、民主的理念、人権の尊重、法の支配、そして共通の利益を基礎としている。日米同盟は、過去半世紀にわたり、日米両国の安全と繁栄の基盤として機能してきており、閣僚は、日米同盟が引き続き21世紀の諸課題に有効に対応するよう万全を期して取り組む決意である。[1]」

1951年、凄惨な戦争と6年間の占領の後に征服者が敗北者に押しつけた戦後処理としてサンフランシスコ講和条約と旧安保条約が同日に別々の場所で調印された。1960年に締結された日米間「相互協力及び安全保障条約」（安保条約）は旧安保条約に替わるものであった。1951年、日本を「戦争国家」（米国支配下の沖縄）と「平和国家」（非軍事化され、平和憲法を持つ本土）に分割することを条件に「独立」が回復された。60年の安保条約はその分断を追認し、米国による沖縄占領と本土の基地の使用を承認するものであった。

敗戦から70年近く、独立を回復してから60年以上、日米安保条約のもとで、過去の征服者による日本の占領状態が続いている。とりわけ冷戦後の20年間、米国は日本に対し、完全な協力関係への障壁、つまり平時だけでなく戦時の米軍との共同行動への障壁を取り除くことによって、日米関係をもっと「成熟した」同盟にするように、圧力をかけてきた。

1 干渉と密約

　1960年安保前の岸政権下で既に、いくつかの密約を通して日米安保体制への布石が打たれていた。その一つが、「砂川事件」裁判への1959年の米国による介入である。「砂川事件」とは、東京都北多摩郡砂川町（現立川市内）にあった米軍立川基地拡張への反対運動において、1957年、強制測量に反対するデモ隊の7人が立ち入り禁止の境界柵を壊して基地内に入ったとして逮捕され起訴された事件である。農民の抵抗から始まり労組、学生団体も巻き込んで激しさを増した反対運動の全国的影響に加え、裁判の提起した在日米軍の合憲性という問題ゆえに、大きな関心を集めていた。1959年3月30日、東京地方裁判所（伊達秋雄裁判長）は、「日本政府がアメリカ軍の駐留を許容したのは……本国憲法第9条2項前段によって禁止される戦力の保持にあたり、違憲である」として、無罪判決を下した。もし伊達判決が効力を持つことを許されていたら、東アジアにおける冷戦史は違った道筋をたどっていただろう。

　だが、地裁判決の翌日の朝8時、閣議が始まるわずか1時間前に、駐日米国大使ダグラス・マッカーサー2世は藤山外務大臣と緊急に面談した[2]。マッカーサーは、伊達判決によって人心が動揺し困った事態になるかもしれないと語り、藤山に、東京高裁へ控訴せずに最高裁に上告する「跳躍上告」を勧めた。さらに、マッカーサーは最高裁長官とも会って、事の重大性を理解させた。地裁判決からわずか8か月半という異例の速度で、1959年12月16日、最高裁は東京地裁判決破棄・差戻しの判断を下した[3]。米国の干渉が明るみに出たのは、50年以上経った2008年4月に見つかった米国公文書館資料からであった。2010年4月になってようやく、日本の外務省は34ページ分の文書を1959年裁判の生存中の元被告たちに開示した[4]。最高裁判決は、事実上安保条約を憲法より上位に置き、法律上の異議をあらかじめ封じることによって、日本における米軍基地を確固たるものにし、1か月後の安保条約改定（とそれにまつわる密約）への道を拓いた。

　砂川事件は政府の勝利で終わったものの、本土では基地の整理・縮小が進み、そのしわ寄せが沖縄に行った。1952年から1969年の間に、本土の米軍基地は

約13万ヘクタールから約3万ヘクタールへと減ったが、沖縄では逆に倍増した[5]。日米政府にとっての沖縄の魅力は、基地機能がいかなる憲法上、法律上の制約も受けない、ということだった。無制限の権力を享受する軍事占領は、反対運動を無視することも弾圧することもできた。復帰後も、日本本土では、「日米安保」を支持しつつも、米軍基地の駐留には反対する自治体が大半を占めている。基地は沖縄に、という "Not In My Backyard（NIMBY）"（自分の裏庭には要らない）精神は本土に根強い。

20世紀後半から21世紀前半にかけての日米関係の枠組みは、1950年代から1970年代前半に結ばれた一連の密約によって作られた。日米関係のうちでも特に繊細な二つの領域——米国の核戦争準備と沖縄——は秘密の外交でのみ処理された。

核密約

冷戦期、広島と長崎、そして第五福竜丸事件の記憶が生々しかった日本では、政府としては核兵器を公に容認することはできなかった。1967年には佐藤栄作首相が「非核三原則」（持たず、作らず、持ち込ませず）を提唱し、その後国是として引き継がれていった。しかし、その裏側では日米間で密約が結ばれており、「持ち込ませず」の原則は最初から表向きだけのものであった。米国の核兵器を搭載した米艦船・航空機は1950年代までは制約もなく自由に日本に出入りしていたが、60年安保改定の際は日本への核持ち込みは「事前協議」の対象になるとしていた。しかし実際は、「持ち込み」（introduction）は事前協議の対象になるが、航空機や艦船による「立ち入り」（entry）は対象にならないとの密約が結ばれていた[6]。

ときにはこれらの密約が発覚することもあった。米退役海軍大将のジーン・R・ラロックが1974年に「核兵器搭載可能な艦船は日本あるいは他の国に寄港する際、核兵器を降ろすことはしない」と議会で証言、波紋を引き起こした[7]。核兵器搭載米艦船の日本海域航行や寄港を許す密約の存在は1981年にライシャワー元大使が認めた。しかし歴代の日本政府はこうした情報を否定していた。

日本は、表面上は非核の誓いに忠実だったが、日本の防衛政策は核兵器、即ち米国の「拡大核抑止力」の「傘」に依存していたし、舞台裏では、日本政府

は核の傘を維持するようワシントンに要請していたのである。核問題専門家のハンス・クリステンセンによると、日本政府は（おそらく麻生政権中、2008年から2009年）ワシントンに核兵器維持を促し、それらの核兵器は、「信頼性」（近代化された核弾頭を含め、信頼性を持つ戦力）、「柔軟性」（さまざまなターゲットをリスクに曝す能力）、「対応性」（非常事態に迅速に対応できる）、「ステルス性」（戦略原潜及び攻撃原潜の配備）、「可視性」（B-2やB-52のグアムへの配備）、「十分性」（潜在的敵国を思いとどまらせる）を有するものであるべきだと主張した。[8] 米国議会内が2008年に設置した米国戦略態勢委員会（ウィリアム・ペリーとジェイムズ・シュレジンジャー共同議長）は、2009年5月に議会への報告の中でこれとよく似た言葉を使った——「米国は、安全で、確実で、信頼でき、……信用できる大量の核兵器が必要だ」[9]。同報告の中の一文（20-21頁）によると、「ある**特に重要な同盟国**は委員会に対して、米国の拡大抑止力の信頼性は、いかに多種多様な標的に脅威を与え、状況に応じて敵から見えるか見えないかたちで部隊を配備するかという特定の能力に依る、と秘かに伝えてきた」（強調は引用者による）。この「特に重要な同盟国」とは日本を指す可能性が高い[10]。シュレジンジャーも、米国の核抑止力の主目的は「アジアとヨーロッパの両方で、我々の同盟国に必要な安心を提供するためだ」とウォール・ストリート・ジャーナル紙に語っている[11]。

また、2009年4月にオバマ大統領が「核なき世界」を訴えた「プラハ演説」後は、日本の被爆者や核兵器廃絶を望む多くの人たちが希望を持っていた時期であり、オバマに広島や長崎に来てほしいとの呼び声が高かった。しかし2011年9月になってから『ウィキリークス』で明らかになった公電によると、オバマの2009年11月初来日にあたり、外務事務次官の藪中三十二（みとじ）がルース大使に、オバマが広島に来るのは「時期尚早」として牽制していたことがわかっている[12]。被爆国日本で盛り上がった核兵器廃絶や歴史和解への動きを裏で握りつぶしていたのはまさしくその日本の官僚であったという皮肉は、核大国の傘の下にいる「非核国」日本という矛盾を象徴した事実でもあった。

2009年には、4人の元外務事務次官（1980-90年代）が共同通信の取材に答えて核持ち込み密約の詳細を証言した。「米軍艦船や米軍機に積まれた核は事前協議の対象にならないということは、60年から日米間で了解されている。だから日本政府は国民にうそをついてきた。」等、1960年以来の密約の存在を裏

付ける詳細にわたる証言であった。既にその10年前（1999年）には米国立公文書館で1963年のライシャワー駐日大使の国務省宛の公電が見つかっており、核の通過や寄港を「持ち込み」とはみなさないと、当時の大平外相が同意していたことがわかっていた。2000年には60年安保時の「秘密議事録」も見つかっていた。このように、2009年の証言は米側から見つかった証拠を裏付けするだけのものであったが、それでも日本政府は否定した。さらに、『朝日新聞』の2009年の取材によれば、1999年、米国側の密約（1960年の核密約）文書が機密解除された直後に日本政府から再機密化の要請が入り、一旦公開された文書がまた非公開に指定されたという。このように、日本政府が次々に明るみになる「密約」に対して取った対策は、既にあるものを「ない」と言ったり、出したものを引込めさせたり、頭隠して尻隠さずのような愚行であった。

岡田委員会

2009年9月に発足した民主党政府の岡田外相は、密約関連資料の調査を命じ、2010年3月、岡田の任命した有識者委員会が調査結果を発表した。委員会は以下主要な3点を確認した。第一に、委員会が日本政府の「暗黙の合意」（1960年1月）と呼ぶ、米国の核兵器を見て見ぬふりをして、「核兵器搭載米艦船が日本に一時寄港あるいは日本水域を航行するのに事前協議は必要ない」との合意。第二は、朝鮮半島で「有事」（すなわち、戦争）が起こった場合、在日米軍に基地を自由に使用させるという「狭義の密約」。第三は、沖縄の軍用地を土地所有者に返還する際に原状回復補償費を日本が肩代わりするという「広義の密約」である。

委員会は、米国の公文書館所蔵資料から存在が知られていたその他の重要な取引を「密約」の中に含めなかった。そのうち特に重要なものは、1958年の、在日米兵が関わる公務外の刑事事件について1953年に日本側が裁判権を放棄したことを公にすることを日本側が拒否したもの、そして沖縄「返還」をめぐる1969年の密約である。岡田委員会は、1969年11月19日の佐藤栄作首相とリチャード・ニクソン米大統領との間の、「重大な緊急事態が生じた際」に核兵器の沖縄への持ち込みを許すという内容の合意議事録を「真正」な文書と認めたにもかかわらず、（「この文書が佐藤内閣の後継内閣をも拘束する効力」を持った

とは考えにくいなどの理由で)「密約」とは認定しなかった。ニクソン政権との交渉にあたった佐藤首相の密使、若泉敬の回想記によると、大統領執務室の隣の小部屋に佐藤とニクソンが通訳なしで入り、このあらかじめ用意されていた合意議事録に署名した。40年後、佐藤の写しと見られるものが、佐藤の遺族宅で発見されている。

2010年3月19日、衆議院外務委員会で元外務官僚の東郷和彦が証言した。東郷は、1998-1999年の条約局局長時代に「密約」についての58の文書を、五つの赤い箱型のファイルに収め、後任の条約局長に引き継いだ。そのうち重要な二重丸を付けた16点の文書のうち、密約調査で8点発表されたが8点は見ていないと東郷は言い、「外務省の内情を知る人から（2001年4月の）情報公開法施行前に本件に関する文書も破棄されたと聞いた」と証言した。『朝日新聞』によれば、外務省は情報公開法施行直前に大急ぎで大量の書類を破棄した。1日に2トンの速度で、書類を水に溶かして固まりにし、業者がトイレットペーパーなどに加工し、その一部は外務省で使っていたという。外務省は2000年度1,280トンもの書類を廃棄しており、全ての省庁中で2位（財務省、620トン）を大きく引き離してのトップであった。

外務官僚の悪事の証拠が公衆に漏れるのを防ぐために大慌てする姿は、1945年敗戦時に、日本の侵略戦争の数々の証拠を破棄するため、夜遅くまで焼却作業を続けたのとよく似ている。それは、日本の情報公開時代の始まりへの、いかにも官僚らしい対応だった。

沖縄「返還」──日米共謀のさらなる「琉球処分」

1972年についに沖縄が「返還」された時、佐藤首相は、日本は沖縄諸島を「核抜き、本土並み」で取り戻したと誇らしげに宣言した。だが、事実は全く違っていた。1996年に機密解除された1965年7月16日付の極秘文書から、当時の駐日米国大使、エドウィン・O・ライシャワーが沖縄の核つき・基地つき「返還」シナリオを提案していたことがわかる。陸軍長官と副長官など4人の陸軍高官、国務省官僚2人とのワシントンでの極秘の会合で、ライシャワーは、その2年前（1963年）までは米国が沖縄を撤退する期限について心配したことはなかったが、ベトナム戦争の深刻化にともない日本と琉球における「ナショナ

リスティック」な感情（米国への反感、沖縄においては復帰運動を指すと思われる）は高まり、米国が琉球を占領できる「残された時間は短い」と考えるようになったと述べている。そこで彼は、米国に有利な条件を伴いながら表向きは日本に「返還」させることによって、「沖縄問題」がアキレス腱のような存在であった自民党に花を持たせ、米国にも日本（自民党）にも有益となる以下の解決法を提案した。

　「もし日本が、沖縄を含む日本に核兵器を受け入れ、軍事的危機に際して沖縄の実質支配を米軍司令官たちにまかせると保証してくれるなら、施政権または『完全な主権』が日本に返還されても、われわれの基地を沖縄に保持することができるだろう。」

　ライシャワーは、沖縄が「爆発」(blow-up) する前にこの手続きを達成しなければいけないと言っている。リーザー陸軍長官の「日本国憲法の制限の外に沖縄を置くことができるだろうか」との問いに対し、ライシャワーは、そのような取り決めは「必要」であるが、「日本国憲法は核兵器を明確に禁止していない」と答えている。沖縄の「返還」は自民党に大手柄（"a major political coup"）を与え、野党や国民に対して自民党の立場を強めることになり、それが日米関係を「長期的」に「安定」したものにすると述べた。その時点で米国は「攻撃部隊 strike forces」しか持たないが、「防衛部隊 defensive forces」も「日本側の負担」で持つべきだとも言っている。ライシャワーはさらに、そのような合意に「期限は設けず」、国務省の東アジア担当部長のフィアリーの、（「返還」後）沖縄の基地の使い方について日本に口出しを許すかの問いに対してライシャワーは、日本には「政治的に重要なシンボルを全て与えればそれで十分です」と答えている。日本の完全主権による沖縄「返還」という表向きさえ提供すれば、基地は米国が自由に使用できますと言っているのである。日本生まれで日本人妻を持ち、日本の立場に配慮する名大使であったとの評判を今でも保持するライシャワーが、占領者・植民者意識を露骨に表現していた場面である。
　ライシャワーはロバート・マクナマラ国防長官とも会って「返還」案を提案し、マクナマラの指示で、マクナマラとディーン・ラスク国務長官に文書として提出した。そして結果的に「返還」の形態はライシャワーの提案通りになっている。すなわち、米国は、ベトナム戦争拡大を背景とした沖縄の基地確保・

増強と、自らにとって都合のいい自民党政権の継続を一石二鳥に実現する策として、「返還」という道を選んだのである。

このように、沖縄の求める核も基地もない島への望みを遮断し、日米政府の都合だけで取り決められた1972年沖縄「返還」とは、まさに、もう一つの「琉球処分」であった。そして、この「完全な主権」の下での基地の自由な使用というライシャワー方式は、以後日米関係の中での沖縄の位置の基礎になってきた。

また、2011年になって明らかになったのが、「返還」交渉において、日本側からも米軍基地存続という決定的な条件を主張していたことである。1967年7月15日のジョンソン駐日米大使と三木武夫外相の会談に際し、日本側は米側に、返還への考え方を示す覚書を渡し、「沖縄には米軍基地を存続せしめつつ施政権を返還する方途を探求することとなる」と伝えていた。1967年7月、ジョンソン大使に「日本は米軍に何を期待するのか」と訊かれて、外務省北米局長の東郷文彦は、「米軍が極東に於て効果的な抑止力として存在することを期待する」と答えている。しかし「抑止力」についてはほとんど検証されておらず、2011年の鳩山の「抑止力は方便」発言（5章参照）からも、この概念が当時から現在に至るまで軍事力維持・拡大のための口実として使われていたことがわかる。[32]

また、沖縄「返還」の過程は「現状維持」であったばかりでなく、「返す」というよりは、実際には「購入」であった。日本が基地存続を望んでいるとわかると、米国は、それほど熱心な（そして経済成長期にあった）日本から引き出すことのできる値段を考えたのだろう。米国は正式に6億5,000万ドル（当時のレートで2,340億円）を、「一括払い」（「ランプ・サム」）で要求した。[33]当時それは桁外れの金額だった。比較対象としては、1965年に日韓関係の「正常化」に際して日本が韓国政府に支払った5億ドル（それは、40年間の植民地支配に対する賠償金と理解されている）があるだろう。一括処理が沖縄に「値札」を付けることになり、額の内訳を巡り国会で野党から追及される懸念を日本側が示したのに対し、米側は「内訳について、日本側が数字をどう処理しても米側は拒否せず、その根拠作りに協力してもいい」と申し出た。[34]この「ランプ・サム」価格は、1969年11月の佐藤・ニクソン会談の1か月前に米側から提示された。

それは実際に 2 年後、沖縄返還協定（1971 年 6 月 17 日）で正式に公表された金額であった 3 億 2,000 万ドル（日本が沖縄にある米国資産を購入するという名目で）の約 2 倍だった。また、3 億 2,000 万ドルの中には、沖縄からの核兵器撤去費として 7,000 万ドルが含まれていたが、40 年近くたって、沖縄返還の交渉責任者だった吉野文六・元外務省アメリカ局長が、「核兵器撤去費」は日本側だけで決めた積算根拠のない額だったと暴露した。吉野は、「『これだけ金を払ったから、撤去したんですよ』と示すために内訳を決めた。国会対策としてやった」[36]と語った。

沖縄密約訴訟

2008 年 9 月 2 日、「沖縄返還公開請求の会」が、沖縄返還にまつわる三つの密約文書の開示を外務省と財務省に申し入れた。その三つとは、沖縄返還で軍用地の原状回復補償費 400 万ドルを日本が肩代わりする密約、ボイス・オブ・アメリカ（VOA）施設の日本国外建設費用を日本が負担するという密約、民政用と共同使用施設を日本が買取るという密約である。1 か月後、外務省と財務省は「該当文書を保有していないため」として「不開示」を決定した。[37]翌年 3 月、学者やジャーナリスト 25 人が、「不開示」決定取消しを求める訴訟を東京地方裁判所に起こした。問題の 3 文書は米国国立公文書館で既に公開されており、原告らはそれらの文書を手に入れていた。東京地裁が正しく指摘したように、原告らの求めていたのは、「文書の内容を知ることではなく、これまで密約の存在を否定し続けてきた我が国の政府あるいは外務省の姿勢の変更であり、民主主義国家における国民の知る権利の実現であった」[38]。

2010 年 4 月、裁判所（杉原則彦裁判長）は、外務・財務両省の不開示決定を取り消して両省に文書開示を命じ、原告 1 人あたり 10 万円の支払いを国に命令する、原告全面勝訴の判決を言い渡した。判決で杉原裁判長は、米側公文書や吉野文六・元外務省アメリカ局長の法廷証言などを基に密約があったとし、文書の「不存在」を主張する国側に不存在を証明する義務があるという原告側の主張を受け入れ、両省が「合理的かつ十分な探索を行ったということはできない」と断定して、両省の不開示決定を取り消した。さらに判決は、「国民の知る権利をないがしろにする外務省の対応は、不誠実なものといわざるを得ず、

これに対して原告らが感じたであろう失意・落胆・怒り等の感情が激しいものであったことは想像に難くない」と強い調子で外務省を批判した[39]。砂川事件の伊達判決から半世紀後、杉原判事は、伊達判事と同じ精神で、この沖縄密約事件で「民主主義における国民の知る権利」の番人として、行政府の隠蔽工作を糾弾し、密約文書の開示を迫ったのである。

　国は、東京地裁判決は「外務省における徹底的な調査の結果を踏まえることなく言い渡されたものであり，また，外務省として保有していない文書につき開示決定を行うことはできない」として、控訴した[40]。だが、原告団は一歩も引かなかった[41]。『琉球新報』が社説で述べたように、沖縄返還は「官僚による官僚のための『国家のうその封印』を第一義に置いて」いた[42]。

　2011年9月、東京高等裁判所（青柳馨裁判長）は杉原判決を取り消した。高裁判決は不自然な立場をとり、密約は存在していたが、「沖縄を買い戻した」と国民に思われたくない日本の政府は返還過程を隠す必要があった。そして「一般の行政文書とは異なって限られた職員しか知らない方法で管理された可能性が高い……秘密裏に廃棄した可能性は否定できない」とした。しかし、高裁は、文書を発見できなかったとする2010年の外務、財務両省による調査は信用できるとし、「国が文書を保有していると認めるに足る証拠はない」と判断した。判決の要点は、存在しないものは存在しない、国家の善意は信じなければならない、そして国家が重要な国家文書を隠蔽や破棄したことへの責任は問わない、ということだった。原告たちは、「情報公開法の精神が踏みにじられた」と憤りを表した[43]。『日本経済新聞』の社説は、「説得力ない」判決と呼んだ[44]。

　しかし、高裁が遠回しに認めたように、沖縄の「返還」は実は「買い戻し」だった。買い戻しだったとしても、買い手の日本の方がわざわざ米国に、買い戻したものの支配権を保持してくださいとお願いしているのだから奇怪としか言い様がない。翌月、原告側は最高裁へ上告した。

　「沖縄返還密約文書公示請求裁判」の原告団の1人が元毎日新聞記者の西山太吉である。この裁判で原告が開示を求めた密約文書の一つ、地主に返還する土地の原状回復費用400万ドルを日本政府が肩代わりするという密約の詳細を、1971年にスクープ報道したのが西山であった。そのスクープのために、西山と、西山に文書を渡した内部告発者の外務省女性職員は、公務員守秘義務

違反で逮捕・起訴された（そして2人の個人的関係についてメディアの激しい中傷と非難の的となった）。西山は職と信望を失った。西山事件の直後、牛場信彦駐米大使はU・アレクシス・ジョンソン国務長官に、情報漏えいで米国が気分を害したとすれば「誠に遺憾」と伝え、ジョンソンは日本側の対応について「極めて手際良く処理された」と評価したという。実際、西山が追っていた400万ドルは日本が支払った莫大な金額の中のほんのひと握りにすぎず、しかもその400万ドルの4分の3は沖縄の地主ではなく、まっすぐ米軍のふところに入っていたのだった。

琉球大学教授の我部政明は、「（返還後）日米（両政府）の共犯で米軍基地が残った。密約がその共犯関係を押し隠している」と批判した。基地はそのまま残っただけでなく、佐藤首相は国民には「核抜き」と言いつつ、1969年、米国には密かに、有事にはこれまで通り沖縄への核兵器持ち込みを許すと確約していたのである。佐藤はそのわずか2年前に日本の「非核三原則」を宣言したばかりだったが、明らかにそれは、強い反核世論をなだめ欺くためだったのだろう。1969年初頭に佐藤は、駐日米国大使のアレクシス・ジョンソンに対し、非核三原則政策は「ナンセンス」と打ち明けているからだ。5年後、佐藤はその非核三原則宣言という功績によってノーベル平和賞を受賞したが、良心がどれほど痛んでいたのかは疑問だ。

さらに、2011年8月外務省は、1953年に行われた日米行政協定（地位協定の前身）17条の刑事裁判権をめぐる改定交渉を示す外交文書を公開した。そこでは日本政府は、「実質的に重要な」事件以外、米軍人に対する一次裁判権を行使しないことに同意していた。それまでは全て米側が裁判権を有していたのを公務外の事件については日本側が改定交渉しようとしたのだが、その試みの結果はその程度であったのだ。その取り決めの結果、その後も半世紀以上にわたり米軍人による犯罪はその多くが日本の裁判所の管轄外に置かれ続けてきている。

2　日米「同盟」

こうして隠蔽工作と腐敗にまみれて始まった日米安全保障体制が「同盟」で

あるかどうかは、日本国内では永く政治的にデリケートな問題であった。日米関係を初めて「alliance」（日本語文書では「日米両国間の同盟関係」と訳されている）と表現した外交文書は、1981年鈴木善幸首相とレーガン大統領のホワイトハウス会談後の共同声明である。鈴木の前任者の大平正芳が2年前の訪米の際の歓迎式典挨拶で既に米国を「同盟国」と呼んでいたし[50]、米側も「日米は既に実態として米欧とあまり差異のない同盟関係にある」という認識を持っていたものの、1981年日米共同声明での「同盟」への言及は日本国内で大きな波紋を呼んだ。「ハト派」の鈴木が記者会見で「同盟は軍事的意味合いを持つものではない」と繰り返し説明したのに対し、それに反発する伊東正義外相が抗議の辞任をして、政局不安定化の一要因となった[51]。伊東の跡を継いだ園田直は、共同声明は法的拘束力を持たないという説得力のない説明をしたが、鈴木の後継者の中曽根康弘は、むしろ日米安保関係の軍事同盟化を推進し、それを「日本はアメリカの不沈空母」という忘れがたい惹句で表現した。次第に「同盟」や「同盟関係」という用語が使われるようになったが、「日米同盟」という用語が外交文書で初めて使われたのは1996年の「日米安全保障共同宣言――21世紀に向けての同盟」でのことだった[52]。

　安保条約を「同盟」と考えることへのためらいは、条約の限界に由来する。安保条約は（第6条のいわゆる「極東」にある）日本の防衛のための非常に限定された合意である。条文は変更されていないが、その内容と解釈は繰り返し改定されてきている。20世紀末の歴代日本政権は適用範囲を拡大し続け、21世紀に入ってからは、日米安全保障条約を「成熟した」ものにせよという米国の要求、すなわちテロと戦うためのグローバルな協定へと拡張したい米国の要求に応えるべく、さらに一歩踏み込んだ[53]。法律上、憲法上の制約など顧みられることはなかった。それは、「国際紛争を解決する手段として」の「武力の行使」を禁止する憲法を持つ日本が、世界で最も戦争と戦争の脅威を主要政策手段とする国と同盟関係を結び、実際の兵力派遣以外はありとあらゆるかたちで米国の戦争を支持し、他のどの国よりも多くの軍事施設を提供し、どこよりも多額の接受国支援をしている、ということを意味する（8章で詳述）。

樋口レポート VS. ナイレポート

　1955年から2009年という長期間にわたる自民党政権や自民党主導の連立政権の下で、日米関係を根本的に考え直す機会は一度だけあった。自民党の一党支配が一時的に途切れた1993年、細川首相は、冷戦後における日本の外交姿勢について諮問委員会を任命した。アサヒビール会長の樋口廣太郎を委員長とするその委員会は、米国の世界覇権のゆるやかな減退を予期する先見性を持っていた。樋口は、米国一辺倒で米国従属の外交姿勢を見直し、もっと多角的で自立した国連重視の外交姿勢への転換を促した。[54] ワシントンでは、この「樋口レポート」の報道は不安感を引き起こした。しばらくして、ジョセフ・ナイ（当時国際安全保障担当国務長官補）を長とする米政府委員会が正反対の結論を出し、クリントン大統領に、東アジアの平和と安全はそこに駐留する米軍が供給する「酸素」に負うところが大きいので、現存の防衛・安全保障体制は維持されるべきであり、東アジア（日本と韓国）における米軍は10万人規模の部隊を維持する、そして同盟国が米国兵力維持のためにもっと貢献すべきである、と勧告した。[55] それ以後、樋口は忘れられ、ナイの処方箋が採用された。[56]

　東アジアの平和、安全、繁栄は米軍の供給する「酸素」に頼っているし頼り続けるべきだとするナイの議論の枠組みは、自分たちが守ってやっているという傲慢な態度を表すだけでなく、1950年代の韓国、グァテマラ、イランから始まり、1960年代のベトナム、1970年代のチリ、さらにはイラク、アフガニスタン、そして今パキスタン、イエメン、リビアなどの国々で、その「酸素」が政府を転覆し、国土を疲弊させ、何百万の人々を殺すか避難民にしてきたという歴史を無視している。米国内においても、これらの戦争の正当性と合法性について幅広く議論されており、よく知られた例としては、ロバート・マクナマラ元国務長官が、壊滅的なベトナム戦争を「誤り」だったと断言したことが挙げられる。だが、米国のあらゆる戦争への日本の無条件の支持と協力については、今日に至るまで疑問を差し挟む気配もない。

　1995年から2009年の自民党政権は、1995年、2000年と2007年にナイがリチャード・アーミテージらとともにこしらえた詳細な政策提言に忠実に従った。[57] 2009年まで、その処方箋自体の是非が問われることはなかった。

安保違反の在日米軍

　太平洋の両側から繰り返し聞こえてくるのは、ジョセフ・ナイの前述した見解、すなわち、安保基地体制は、東アジア特に日本の安全保障と繁栄のための「酸素」の供給に欠かせず、沖縄はその「酸素」のかけがえのない供給源でありつづけるだろう、という見解である。

　米海兵隊の三つある海兵遠征軍（Marine Expeditionary Force, MEF）のうち二つは米国内（カリフォルニア州、ノースカロライナ州）にあり、国外にあるのは沖縄の第三海兵遠征軍（Ⅲ MEF）のみである。米国は全世界に軍事基地を張り巡らしているのにどうして海兵遠征軍の拠点は米国外では日本にしかないのか。多くのアナリストは、海兵隊が日本にいるのは、日本政府が基地や、補給や修理の拠点を提供し、その維持のために気前よく「接受国支援」をしているのが一つの大きな要因であると見ている。[58] とりわけなぜ沖縄にあるのかというのも日本政府は「地理的優位性」という抽象的な言葉でごまかし、北朝鮮や台湾海峡から「近い」けれど「近すぎない」という、「本土には持ってきたくない」と言っているようにしか思えない説明しかできていない。[59] 在沖海兵隊はもともと岐阜と山梨から1950年代、米占領下の沖縄に政治的な理由で集約されていった結果であり、沖縄にある必要性はない。[60]

　在日米軍基地の法的根拠は、1960年「日米安保条約」である。[61] 同条約は（第6条で）米国が「日本国の安全に寄与し、並びに**極東における**国際の平和及び安全の維持に寄与するため」日本に部隊を駐留させる権利を与えられる。冷戦が終わり仮想「敵」国が崩壊してからは、日本の米軍基地は、安保条約が規定する日本と「極東」においてではなく、世界中の戦争に使われるようになった。第3海兵遠征軍は日本の基地から出動してベトナム、ペルシャ湾、アフガニスタン、イラクでの戦争に参加してきた。海兵隊は本質的に遠征、上陸作戦部隊であって、安保条約の規定する沖縄や日本の防衛に当たっているわけではない。海兵隊だけではなく米空軍の嘉手納、三沢基地、海軍の横須賀、佐世保基地からも上記の戦争に出撃している。安保条約を法的根拠として在日米軍が駐留しているが、実際は「極東条項」を破ることによって在日米軍は安保条約そのものに違反しているのである。

「抑止力」＝「ユクシ」（嘘）

　また、沖縄の海兵隊が中国や北朝鮮からの攻撃に対する「抑止力」になるというのは、大きな思い違いである。中国は、現在は日本にとって最大の貿易相手国であり、日中両国政府は東アジア共同体の形成について（散発的にではあれ）話し合っている。一方、北朝鮮が「脅威」だとすれば、それは、隣国に自殺攻撃を仕掛けることよりもむしろ北朝鮮自身の崩壊という脅威である。

　日本の防衛関係者のトップレベルにとっても、沖縄の1万から2万人の海兵隊は抑止力として論理的に正当化できるものではないという見方をしている。元防衛研究所所長の柳澤協二によれば、海兵隊は「いつでも、世界のどこへでも出動する」ためのものであり、「特定地域の防衛に張り付くような軍種ではない。」したがって、沖縄に置くかグアムに置くかは軍事上の選択ではなく政治的選択であると柳澤は強調する[62]。

　同様に、沖縄国際大学の佐藤学は、辺野古での海兵隊基地新設は日本の防衛に不可欠だという考えを否定する。「普天間基地は訓練をその主目的とする基地だが、（計画されている新基地は）普天間の代替とは言えない、最新設備を整えた新種の基地である。新基地は、海兵隊にとっては訓練もできるが、訓練だけではなく外国領土攻撃が可能な前方展開基地として使える基地であり、その基地を無償で受け取ることになる」[63]。

　一方、沖縄本島中部のキャンプ・ハンセン内に作られた「想定都市」では海兵隊が市街戦に向けた実弾訓練を行い、2004年の11月と12月のファルージャの攻撃にはそこから出動したのである[64]。北部訓練場は世界唯一の「ジャングル戦闘訓練センター」（JWTC）である。こういった運用のどこが「極東」の防衛で、何を「抑止」しているのか、説明がつかない。

　2010年前半、ペンタゴンは海兵隊の役割について新手の説明を始めた。いわく、火事、洪水、津波、火山噴火や土砂崩れなど「アジア太平洋における災害の増加」に対応する災害救援部隊[65]、あるいは北朝鮮崩壊時に核兵器を除去する兵力である、と[66]。災害救助役割について両国政府は、2011年3月11日に東北地方を襲った地震―津波―原発事故の直後、「災害予防及び災害救援における国際的な協力を強化する」として殊更に強調し始めた[67]。こういった海兵隊の意義があるとしたら、それはやはり「抑止力」とはかけ離れた存在となる。海

兵隊の主な価値が災害救助の役割にあるのなら、軍事の枠組みである必要はなく、民間の災害救助協力体制を作ればいいのである。

「抑止力」は沖縄の言葉では「うそ」という意味である「ユクシ」であると、多くの沖縄人が揶揄している。鳩山由紀夫も首相を降りた後、在沖海兵隊を「抑止力」と呼んだのは「方便」であったと白状した（5章参照）。2012年秋にMV-22オスプレイを沖縄に強行配備した野田政権もオスプレイを「抑止力」と呼んでいるが、「尖閣問題」を追い風にした配備にしても、前機種のヘリCH-46より航続距離も速度も公式的には延びたオスプレイなら、尚更沖縄に置く必要性はない。「抑止力」は、あらゆる軍拡の試みを正当化するための言い訳として使われており、沖縄にとっては沖縄に対する構造差別を保持するための詭弁であることは明らかなのである。

3 属　　国

　日本と東アジアの諸問題は日本という国の核心部分における自己否定に根差している。わずか5年前、日本についての本を『属国』といった題名で出すのは読者に一定のショックを引き起こすできごとであった。しかし、日本国家の仕組みが次第に明らかになるにつれ、「属国」という言葉は問題視されなくなり、保守派の論客さえもが使うようになった。かつて国家主義をあれほど信奉していた国民が今のような屈辱的な状態をどうして容認できるのか？

　日本は、というより政財官界のエリートたちは、「属国」となって敢えて占領されることを選び、どんな代償を払ってでも占領者の機嫌を損ねず、占領状態が続くようにと固く決心をしているようだ。彼らは、細心の注意を払って、占領者が満足するような政策を探して採用する。西谷修によると、自民党政治家や官僚にとって、「……『従属』は、もはやむを得ぬ手段ではなく、喜んで受け入れ、進んで担われる枠組みになる。この『自発性（自由）と区別されない『従属』、それを『自発的隷従』（エティエンヌ・ド・ラ・ボエシー）という」。

　しかし2009年の民主党への政権交代はさすがに深刻な脅威としてワシントンでは認識されたに違いない。民主党は2005年のマニフェストでは、単なる米国追随は真の日米同盟強化に寄与せず、「必要な場合には米国に自制を促す

ことが、アジア太平洋地域の公共財としての日米同盟の価値を高める」とまで言っていたからである。こうした姿勢は民主党が政権に近づくにつれて弱まったが、鳩山らはそれでも、日米の「対等な関係」を目指し、(東アジアと新たな関係を築く一方で) 米国との関係を見直すと表明し続けていた。

2008年から2009年にかけて自民党の信用が失墜し、野党民主党の人気が上昇するにつれて、民主党の「反米」姿勢潰しの圧力をかけるワシントン中枢部に現れたのは、再びジョセフ・ナイであった。ナイは2008年12月、東京のホテルで民主党代表経験者の菅、鳩山、前原、岡田と会い、米側の懸念事項4点を伝えた─⑴日米地位協定　⑵在日米軍再編　⑶対アフガン政策　⑷インド洋での給油活動、である。この4点全てについて、「対等な日米同盟」を目指す民主党は抜本的見直しを掲げていた。ナイは、この4点の見直しが「マニフェストに明記されれば、オバマ政権とのスムーズな関係構築の障害になる」と警告した。この会合に出席した前原誠司は、ナイ氏はこれらの見直しの方向性を指して「『反米とみなす』と言った」と語った。

ナイの考え方は、米国による軍事占領を前提としたものであった。大田昌秀は1990年から1998年まで沖縄県知事としてナイと接触することがあったが、ナイが沖縄をアメリカの領土であるかのように話すので憤りを感じたと語っている。その横柄な態度と日本に対して命令する権利があるとの思い上がりにもかかわらず、ナイその他の「ジャパン・ハンドラー」たちは「知日派」として尊敬され、崇敬されてさえいる。寺島実郎は、ワシントンと東京には、「知日派・親日派」米国人と「知米派・親米派」日本人が醸し出す「腐臭」が漂っていると書いた。自民党政権はこのような「日米安保で飯を食べている人たち」と持ちつ持たれつの関係であった。ナイは、アーミテージをはじめとするこのような「知日派」たちと政策提案書を作り、「属国」支配を確固たるものにしていた。

こうした考え方に沿って、オバマ政権は、2009年政権取得にあたり対米関係を依存ではなく対等にするための再交渉をしたいという鳩山の願望に照準を当てた。オバマ政権にとって日米同盟の模範は、「小泉上級曹長」(ジョージ・W・ブッシュが小泉首相をそう呼んだ) の黄金時代であったに違いない。その時代には従順さが保証され、毎年の米国の政策指示書 (「年次改革要望書」─鳩山政権時に廃止) が東京では聖典のように押し抱かれた。日本の官僚、知識人、メディ

アの人間たちの顔には、寺島の言うところの「奴顔」の表情が張り付いていた。[77]民主党も、2009年政権取得直後の多少の混乱の後、結局自民党政権と同じパターンに落ち着いたのである。

　ナイ・ドクトリンの下では、東アジアにある米国基地は、沖縄の希望とは逆に、撤去されるどころか、統合され強化されることになった。ナイ・ドクトリンの基本線は1996年から2009年に締結された安全保障に関する共同宣言や協定で確認された。まるでナイの矢筒から矢が次々に放たれるかのように、「同盟」再編のための立法と制度改革が矢継ぎ早に行われた。橋本、クリントンによる「日米安全保障共同宣言――21世紀に向けての同盟」（1996年）、「日米防衛協力のための指針」（1997年）、「周辺事態法」（1999年）、「国民保護法」（2004年）、「武力攻撃事態法」（2003年）、「米軍行動円滑化法」（2004年）、「日米同盟：未来のための変革と再編」（2005年）、「再編実施のための日米のロードマップ」（2006年）、「在日米軍基地再編促進法」（2007年）、そして自衛隊のインド洋（2001年）、イラク（2003年）、ソマリア（2009年）への派遣のための「特別措置法」である。[78]

　アーミテージとナイは2007年2月、「日米同盟――2020年に向けてアジアを正しく方向づける」というレポートを発表して、日本のするべきことを列挙した。すなわち、安全保障にかかわる国家機構や官僚体制を強化し、臨時措置法に頼らずいつでも自衛隊海外派遣ができる恒久法を制定し、（金額では世界で5本の指に入るがGDP比では134位に過ぎない）軍事支出を増加する、などである。日米同盟に「制限」を課している憲法の改定については、日本国民が決めるべきことだとしながらも、「共通の利害」のためにもっと貢献できる「パートナーを歓迎」するという表現で改憲圧力を加え、さらには、日本の国連安保理事会常任理事国入り願望を捉えて、常任理事国になるにはそれに見合った軍事上の貢献が必要だと恫喝するのを忘れなかった。[79]2007年11月には、ロバート・ゲイツ国防長官は日本に対し、（当時激しい議論を呼んでいた）インド洋における海上自衛隊の給油活動を再開し、「思いやり予算」削減に反対するとともに日本の防衛費増加を求め、必要なときにはいつでも自衛隊の海外派遣ができる恒久法を通すように指示した。[80]

　このような、宗主国（patron）から属国（client）への命令とその「腐臭」の漂よう関係を演出する日米両国の官僚、政治家、メディアについては後の章で

記述する。

【注】
1) 岡田外務大臣他「日本国とアメリカ合衆国との間の相互協力及び安全保障条約」（日米安全保障条約）署名50周年に当たっての日米安全保障協議委員会の共同発表＜仮訳＞、平成22年（2010年）1月19日。<http://www.mofa.go.jp/mofaj/area/usa/hosho/anpo50/kh_1001.html> 英語版は、JOINT STATEMENT of The U.S.-Japan Security Consultative Committee Marking the 50th Anniversary of the Signing of The U.S.-Japan Treaty of Mutual Cooperation and Security, January 19, 2010, http://www.mofa.go.jp/region/n-america/us/security/joint1001.html.
2) 小田中聰樹「砂川事件上告審とアメリカの影──司法権独立への汚損行動」『世界』2008年8月号、113-121頁。次も参照。"Judicial Independence Infringed," *Japan Times*, May 3, 2008.
3) 砂川事件第一審判決（1959年3月30日）。<http://www.cc.kyoto-su.ac.jp/~suga/hanrei/96-1.html> 砂川事件差戻後控訴審判決文（1962年2月15日）。<http://www.cc.kyoto-su.ac.jp/~suga/hanrei/96-5.html>
4) 「砂川事件の"米工作"を一転開示　駐日大使と外相会談録」『東京新聞』2010年4月3日。
5) 新崎盛暉『沖縄現代史』新版、岩波書店、2005年、36-37頁。
6) 「共産党が明らかにした日米核密約　歴代外務次官の証言で裏付け　根拠なく否定の政府」『しんぶん赤旗』2009年6月22日。
7) 「ラロック証言」『琉球新報』2003年3月1日。
8) ハンス・クリステンセン「日本の核の秘密 過去の密約の検証、継続する秘密主義の解明・解消に向けて」『世界』2009年12月号、180頁。
9) "America's Strategic Posture–The Final Report of the Congressional Commission On the Strategic Posture of the United States," United States Institute of Peace Press, Washington, D.C., 2009. http://media.usip.org/reports/strat_posture_report.pdf, 45.
10) 「日本の意向で戦術核温存も　戦略指針策定で米高官」（『共同通信』2009年7月30日）によると、日本は「戦略態勢委員会」に対し、「米国がトマホークなどの戦術核の一方的な削減・廃棄を進めるべきでないと主張、先述核戦力の堅持を求めている」とある。
11) Melanie Kirkpatrick, "Why We Don't Want a Nuclear-Free World," *Wall Street Journal*, July 13, 2009.
12) 「オバマ氏の広島訪問は尚早　藪中外務次官、米大使に伝達」『共同通信』2011年9月26日。
13) 「次官経験者の証言要旨」『共同通信』2009年5月31日。
14) 「『国家のうそ』に終止符を　黙秘に合理性はない」『共同通信』2009年6月27日。「不破・中曽根対談で浮かび上がった　日米核密約の真相」『しんぶん赤旗』2009年7月7日。
15) 「政府関係者証言　99年米公開の『核密約』文書　日本 再機密化を要請」『朝日新聞』2009年8月26日。

16) 「いわゆる『密約』問題に関する有識者委員会報告書」（2010 年 3 月 9 日）。<http://www.mofa.go.jp/mofaj/gaiko/mitsuyaku/pdfs/hokoku_yushiki.pdf>
17) 「いわゆる『密約』問題に関する有識者委員会報告書」。参考記事：東郷和彦・佐藤優「緊急対談 東郷和彦／佐藤優 外務官僚に騙される岡田外相」『週刊金曜日』2010 年 3 月 26 日、14-17 頁。
18) 1958 年 10 月 4 日の岸首相、藤山外相—マッカーサー駐日米大使会談録。（「『米兵裁判権を放棄』日米の秘密合意明らかに」『読売新聞』2010 年 4 月 10 日）。日米合同委員会で日本側が「日本に著しく重要と考える事件以外では、裁判権を行使するつもりがない」との見解を示した 1953 年の文書は、2008 年に国際問題研究者の新原昭治が米国立公文書館で発見している。
19) 新原昭治「安保条約下の『密約』米国の戦略には必ず核がついてくる」『週刊金曜日』2009 年 6 月 19 日、20-21 頁。
20) 「いわゆる『密約』問題に関する有識者委員会報告書」79 頁。Kitaoka Shinichi, "The Secret Japan-US Security Pacts: Background and Disclosure," *Asia Pacific Review* 17, no. 2 (2010).
21) 若泉敬『他策ナカリシヲ信ゼムト欲ス』文藝春秋、1994 年。沖縄返還交渉の密使役を務めた若泉敬の回想記によると、若泉は佐藤訪米の直前に渡米し、ヘンリー・キッシンジャー大統領特別補佐官と日米首脳会談の「脚本」を「合作」した。首脳会談手続きについて 11 月 12 日に合意したメモには、この会談の最後に両首脳だけが大統領執務室に隣接する小部屋に入り、ドアを閉め、そこで 2 人は核問題に関する秘密の合意議事録（同文 2 通）に署名する、という筋書きが入っていた。同上、446 頁。その時点で、11 月 21 日に発表されることになっていた日米共同声明に付随する「秘密の合意議事録」の文案がすでに作成されていた。同上、447-448 頁。11 月 19 日の第一回首脳会談の後、佐藤は若泉に、「小部屋」の筋書きも含めて予定通りに進んだと伝えた。同上、480 頁。我部政明『沖縄返還とは何だったのか 日米戦後交渉史の中で』NHK ブックス、2000 年、156-158 頁も参照。
22) 「核密約文書 佐藤元首相邸に日米首脳『合意議事録』存在、初の確認」『読売新聞』2009 年 12 月 22 日。
23) 「焦点採録 衆院外務委・参考人質疑 19 日」『朝日新聞』2010 年 3 月 20 日。「(時時刻刻) 密約文書、どこへ消えた 東郷氏『破棄と聞いた』 参考人質疑」『朝日新聞』2010 年 3 月 20 日。
24) 「外務省の機密文書、トイレ紙に変身 01 年の情報公開直前に急増、駆け込み廃棄か」『朝日新聞』2009 年 7 月 11 日。
25) 米国公文書館より開示された、ライシャワーと陸軍高官たちとの沖縄についての極秘の会合の記録（1965 年 7 月 16 日）。(Record Number 79651) Memorandum of Conversation "U.S. Policy in the Ryukyu Islands," July 16, 1965, reproduced at U.S. National Archives, http://japanfocus.org/data/USJapan_record_no._79651.pdf. 次も参照。ただし、この論文ではこの会合の場所を東京としているが、上記記録の中の記述から、実際にはワシントンであったことがわかる。Steve Rabson, " 'Secret' 1965 Memo

Reveals Plans to Keep US Bases and Nuclear Weapons in Okinawa after Reversion," *The Asia-Pacific Journal: Japan Focus*（December 21, 2009）, http://japanfocus.org/-Steve-Rabson/3294.
26) 前出、1965 年 7 月 16 日の極秘会合の記録、3 頁。
27) 同上、5 頁。
28) 同上。
29) 同上、6 頁。
30) 同上、6-7 頁。
31) 同上、7 頁。
32) 「基地の存続、前提に　日本側、『抑止力』を期待　沖縄返還交渉、外交文書公開」『朝日新聞』2011 年 2 月 19 日。
33) 「＜外交文書公開＞米、6.5 億ドル要求　沖縄返還、算出根拠なし　佐藤首相容認　密約の背景に」および「＜外交文書公開＞「ランプ・サム」文書（抜粋）」『琉球新報』2011 年 2 月 19 日。
34) 同上。
35) 「外交文書公開：沖縄返還　米、返還時 6.5 億ドル要求　協定明記の倍額」『毎日新聞』2011 年 2 月 18 日。
36) 「核撤去費『どんぶり勘定』　沖縄返還時の元外務省局長が証言」『朝日新聞』2009 年 11 月 13 日。
37) 「沖縄密約文書『不存在』外務・財務省」『琉球新報』2008 年 10 月 4 日。東京地方裁判所「文書不開示決定処分取消等請求事件」判決文（2010 年 4 月 9 日）。<http://ryukyushimpo.jp/uploads/img4bc6e4cc96632.pdf>
38) 東京地方裁判所「文書不開示決定処分取消等請求事件」判決文。
39) 同上。次も参照。「沖縄密約判決　『国家のうそ』重罪が鮮明だ　問われる歴代関与者の責任」『琉球新報』2010 年 4 月 10 日。
40) 外務省プレスリリース「文書不開示決定処分取消等請求事件の控訴」平成 22 年 4 月 22 日。<http://www.mofa.go.jp/mofaj/press/release/22/4/0422_02.html>
41) 「密約文書破棄　国民と歴史への背任だ」『東京新聞』2010 年 3 月 21 日。1998-99 年に外務省条約局長だった東郷和彦の衆議院外務委員会での証言。東郷・佐藤『外務官僚』も参照。
42) 「開示訴訟結審　密約外交の不作為を断て」『琉球新報』2011 年 5 月 19 日。
43) 「沖縄密約訴訟：『大勝利だが大敗北』原告側、一定の評価も」『毎日新聞』2011 年 9 月 29 日。
44) 「説得力ない『密約』控訴審判決」『日本経済新聞』2011 年 9 月 30 日。
45) 「西山事件『手際よく処理』　米が日本の対応評価」『東京新聞』2011 年 2 月 18 日。
46) 「沖縄返還密約　繰り返された隠蔽工作」『琉球新報』2007 年 5 月 16 日。
47) 「沖縄返還、最大密約は施設工事費　講演で西山太吉氏」共同通信、2010 年 2 月 27 日。
48) "Peace Prize Winner Sato Called Nonnuclear Policy 'Nonsense,'" *Japan Times*, June 11, 2000.

49) Alex Martin, "1953 Records on Handling U.S. Forces Released," *Japan Times*, August 27, 2011.「裁判権放棄、日本にも文書　『密約』裏付け」『沖縄タイムス』2011年8月27日。本章注18も参照。

50) 孫崎享『戦後史の正体 1945-2012』(創元社、2012年、279-280頁) は、吉田―池田ラインの「対米追随路線」を受け継ぐ大平が初めて「日米同盟」という言葉を公式の場で使ったことを重視している。

51) 野村彰男「『日米同盟』うたい込み余話　焼け石に水だった『米側見解』」2006年7月 (日本記者クラブホームページ　会員エッセー) <http://www.jnpc.or.jp/communication/essay/e00022356/>
江田五月「自由民主クラブ・民主連合」。<http://www.eda-jp.com/books/usdp/3-8.html> "Joint Communique of Japanese Prime Minister Zenko Suzuki and U.S. President Reagan," May 8, 1982, Washinogton. http://www.ioc.u-tokyo.ac.jp/~worldjpn/documents/texts/JPUS/19810508.D1E.html.「鈴木善幸総理大臣とロナルド・レーガン米大統領との共同声明」(1981年5月8日)、外交青書26号、465-468頁。
<http://www.ioc.u-tokyo.ac.jp/~worldjpn/documents/texts/JPUS/19810508.D1J.html>

52) "Japan-U.S. Joint Declaration on Security -- Alliance for the 21st Century --", April 17, 1996. http://www.mofa.go.jp/region/n-america/us/security/security.html.「日米安全保障共同宣言――21世紀に向けての同盟 (仮訳)」1996年4月17日。<http://www.mofa.go.jp/mofaj/area/usa/hosho/sengen.html> その前年に発表された、ジョセフ・ナイ執筆の「東アジア・太平洋地域についての米国の戦略」と題する国防総省の政策報告書 (いわゆる「ナイ・レポート」) では、日本を含む域内各国との「同盟」を強調していた。米国の対日政策におけるナイの影響力を考えれば、1996年の日米共同声明に「日米同盟」という表現が初めて使われたことについて、「ナイ・レポート」の影響があったことは想像に難くない。Department of Defense Office of International Security Affairs, United States Strategy for the East Asia-Pacific Region (February 1995). http://www.dtic.mil/cgi-bin/GetTRDoc?Location=U2&doc=GetTRDoc.pdf&AD=ADA298441.

53) ガバン・マコーマック『属国――米国の抱擁とアジアでの孤立』(新田準訳、凱風社、2008年) を参照。

54) 防衛問題懇談会『日本の安全保障と防衛力のあり方――21世紀へ向けての展望』大蔵省印刷局、1994年。樋口廣太郎委員長の名前から「樋口レポート」と呼ばれ、1994年8月に村山首相に提出された。

55) 上記、「ナイ・レポート」。

56) 孫崎享『日米同盟の正体――迷走する安全保障』講談社、2009年、107-110頁。

57) Richard L. Armitage, Joseph S. Nye, et al., *The United States and Japan: Advancing Toward a Mature Partnership*, INSS (Institute for National Strategic Studies) Special Report, October 11, 2000; Richard L. Armitage and Joseph S. Nye, *The U.S.-Japan Alliance: Getting Asia Right through 2020*, CSIS (Center for Strategic and International Studies) Report, February, 2007. http://csis.org/files/media/csis/pubs/070216_asia2020.pdf.

58) 例として、武冨薫「アメリカが警戒する小沢ドクトリン 『本当の狙い』」(『SAPIO』2009年9月9日号) に引用されている田岡俊次。「日本に舞台を擱くのは、『思いやり予算』で基地の維持費が出るからです。また、艦艇の大修理はグアム、ハワイではできない。日本の造船能力に頼っている」。
59) 「オスプレイ抑止力 構造差別維持する詭弁だ」『琉球新報』2012年10月3日。
60) 屋良朝博『砂上の同盟――米軍再編が明かすウソ』沖縄タイムス社、2009年、82-91頁。「地理的優位性のウソ」については18-26頁。
61) 岸信介他「日本国とアメリカ合衆国との間の相互協力及び安全保障条約」1960年1月19日。<http://www.mofa.go.jp/mofaj/area/usa/hosho/jyoyaku.html> 英語版は、"Treaty of Mutual Cooperation and Security between Japan and the United States of America," January 19, 1960. http://www.mofa.go.jp/region/n-america/us/q&a/ref/1.html.
62) 柳澤協二「"普天間"の核心 海兵隊の抑止力を検証せよ」『朝日新聞』2010年1月28日。
63) Sato Manabu "Forced to 'Choose' Its Own Subjugation: Okinawa's Place in U.S. Global Military Realignment," *The Asia-Pacific Journal: Japan Focus*（August 27, 2006）, http://japanfocus.org/-Sato-Manabu/2202.
64) テレビ朝日「報道ステーション」2010年5月20日。
65) 退役海兵隊大将のウォラス・グレグソン米国防次官補（アジア・太平洋安全保障問題担当）、日本国際問題研究所主催の講演会で。"U.S. Awaiting Futenma Decision, to Seek Joint Solution: Official," *Kyodo*, February 1, 2010.
66) 「ニュースクリップ 米海兵隊：なぜ沖縄に――米軍高官の『本音』『北朝鮮核が狙い』」『毎日新聞』2010年4月1日。
67) クリントン国務長官他「<仮訳>日米安全保障協議委員会共同発表 より深化し、拡大する日米同盟に向けて：50年間のパートナーシップの基盤の上に」2011年6月21日。<http://www.mofa.go.jp/mofaj/area/usa/hosho/pdfs/joint1106_01.pdf> 英語版は、Secretary of State Hillary Clinton et al., "Joint Statement of the Security Consultative Committee, *Toward a Deeper and Broader U.S.-Japan Alliance: Building on 50 Years of Partnership*,（June 21, 2011）. http://www.mofa.go.jp/region/n-america/us/security/pdfs/joint1106_01.pdf.
68) 「『抑止力』は方便 政治音痴の素人首相 政治不信と混迷を増幅」『琉球新報』2011年2月14日。
69) 「オスプレイ抑止力 構造差別維持する詭弁だ」『琉球新報』2012年10月3日。
70) マコーマック『属国』。
71) 西谷修「"自発的隷従"を超えよ――自立的政治への一歩」『世界』2010年2月号、136頁。
72) 民主党「民主党 政権公約 Manifesto（マニフェスト）」、2005年8月30日。<http://archive.dpj.or.jp/policy/manifesto/images/Manifesto_2005.pdf>
73) 成澤宗男「普天間移設をめぐる攻防が焦点に 新政権の外交政策が問われる沖縄基地問題」『週刊金曜日』2009年9月25日、13-15頁から引用。
74) 「(時時刻刻) 民主党『小沢色』外交で発信」『朝日新聞』2009年2月25日。前田哲男『「従属」から「自立」へ――日米安保を変える』高文研、2009年、17-25頁も参照。

75) 大田昌秀インタビュー「普天間問題のボタンのかけ違いはここから始まった」『ビデオニュース・ドットコム』2010 年 3 月 11 日放送。<http://www.videonews.com/ondemand/461470/001385.php>

76) 寺島実郎「脳力のレッスン」特別篇「常識に還る意思と構想――日米同盟の再構築に向けて」『世界』2010 年 2 月号、118-125 頁。

77) 同上。寺島は日本の知識人を「奴顔」という言葉で呼ぶ(「奴顔」は魯迅の 20 世紀初頭の風刺小説『狂人日記』から)。

78) 前田『「従属」から「自立」へ』90-92 頁参照。

79) Richard L. Armitage and Joseph S. Nye, *The U.S.-Japan Alliance: Getting Asia Right through 2020*, pp. 21-22. http://csis.org/files/media/csis/pubs/070216_asia2020.pdf.

80) 「思いやり予算削減反対　普天間移設修正に否定的　米国防長官」『読売新聞』2007 年 11 月 10 日。ゲイツ国防長官の訪日については、次も参照。Fumitaka Susami, "Gates Backs Permanent Law to Send SDF," *Japan Times*, November 11, 2007. Kaho Shimizu, "Greater Security Role Is in Japan's Interest: Gates," *Japan Times*, November 10, 2007.

第3章

分離と復帰
―― 軍支配と基地被害は続く ――

　1945年の晩夏、鉄の暴風が去り、焼き尽くされた沖縄では、日本の軍国主義とファシズムからの解放による安堵は束の間であった。茫然自失した人々を待ち受けていたのは、米軍による「戦利品」としての土地の接収と生活破壊であった。

　米軍の沖縄占領は、1945年3月26日米軍慶良間諸島上陸（1章参照）直後「ニミッツ布告」（「米国海軍軍政府布告第一号」）が公布され、北緯30度以南の南西諸島が米軍の占領下に置かれたときに遡る。しかし実際米軍はアジア太平洋戦争開戦から半年も経ない1942年4、5月ごろから沖縄の分離を検討し始めていた。大田昌秀元知事は、戦後軍事植民地化された沖縄の道のりは、日本が敗戦した結果に由来するというよりも、日本の敗戦を最初から見越して沖縄分離・占領計画を立てていた米国の筋書き通りに進められたと見る。[1]

1　「復帰」とは

本土にとっての「主権回復」の日は、沖縄にとっての「屈辱の日」

　1951年9月8日、サンフランシスコ講和条約（「日本国との平和条約」）と日米安保条約（「日本国とアメリカ合衆国との間の安全保障条約」、旧安保条約とも呼ばれる）が同日に調印された。日本本土に「主権」を回復させる傍ら、米軍駐留という主権剥奪状態を合法化するという矛盾する手続きが取られたのである。そして、講和に向けて沖縄では日本復帰を求める声が大きくなっていたにもかかわらず、講和条約第3条は、既成事実化していた米国による沖縄の分離・占領

の継続を国際的に合法化して追認させる結果となった。[2]

　日本国は、北緯二十九度以南の南西諸島（琉球諸島及び大東諸島を含む。）孀婦岩の南の南方諸島（小笠原群島、西之島及び火山列島を含む。）並びに沖の鳥島及び南鳥島を合衆国を唯一の施政権者とする信託統治制度の下におくこととする国際連合に対する合衆国のいかなる提案にも同意する。このような提案が行われ且つ可決されるまで、合衆国は、領水を含むこれらの諸島の領域及び住民に対して、行政、立法及び司法上の権力の全部及び一部を行使する権利を有するものとする。

　1952年4月28日、講和条約が発効した日は、日本本土では占領状態からの独立を果たした記念すべき日として記憶されているが、沖縄では、日本から切り離された「屈辱の日」として深く心に刻まれた。本土では肯定的な日として捉えられている日の沖縄にとっての意味は、本土の人々はほとんど教えられておらず、夢にも思わない見方かもしれない。しかし、敗戦における日本全土の米軍占領を、100人が投獄されたと喩えたとしたら、99人が釈放された日に1人だけが牢獄に残されたに等しいと言えば、想像に難くないのではないか。それも沖縄にとっては日本の天皇への忠誠を誓わされ、沖縄戦において殺され、焼き尽くされた挙句の果ての仕打ちである。さらに、同じ「占領下」と言っても、直接の軍政が敷かれた沖縄と日本の行政機構を温存した上での間接占領を受けた本土とでは状況が異なっていた。[3] 石原昌家（平和学）は「屈辱の日」の理由を二点挙げる。一点目は、今日まで続く日米による沖縄の軍事植民地という「構造的差別」が固定化されたことであり、二点目は、沖縄が信託統治の対象と位置付けられたことである。独立した琉球王国の歴史を持つ沖縄にとって、琉球・沖縄に自治能力がないと断定されたに等しいこの文言は耐え難いものであった。[4]

　講和条約で日本本土だけに主権を認めた米軍はその後沖縄で、土地強制接収を加速させ基地を拡大した。そして米軍関係者による事件事故は多発した。1972年の復帰に伴い日本政府は米軍が暴力で接収した土地を引き続き米軍用地として使うべく、「駐留軍用地特措法」等、「法的銃剣とブルドーザー」[5]と言える数々の手法 (6章参照) を用いて基地を固定化させた。1952年4月28日の「屈辱の日」はその日だけが屈辱であったということではなく、その後「連綿と繰り返された住民弾圧、人権蹂躙」の源流となる日であったのだ。[6] 沖縄は牢獄に

1人残されただけではなく、その後虐待を受け続け、今日に至る。

奪われた土地

　1972年の「日本復帰」までは米国の軍事植民地、それ以降は実質的な日米共同統治領にされた沖縄に対する圧政の根幹の問題は土地の剥奪である。その過程は戦争で焦土と化した島から砲煙が消えると同時に始まり、その後何段階にもわたって続いてきた（6章参照）。沖縄の人々の多くは、1945年から1947年にかけて強制収容から釈放されたとき、自分たちの家、先祖代々の墓、聖なる場所が既に破壊されていたことを知った。沖縄県の約8％にあたる1万8,000ヘクタールが接収され、4万人の地主が土地を、1万2,000人の世帯が家を失った。[7] 無補償で一方的に行われたこの大規模な土地接収は、1907年ハーグ陸戦条約第46条（「私的財産を没収してはならない」）に違反していた。土地と生計手段を奪われた沖縄県民の多くは、仕事のために島を離れたり、海外へ渡ったりすることを余儀なくされた者もいた。この体験は、沖縄社会の記憶の中に「銃剣とブルドーザー」の恐怖として記憶されている。

　普天間基地のある宜野湾は、東シナ海を臨む丘陵地で、かつてはサトウキビ畑とサツマイモ畑等に囲まれた農村地帯であった。沖縄戦では、日本軍の要塞であった嘉数高地をはじめ一帯は激戦区となり、住民は約4人に1人が殺され、生き残った人々は収容所に送られた。米軍は沖縄戦の最中に、対日決戦に備え4つの集落（宜野湾、神山、新城、中原）を中心とする一帯に爆撃機用滑走路を擁する飛行場を建設した。終戦で本土攻撃計画が消失しても米軍は飛行場を手放すことはなかった。基地や訓練場、弾薬庫として米軍に接収された土地の住民は帰郷を許されなかった。故郷を捨てて移住した人もいるが、一部は、先祖の墓や思い出の場所が残る土地に帰る日を夢見て、基地の周辺に住んだ。1953年には2,400メートルの滑走路が2,700メートルに延長され、ナイキ・ミサイル（地対空ミサイル）が配備された。1956年2月から、岐阜や山梨にいた海兵隊は沖縄に移転する。キャンプ・ハンセンなどの米陸軍基地は次第に海兵隊が譲り受け、1960年には普天間飛行場も空軍から海兵隊に移管された。1969年、普天間飛行場は第1海兵隊航空団第36海兵航空群のホームベースとなる。以上が現在、500ヘクタール足らずの土地に2,800メートルの滑走路を持つ普天

間飛行場の起源である。面積では米軍専有基地のわずか2%にすぎないが、最近十数年の論争のほとんどはこの基地をめぐって行われてきた。

　伊江島では、1955年に（1953年から強制接収開始）米軍が農民を暴力的に追い出して島の約3分の2を接収し、射爆場とした。家は叩き壊され、病気の子どもはつまみ出され、家畜は殺され、農産物を焼き払われた。非暴力抵抗を提唱した阿波根昌鴻をはじめ島の農民たちの粘り強い抵抗は復帰運動の原動力ともなった。伊江島の基地は段階的に返還されていったが、いまだに島の3分の1は海兵隊基地であり、パラシュート降下訓練や離着陸訓練、そして2012年10月からはオスプレイ訓練にまで使われている。かつては豊かな森におおわれていた鳥島は、射爆撃場として使われ、1990年代には劣化ウラン兵器、その後はクラスター爆弾の実験場として使われた結果、見る影もなくなってしまった。

　嘉手納町の83%の土地を占拠する嘉手納米空軍基地は、日本の最大の民用空港であった羽田空港の2倍の規模を持ち、隣接する弾薬庫を含めると46平方キロメートルもの土地を占有する。沖縄島では嘉手納の他に三つの町村（金武町、北谷町、宜野座村）が土地の半分以上を、さらに5町村（読谷村、東村、沖縄市、伊江村、宜野湾市）が30%以上の土地を基地に取られている。キャンプ・ハンセンは、金武町と宜野座町の半分以上に加えて名護と恩納一部の土地を占拠し、普天間の5倍以上の面積に拡張した。キャンプ・ハンセン内の深い森は市街戦準備のための「仮想都市」を数箇所擁している。2004年12月にはここで訓練を受けた2,200人の海兵隊が、イラクに派遣された。何千人もの市民が殺され街が破壊された「ファルージャ攻撃」である。沖縄、とりわけ本島への軍事施設の集中は、大田昌秀によると「人間らしく生活することは殆ど不可能」なほどである。

占領下、基地は沖縄に集中する

　島の北東部では、大浦湾のキャンプ・シュワブが1959年から運用された。そこでも、土地を取られ全てを失う可能性に直面して、多くの人は仕方なく、損失を少しでも減らすような交渉をしようとした。2010年、嘉陽宗信（当時85歳）は語った。

「基地になるかも」ではない。すぐ基地にすると接収にきた。何もその「基地に提供してください」という打診もない。日本軍と同じ。上から押さえつけた。

　地元のリーダーだった嘉陽は、最初は大反対だったが、歯が立たなかった。逮捕も覚悟で抵抗するか、土地を差し出すか、二者択一だった。「もう勝てないから。利益を求める考えに切り替えた」[14]。

　沖縄島北部の海兵隊基地（キャンプ・シュワブ、キャンプ・ハンセン、キャンプ・ゴンザルベス）のほとんどは1950年代から60年代初頭にできた。この時期、沖縄の米軍基地面積は倍増したが、本土は逆に4分の1に減り、密度で言うと沖縄は本土の100倍となった[15]（現在は500倍）。それには本土の反基地運動の強まりに加え、米軍の直接支配下にあり憲法も適用されていない沖縄が好都合だったからという背景もあった。海兵隊第3海兵師団は1956年から岐阜県と山梨県から沖縄に移駐している[16]。本土の反対は聞くことはあっても沖縄の反対は無視するという差別構造は、復帰後も、そして現在の普天間基地移設問題にまで引き継がれている。

　1972年の復帰以前は、沖縄では米軍基地は2万7,893ヘクタールの土地を占拠していた。その後、2万2,923ヘクタールまで減ったが、沖縄県全体の土地の約10%、沖縄本島においては約20%を占拠している[17]。1954年には、軍用地に対し、地価の6%と定めた借地料の16.6か年分（地価相当額）を一括払いするという実質的な土地買い上げ政策が米民政府により発表されたことに対し、沖縄は一体となって「土地を守る四原則」（一括払い反対、適正補償、損害賠償、新規接収反対）を米軍に要求した[18]。それを受けて米下院軍事委員会が沖縄に派遣した特別分科委員会の報告（1956年）がいわゆる「プライス勧告」[19]であるが、「核兵器を貯蔵や使用する我々の権利への外国政府による何ら制限のない」太平洋極東地域での軍事拠点としての沖縄の位置づけ、軍用地政策を含む米軍の沖縄支配のあり方を正当化しようとするものであり、「四原則」を踏みにじるものであった。これに対し、「島ぐるみ闘争」と呼ばれる大衆抗議行動が沖縄全域の市町村で起こった[20]。それは、10年間の軍事占領への沖縄の返答であり、立川や日本のその他の基地周辺での基地拡張反対闘争に劣らず固い決意を持ち、広い支持を得ていたが、法治国家であった本土とは違い沖縄は米軍軍政下にあった。沖縄大学の新崎盛暉によれば、「沖縄が、日本から分離され、米軍

の支配下に置かれていなかったならば、現在のような沖縄米軍基地を建設することは不可能であった」[21]。

当時の雰囲気をよく伝えるのが第2次琉大事件である。1956年8月、琉球大学は、プライス勧告をめぐる県民大会のデモに参加し、反米的な言葉を使ったとされる7人の学生の処遇を決めねばならなかった。大学は当初、学生たちを謹慎処分にすることを決めたが、米民政府はそれでは足りないと主張し、大学の将来がかかっていると脅迫した。安里源秀学長は、大学を救うためには止むを得ずと感じて、大学の自治を放棄し学生の権利をはく奪する苦渋の決断をした。6人の学生が退学処分、1人が謹慎処分を受けた。2007年に大学が7人の処分をようやく取り消したときには、50年以上の月日が経っていた。[22]

「民主国家」による民主主義の妨害

1965年2月、米国はベトナム戦争で北爆を開始した。米国太平洋軍司令官のユリシーズ・S・グラント・シャープ海軍大将は、1965年12月、「沖縄なしではベトナム戦争を遂行できない」と述べる[23]。1968年2月、米国はB-52戦闘機をグアムから、インドシナへの大量爆撃により適した沖縄へと移動させた。米軍にとって、行動の自由（沖縄の嘉手納から直接ベトナムへの爆撃に出撃し、戦争拡大に備えて核兵器と化学兵器をその他の基地に貯蔵しておく自由）は政策上の重要課題であっただろう。この時期、返還における「密約」の内容を決める交渉と、沖縄で高まりつつある民主主義の諸権利への要求に実際には譲歩することなしに対処するため、つまり、民主主義の外観を繕うための交渉も行われた。2章で引用したエドウィン・O・ライシャワー米国大使が陸軍高官たちと沖縄政策について協議した1965年7月の極秘会話記録、つまり米国に基地（と核兵器）の保持を許すかたちでの返還を示唆した同じ会議の中で、彼は民主主義的政治過程を操作して米国の目的を果たすための秘密の介入を提案した。それは当時、珍しい考えではなかった。CIA研究者ティム・ワイナーによると、

> アイゼンハワー大統領自身、安保条約への日本の政治的支援と岸首相への財政的援助は同一のものであると決めた。アイゼンハワーは自民党の中心人物たちにCIAからの継続的な資金を提供し、CIAの役割について知らされていなかった政治家たちは「アメリカ大企業のドンたち」から資金が来ていると説明を受けた。金は4人の大統

領の下で少なくとも15年間流れ、冷戦の残りの期間自民党一党支配を確固たるものにする一助となった。[24]

ライシャワーは、上記会話録でベトナム戦争激化に伴い、米国に都合がいいように日本と沖縄で保守派勢力が権力を保持する重要性を感じ、自民党を通じて沖縄選挙に介入するよう提案した。

> ……日本のルートだけを使い、日本の自民党に一番効果的な金の処理をさせる方がずっと安全だろう……。米国—琉球の直接のチャンネルを使って沖縄で秘密の政治的行動に出るのは危険すぎる。日本の保守派は琉球の政治に資金提供等の活動をどうせ行うのだから、琉球で直接行うよりも彼らの資源に追加するという形で完璧な偽装ができるだろう。[25]

アイゼンハワーの在任期間は1953-1961年、ライシャワーの在任期間（1961-1966年）の大統領はケネディーとジョンソンである。1965年時の選挙介入提案はライシャワーの独自案というよりも、前例を踏襲してといった意識があったかもしれない。

この1965年7月の会話録で提案された選挙介入は、直近の11月の立法院議員選挙を指していたが、その後、1968年11月、それまで琉球列島米国民政府（USCAR）が指名していた琉球政府主席の初めての公選でも行われた。反基地候補者が勝つかもしれないという危険にもかかわらず米民政府がしぶしぶ選挙を許可したのは、フェルディナンド・T・アンガー陸軍中将が他の選択肢がないと考えたからである。アンガーが1975年に語ったところによると、公選を拒否したら逆に復帰運動をエスカレートさせる可能性があるので、一時的に沖縄の願望を満足させ、米国の作戦の自由が制限される日を引き延ばすことができるかもしれないとの願望で公選を許可したと言っている。[26]

ワイナーによると、戦時内閣で大蔵大臣等歴任した賀屋興宣（かやおきのり）は、1955年に仮釈放され、1957年には赦免、岸信介（同じく巣鴨プリズンから1948年に釈放された戦犯）の顧問となる。賀屋は1958年に衆議院議員となる直前か直後にCIAのエージェントとなったが、彼とCIAとの関係のピークは1968年、佐藤栄作首相の顧問を務めていたときであった。同年11月の琉球主席公選、立法議院選挙が自民党に有利な結果をもたらすように行われたCIAの地下工作で重要な役割を務めたという。[27]

また、1968年に交わされた一連の秘密電文によると、1968年3月に沖縄の保守政党である沖縄民主党の副総裁吉元栄真は自民党から88万ドルの提供の確約を受け、5月3日までには10万ドルの提供を受けていた。吉元は同年8月15日には福田赳夫（後年、1976-1978年に首相を務めた）と会って72万ドルの受け渡しを確認したという。[28]

しかしこのような両国政府の必死の努力と賀屋の「重要な役割」にもかかわらず主席公選では、「即時・無条件・全面返還」を訴えた革新派の屋良朝苗がCIAと自民党の後ろ盾を持った西銘順二を破った。

コザ蜂起

占領下では民主的権利も与えられていなかったが、沖縄の人々はそれでも可能な限りの方法で抗議をし続けるしかなかった。1968年11月19日には、B-52が嘉手納基地で離陸に失敗し、墜落、爆発した。1969年2月4日に、B-52撤去と原潜寄港禁止を訴えるゼネストが予定されたが、日本政府から、復帰が遅れたり中止になったりするかもしれないとの脅しもかかり、最後は屋良主席の要請により中止となった。沖縄の抵抗運動を研究してきた丹治三夢が言うには、「屋良の意図は運動の『統一』と有効性を守るためだったが、正反対の結果になった。抗議運動の団結と自信を損なった」[29]。

1969年7月、知花弾薬庫から漏出したVX神経ガスを吸い込み、米軍人・軍属24人が被害を受けたとの米メディアの報道が、沖縄住民を新たな恐怖に陥れた。米軍による犯罪・事件事故多発、毒ガス兵器やベトナム戦争等の諸問題で住民感情の高まる中、1970年12月20日、コザ市（現沖縄市）で、米兵の運転する車が沖縄人の歩行者をひいた事故をきっかけに、民衆の不満が爆発する事件が起きた。米軍憲兵が威嚇発砲し、ヘリコプターが沖縄の群集の上に催涙ガスを撒き散らし、一晩で80以上の軍用車両と民間人の車が破壊された。この日の出来事は「コザ暴動（riot）」、「コザ騒動」などと呼ばれるが、これは為政者側からの見方であり、沖縄の民衆から見たら、続く米軍圧政と基地被害、米軍の治外法権へのうっ積していた怒りが噴火した事件であり、「コザ蜂起（uprising）」と呼ぶ方がふさわしいであろう。

そして2年近くに及ぶ毒ガス撤去運動の末、1971年、「レッド・ハット作戦」

の名で、マスタードガス、サリン、VX ガスなどの化学兵器約 1 万 2,500 トンが沖縄から米国領のジョンストン島へ移送された[30]。しかし近年になって、枯葉剤も沖縄で貯蔵、使用されていたことが明らかになった。

枯葉剤問題

　米軍は、発がん性の高いダイオキシンを成分とする枯葉剤を、1962 年から 1971 年にかけてベトナムで 7,600 万リットルも散布したと言われている[31]。ベトナム攻撃の発進基地として使われた沖縄に大量の枯葉剤、特にエージェント・オレンジが貯蔵されていたことは近年、複数の元兵士が証言していたが[32]、2012 年になって、米陸軍化学物質庁が 2003 年に作成した報告書が米国の研究者によって発見され、1972 年に米空軍が、ベトナムから持ち込まれて沖縄に貯蔵されていたドラム缶 2 万 5,000 個分、520 万リットル（5,200 トン）のエージェント・オレンジをジョンストン島へ輸送したと明記されていた[33]。一方、ベトナム戦争での実戦を前提に、1960 年から約 2 年間にわたり、米軍北部訓練場（国頭村、東村）内と周辺一帯でエージェント・オレンジの試験散布をしていたと、当時の枯れ葉剤散布作戦に関わった米陸軍の元高官が、2011 年に沖縄タイムスに語っている[34]。また、ある元兵士は、1969 年に、海上輸送中に破損したエージェント・オレンジのドラム缶を何十も、ハンビー地区（現在の北谷）近くに埋却するのを目撃したと述べた[35]。さらに、1970 年代から 1980 年代にかけて普天間飛行場に駐屯していた元兵士らによると、ベトナム戦争終盤に使用禁止になった大量のエージェント・オレンジを、米軍は同飛行場に埋めたという[36]。

2　1972 年 5 月 15 日——「返還」という名の安保強化

　1947 年に日本本土で施行された憲法は、平和、人権、民主主義といった沖縄住民が渇望する価値を謳っていた。1951 年サンフランシスコ平和条約で沖縄が分離された頃から復帰運動は高まった。沖縄の人々の正義と人権の要求は、立憲制平和国家（と彼らが考えた）日本への復帰、つまり「平和憲法下への復帰」のスローガンの下に収斂したが、ベトナム戦争を契機に、基地を提供する沖縄は侵略戦争の加害者になっているという認識が広がり、基地を撤去する「反戦

復帰」運動へと発展していった。

　だが、沖縄の人々の希望は、1969年11月、ワシントンで佐藤栄作首相とリチャード・ニクソン米国大統領の会談後発表された共同声明によって打ち砕かれた。共同声明はこう宣言した。

　　総理大臣と大統領は、また、現在のような極東情勢の下において、沖縄にある米軍が重要な役割を果たしていることを認めた。討議の結果、両者は、日米両国共通の安全保障上の利益は、沖縄の施政権を日本に返還するための取決めにおいて満たしうることに意見が一致した。……また、総理大臣と大統領は、米国が、沖縄において両国共通の安全保障上必要な軍事上の施設および区域を日米安保条約に基づいて保持することにつき意見が一致した。[37]

　日米両国共通の安全保障上の目的のために沖縄の米軍基地が残ることとなった。3月に佐藤首相が国会に約束した「核抜き、本土並み」の「本土並み」とは、本土並みの米軍基地負担という意味であると沖縄県民は期待していたのに、実際は本土並みに安保が適用されるという意味でしかなかった。新崎盛暉は、1960年安保改定が沖縄の分離と米軍支配を前提とした日米安保体制強化だったのに比べ、1972年の沖縄返還は、「沖縄の日本への統合を前提とする日米安保体制の強化」であったと位置づける。しかもこの安保強化は、国会の審議も通さず、密室会議で密約を結んだ上での日米首脳の共同声明という形で行われたのである。[38]

　また、日本政府が沖縄に対して「本土並み」にしたのは、米軍基地負担ではなく新たな自衛隊負担であった。1972年の沖縄世論調査では、自衛隊の沖縄配備に対して61％が反対、賛成は28％のみであった。[39]「復帰」に伴い、1972年10月4日に陸上自衛隊150人が沖縄入りしたことを皮切りに、12月21日、鹿児島から対哨戒機6機の到着、隊員は2,800人に膨れ上がった。[40]これは沖縄戦における日本軍の実態を想起させる体験であっただけではなく、それより80年前の「琉球処分」時の沖縄への熊本の第6師団分遣隊の派遣、3世紀半前の「薩摩侵攻」にまで遡る沖縄への日本軍事侵攻の歴史の中で捉えられるものであった。

　「核抜き」については、沖縄返還条約では「核兵器に対する日本国民の特殊な感情」および「これを背景とする日本政府の政策」、つまり非核三原則につ

いて大統領は「深い理解」を示し、「日米安保条約の事前協議制度に関する米国政府の立場を害することなく」返還を実施するよう総理大臣に確約したということで「核抜き」が保証されたと説明された。しかし2章で述べたように、1960年安保締結時には事前協議なしの通過・立ち寄りを認める密約が交わされており、返還の際は有事の際の核再持込みを定めた密約が交わされていたのである[41]。

　佐藤首相の命を受けて返還交渉に当たった国際政治学者、若泉敬は、有事でも核を持ち込ませぬとの「首相の決断」を評価するマスメディアの報道を見ながら重い「良心の呵責」を感じ、回想記に「とりわけ、祖国復帰を喜んでいる沖縄県民にはまことに申し訳なく、心が疼んだ」と記している[42]。この苦しみを背負って余生を過ごした若泉は四半世紀後、1994年に「有事核持ち込み密約」を暴露した回想記を出版、2年後には、自らが関わった交渉で沖縄から基地をなくすことができなかった「結果責任」を感じながら自死を選んだ[43]。

「核隠し、基地強化」返還

　1972年5月15日の「復帰」の日が近づくにつれて、沖縄住民による「真の」復帰への要求は高まっていった。1971年5月、ゼネストが基地機能を麻痺させ、軍用地の非返還に抗議して大群衆が決起集会を行った。1971年6月17日に東京で行われた両国政府による正式調印式には、琉球政府主席屋良朝苗は出席を拒否した[44]。同年11月、屋良は沖縄返還を論議する特別国会へ提出する「復帰措置に関する建議書」を作成した。沖縄県民は日本の平和憲法の下で基本的人権を願望したから復帰を願ったのに沖縄の返還協定や関連法には県民の要求が十分反映されていない「憾み」があるとし、「歴史に悔いを残さない」ために県民の要望を伝える必死の陳情であった[45]。建議書は、沖縄をして「太平洋のかなめ石」から「平和のかなめ石」へ転換するための政治的、道義的責任体制の確立を訴えていた[46]。しかし屋良が国会へ建議書を届けに向かう途中に、そして沖縄選出の2人の国会議員が予定の発言を行う前に、野党欠席のまま、自民党は沖縄返還合意を強行採決した[47]。かくして沖縄の声は完全に無視された「返還」となった。

　1972年5月15日に東京と那覇で行われた返還式典。東京で式典委員長を務

めた佐藤栄作首相は「沖縄は本日、祖国に復帰した。戦争で失われた領土を外交交渉により回復したことは史上極めてまれであり、これを可能にした日米友好の絆の強さを痛感する」と挨拶した。[48] 満面に笑みをたたえた佐藤とは対照的に、那覇では、屋良朝苗主席が沈んだ声でこう述べた。

> 復帰の内容は必ずしも私どもの切なる願望がいれられたとは言えない。米軍基地をはじめ、いろいろな問題を持ち込んで復帰した。これからも厳しさは続き、新しい困難に直面するかもしれない。[49]

日本政府主催の記念式典があった那覇市民会館から道一つ隔てた与儀公園では、沖縄県祖国復帰協議会（50ほどの市民団体や労働組合の連合体）が開いた県民総決起大会に、新たな沖縄処分に抗議し佐藤内閣打倒を叫んで3万人が集まった。返還の日の抗議集会の主催者の1人であった福地曠昭は、34年後、「核抜き、本土並み」のはずだった復帰が、実は「核隠し、基地強化」だったと語った。[50]

沖縄返還から40年経っても、在日米軍専用施設の4分の3が沖縄に集中している。そのうち25の施設が、沖縄本島にあって島の5分の1の土地を占拠しており、他の島々にさらに九つの軍用施設がある。沖縄への基地の集中が進む反面、日本本土の基地は着実に減っていった。1950年代後半から1960年代初頭にかけて4分の1に縮小、そして1968年から1974年の間にさらに3分の1に減り、沖縄に在日米軍専用基地の75%が集中する結果となった。[51]

サンフランシスコ講和条約による「屈辱の日」の60年後、沖縄への自衛隊配備後ちょうど40年経った2012年10月初頭、日本政府は米軍機オスプレイを沖縄の空に侵入させた。辺野古新基地に反対を続けてきた「ヘリ基地反対協議会」は、日米政府に宛てたオスプレイ強行配備に対する抗議文をこう始めた。

> 2012年10月1日。沖縄に新たな「屈辱の日」が加わったこの日を、私たちは一生忘れず、子や孫に語り継ぐだろう。[52]

3 犯罪、事故、騒音、汚染——基地被害に脅かされ続ける戦後

　1959年6月30日、アメリカ空軍のF-100D型ジェット戦闘機2機がテスト飛行で離陸後、そのうち1機がエンジン火災を起こして爆発、燃料に引火して火を噴きながら旧石川市（現うるま市）の市街地に墜落した。民家25軒をなぎ倒し、宮森小学校2年生のトタン屋根校舎に突っ込み、機体の一部がコンクリート校舎に激突。宮森小学校児童11人と住民6人が死亡、児童156人と住民54人が負傷、校舎3棟と民家27棟、公民館1棟が全焼した大惨事となった。米軍は当時「エンジン故障による不可抗力の事故」としていたが、1999年の琉球朝日放送の取材によると米軍の整備不良が墜落の原因であったことがわかっている。[53]

　沖縄では罪なき子どもたちが受けた基地被害の象徴として記憶されている「宮森小学校米軍ジェット機墜落事件」は、「フクギの雫」という舞台劇や絵本にもなり、語り継がれているが、本土の人々にはあまり知られていないのではないか。

　沖縄の人々にとっては、沖縄中に張り巡らされた基地と演習空域、海域と隣り合わせに暮らすということは、そこに属し、そこを使用する戦闘機、兵器、軍人たちと陸、海、空に至る生活空間を共有するということである。それは演習に伴う戦闘機墜落等の事故、米兵による性犯罪、交通犯罪を含むさまざまな犯罪の被害にあい、犯罪や事故がなくとも、日常的に騒音や振動、悪臭、基地公害、そしていつ犯罪や事故に巻き込まれるかわからないという心理的不安と共に暮らすことである。これらの事件事故は本土では報道されないものも多い（本土内の基地についても同様であろう）。近年の沖縄での米軍航空機事故では最も深刻であった、2004年8月13日に普天間所属ヘリCH-53Dが沖縄国際大学キャンパスに墜落した翌日の報道も、本土の新聞ではアテネオリンピック開幕の華々しいニュースの陰に隠れてしまった。

　前記の事故の他に復帰前の米軍機墜落事件の主なものとして、1961年の「川崎ジェット機墜落事件」——嘉手納を発進したF-100Dジェット戦闘機が川崎小中学校から500メートルほどの旧具志川村川崎集落に墜落、多数の児童生徒の

前で爆発炎上したもの、1968年11月19日に世界最大の爆撃機B-52が嘉手納基地内に墜落、爆発炎上した事故がある。墜落したのは毒ガス弾1万3,000トンや核爆弾が貯蔵されている知花弾薬庫・嘉手納弾薬庫のすぐ近くであり、近隣住民、沖縄全体を恐怖のどん底に陥れた。[54]

復帰後の米軍航空機関連事故は2011年末現在で通算522件起きており、そのうち基地外で起きたものが143件（固定翼機69件、ヘリ74件）、と27％に上る。2004年の墜落事故は、この基地外のヘリ事故に含まれる。

また、演習による原野火災等が復帰後から2011年までに528件（うち8割以上はキャンプ・ハンセン）が起きている。また、復帰後1973年から1997年まで、県道104号線を封鎖して県道を越えた実弾砲兵射撃訓練が合計180回、弾数でいうと3万3,100弾行われた（SACO合意によりその後沖縄での訓練は事実上廃止）。1979年から1996年まで読谷飛行場において合計186回、降下人員合計6,878人のパラシュート降下訓練が行われ（その後伊江島へ移転）、嘉手納飛行場では1998年から一番最近で2011年5月20日に行われている。1965年には読谷村で女子小学生が落下してきたトレーラーの下敷きになり死亡した事件（「隆子ちゃん事件」）もあり、人口密集地での降下訓練は県民により危険が叫ばれ抗議されているにもかかわらず廃止にはなっていない。[55]

米軍構成員等による犯罪検挙件数は、復帰から2011年までに通算5,747件起きており、そのうちの568件、約1割が殺人、強姦、強盗、放火などの凶悪犯である。復帰前はさらに深刻であった。2010年に公開された外務省文書によると、復帰前の1964年から1968年の5年間の米軍人・軍属による犯罪件数は5,367件に上り（年間平均1,073件）、うち殺人、強姦、強盗などの「凶悪犯罪」は508件、そのうち摘発率は33.6％にとどまっていたという。2007年から2011年までの平均が59件だったことから比べると、近年の20倍近く起こっていたということになる。[56]

米軍関係者が第一当事者である交通人身事故は、統計を取り始めた1981年以降2011年まで通算2,764件起きており、ここ5年間の平均は年間178件である。[57]

戦後沖縄における基地被害(米軍機事故、米軍関係者による犯罪、事故)から

　事件・事故は統計で見ると単なる数字に終わってしまう危険性がある。米軍基地と隣り合わせに住み、自分や、愛する家族がこのような犯罪や事故の被害を受けることを想像しながら一つ一つの出来事を学ぶことが、沖縄の怒り、苦しみ、現在の新基地建設やオスプレイ配備反対の声を理解する第一歩なのではないか。戦後の沖縄の基地被害を本書で網羅することはとても不可能であるが、その一部としての具体例をここに示す。

表3.1　戦後沖縄における基地被害例

1945-46 年	米兵による強姦、強盗、殺人が多発。46 年 1 月頃から沖縄の女性たちに米兵の子が生まれる
1946-47 年	本土や海外からの引揚者が収容されていたテント村で米兵が侵入して女性を強姦。乱暴された後自殺する娘もいた。母娘とも強姦されたケースも
1945-51 年	戦後 6 年間の強姦事件はわかっているものだけでも 278 件。犯人の処罰について多くの場合不明
1948 年 8 月 6 日	伊江島で米軍の弾薬処理船(LCT)が爆発、民間の連絡船が巻き込まれ 106 人死亡。戦後の米軍事件・事故の中で最大数の犠牲者を出した。
1951 年 10 月 20 日	米軍戦闘機からガソリンタンクが那覇市の民家に落下、民家は全焼し親子ら 5 人死亡
1955 年 9 月 3 日	6 歳女子が嘉手納高射砲隊所属の米兵に拉致、強姦され、惨殺される(「由美子ちゃん事件」)
1955 年 9 月 9 日	9 歳の少女が就寝中に海兵隊員に拉致、強姦され、重傷(具志川村)
1959 年 6 月 30 日	石川市の宮森小学校に米軍戦闘機墜落。死亡 17 人(うち児童 11 人)、負傷 210 人(児童 156 人)
1959 年 10 月 28 日	22 歳のホステスが米兵に強姦、絞殺される(コザ市)
1959 年 12 月 26 日	キャンプ・ハンセン(金武村)で弾拾い中の農婦を米兵がイノシシと間違え射殺
1961 年 9 月 19 日	コザ市で米兵がひき逃げ、少女 2 人死亡、2 人負傷
1961 年 12 月 7 日	具志川村川崎に米軍ジェット機墜落、住民 2 人が死亡、4 人が重傷
1962 年 12 月 20 日	嘉手納村屋良の民家に米軍輸送機が墜落、住民 2 人、搭乗員 5 人死亡、8 人が重軽傷
1963 年 7 月 3 日	22 歳のホステスが那覇航空部隊所属の上等兵に殺害される(コザ市)
1964 年 8 月 10 日	北谷村で潮干狩りの住民が米軍の流れ弾に当たって死亡
1965 年 6 月 11 日	読谷村で演習中に米軍機からトレーラーが落下、下敷きになった少女死亡(「隆子ちゃん事件」)
1960 年代後半～	ベトナム帰還兵による強盗、ホステス殺しが続発

1966年5月20日	那覇市でタクシー運転手が米兵に殺される
1967年8月2日	具志川村栄野比で男子高校生が米軍車両にひかれ死亡
1968年1月30日	浦添村の米軍兵舎でメイドが殺される
1968年5月19日	主婦が読谷村の自宅前の路上で米兵に暴行され殺害される
1968年11月19日	嘉手納基地内でB-52機墜落、民家300余戸に損害、住民4人が負傷
1970年5月30日	具志川市で下校中の女子高生が軍曹に襲われ、腹部、頭などめった刺しにされる（強姦未遂）
1970年9月18日	糸満町で米兵が主婦をひき殺した。米兵に無罪判決
1971年4月23日	22歳のホステスの全裸死体が墓地でみつかる。目撃者の証言で海兵隊伍長が逮捕（宜野湾市）
1971年5月1日	41歳の女性が海兵隊員にドライバーで刺殺される
1971年5月21日	女子中学生が米兵に強姦される（コザ市）
1971年5月23日	ホステスが出勤途中、米兵に空き家に連れ込まれ、強姦される（コザ市）
1971年7月10日	自宅前で遊んでいた12歳の知的障害児を3人の米兵が輪姦（宜野湾市）
1972年4月10日	25歳のホステスを陸軍軍曹が殺害、排水溝に投げ捨てる
1972年5月15日	沖縄、日本へ復帰
1972年8月4日	宜野湾市で37歳のホステスが二等兵によって強姦、絞殺される
1972年9月20日	キャンプ・ハンセンで軍雇用員男性が米兵に射殺される
1972年12月1日	コザ市で22歳のサウナ嬢を海兵隊二等兵が強姦、シミーズのひもで絞殺
1973年3月18日	コザ市でホステスが全裸絞殺死体で発見。第二兵站所属兵の血液型、指紋が現場のものと一致したが物的証拠なく迷宮入り
1973年4月12日	金武村のブルービーチで弾拾いをしていた女性が米軍戦車にひかれ死亡
1973年12月5日	西原村に米軍CH-46ヘリコプター墜落
1974年5月8日	叔父と農道を歩いていた17歳の少女が米少年兵3人に輪姦される（叔父が殴られて気絶している間の犯行）
1974年10月23日	名護市辺野古で女性が米兵に殺される
1975年4月19日	2人の女子中学生をキャンプ・ハンセンの二等兵が石で殴って気絶させ強姦
1978年5月18日	キャンプ・ハンセン（金武村）基地内にジェット機墜落
1981年2月5日	伊江村の民家の塀に米軍ヘリから発射した銃弾が命中
1982年8月1日	33歳のホステス、上等兵に絞殺される。強姦しようとしたところ抵抗され、殺害（名護市）
1983年2月23日	キャンプ・ハンセン内でタクシー運転手が米兵に殺害される

1985年1月16日	金武町の民家で男性が米兵に殺害される
1985年10月29日	40代女性が帰宅途中キャンプ・ハンセンの米兵2人に拉致、強姦される（金武町）
1987年10月27日	キャンプ・シュワブからの機関銃弾が国道走行中のタクシーに命中
1988年10月31日	北部訓練場で2機のヘリコプターが空中衝突、1機が墜落、米兵4人死亡
1988年	軽度知的障害の女性が米兵に拉致され、数日間基地内で数人の兵士に強姦され、基地の外に放り出された（沖縄市）
1989年1月31日	キャンプ瑞慶覧からジェット燃料が普天間川に流出
1992年10月20日	米軍CH-46ヘリコプター普天間基地内に墜落
1993年4月11日	金武町内で男性が米兵に殺される
1993年5月	19歳の女性が陸軍軍曹に拉致され、強姦される。被害者は告訴を取り下げた
1994年4月4日	F-15戦闘機が嘉手納弾薬庫地区内に墜落炎上
1994年4月6日	普天間所属CH-46Hヘリ、普天間基地内で不時着訓練中、墜落
1994年11月16日	キャンプ・シュワブ内でヘリコプターが墜落、米兵1人死亡重軽傷者4人
1995年5月10日	宜野湾市で24歳の女性、米兵にハンマーで顔を殴られて死亡
1995年9月4日	米兵3人が12歳の少女を拉致、暴行
1997年2月10日	1995-96年にかけて米軍が鳥島射爆場で劣化ウラン弾を使用していたことがわかる
1998年10月7日	北中城村で高校生がひき逃げされ1週間後に死亡
1999年4月19日	普天間のCH-53Eヘリ、北部訓練場内で墜落、米兵4人死亡
2000年7月3日	海兵隊員がアパートに侵入、女子中学生の体に触るなどわいせつ行為で逮捕される
2001年6月29日	飲食店から帰宅途中の女性、駐車場で嘉手納基地所属の軍曹に強姦される
2002年11月2日	海兵隊少佐が具志川市で、乗用車内で女性に暴行未遂
2003年5月25日	海兵隊上等兵が友人と飲食中の女性を外に連れ出し、殴って強姦致傷
2004年8月13日	普天間のCH-53Dヘリ、沖縄国際大学本館ビルに墜落、米兵1人重傷、負傷者2人
2004年8月22日	嘉手納基地の米軍属、女性の家に侵入、強姦
2005年7月3日	空軍2等軍曹が沖縄市で10歳の少女に強制わいせつ
2007年10月1日	22歳の飲食店従業員が、空軍大佐である母親と同居する21歳の男に強姦致傷を受ける
2008年2月10日	北谷町で海兵隊2等軍曹が車内で女子中学生を暴行

2008年2月18日	22歳のフィリピン人女性、陸軍兵士にホテルで強姦される
2009年11月7日	読谷村陸軍トリイ通信施設の2等軍曹が村在住の男性をひき逃げ、死亡させる
2010年8月4日	帰宅した女性が玄関に入ったところ、海兵隊員に襲われる（那覇市）
2011年1月12日	米軍属の男性が運転する乗用車が対向車線に進入、男子大学生が運転する軽自動車に正面衝突、大学生は死亡
2012年8月18日	キャンプ・バトラー所属の海兵隊伍長が歩行中の女性を背後から引き倒し、強制わいせつ行為を行い、けがをさせた
2012年10月16日	帰宅途中の女性を海兵兵2人が強姦致傷

出典：新城俊昭他監修・沖縄県平和祈念資料館編集『沖縄県平和祈念資料館総合案内』（沖縄高速印刷株式会社、2001年）132-133頁、144頁、高里鈴代『沖縄の女たち——女性の人権と基地・軍隊』（明石書店、1996年）237-246頁、石原昌家他編『オキナワを平和学する！』（法律文化社、2005年）10-11頁、「主な米兵による事件・事故」『沖縄タイムス』2012年10月16日、宮城晴美「沖縄からの報告——米軍基地の現状と米兵によるレイプ事件」『立命館言語文化研究』23巻2号、2011年10月、179-182頁

軍政下の沖縄

　これらの基地や軍隊に起因する犯罪・事故・事件そのものが到底許容できないものであるが、それに加えて沖縄住民を苦しめてきているのが、戦後沖縄を通じて敷かれた米軍に治外法権を認める制度の下で、犯罪の責任の所在が不明になったり被疑者が正しく裁かれなかったり、事件・事故の調査を日本当局が担えないことにある。

　米国上陸（1945年3月）と同時に沖縄に敷かれた軍政は1950年に廃止され、琉球住民による「琉球政府」を設立しながらも、米国政府代理機関である琉球列島米国民政府（USCAR）が実質的に全権を握っていた。行政の長である行政首席も裁判所の判事も米国民政府が任命し、議会にあたる立法院は選挙制を取ってはいたものの、採択した法案に対しては行政首席が拒否権を持っていた。1957年には米国防長官直轄の「琉球列島高等弁務官」が琉球統治の最高責任者となり、実質的な軍政は1972年の「復帰」まで続いた。軍政の批判、基地反対、土地闘争、復帰運動に関わる言論、集会、出版、日本本土との往来は厳しく制限され、沖縄の人々には日本本土が新憲法で得た新しい権利とは無縁の生活であった[58]。ジャーナリスト吉田健正（9章参照）はこう述べる。

　　米国防長官の下で、米国軍人（中将）が高等弁務官として行政首席や裁判官の任命、立法拒否権をもち、米国の軍人・軍属および政府職員とその家族には琉球政府の裁判

権が及ばなかったのである。「琉球（沖縄）」は、米国が治外法権をもつ軍事植民地にほかならなかった。[59]

この制度下では、犯罪が起きても犯人は逮捕されたのか、されてもどのような処分を受けたのか、裁判内容はどうだったのかということは沖縄の住民には知らされないことが多く、犯罪被害者は泣き寝入りするしかなかった。

軍政から「地位協定」下へ

1972年の日本への「返還」によって沖縄に日本国憲法が適用されることになったが、既述のように米軍基地は残り、日米安保条約やそれを補う日米地位協定も沖縄に適用されることになった。[60]

日米地位協定は、1952年に調印された日米行政協定が1960年新安保条約締結と同時に名称が変わったものである。日米行政協定は、1951年に調印されたサンフランシスコ講和条約と旧安保条約の直後に制定されており、占領後の基地の継続使用、米軍関係者の治外法権等を定めたものであった。元外交官の孫崎享が指摘するには、この米軍の特権を占領時から継続して認めさせる日米行政協定こそが安保条約や講和条約に勝る米国の本来の目的であった。当時の外務省の懸念にもかかわらず、米軍の駐留のあり方、という最も重要な部分を「国会での審議や批准を必要としない、政府どうしの合意だけで結べる行政協定によって結ぶ」ことを米国は要求した。戦中戦後の外務官僚寺崎太郎は、講和条約—安保条約—行政協定という派生の順番は実は逆で、「行政協定のための安保条約、安保条約のための平和条約でしかなかった」と理解していたというのだ。[61] 1951-52年の出来事は、米国が日本に主権を返すフリ（講和条約）をしながら主権を奪い続ける（行政協定）手続きであったのだ。20年後米軍政下から日本に「返って」きた沖縄を迎え入れたのは日本国憲法というより安保条約と地位協定のセットという、軍政時代と殆ど何も変わらない条件であった。

日米地位協定には、事故や火事の場合の基地内への地方自治体の立ち入りの権利の問題、租税上の優遇、基地返還の際の「原状復帰」の免責、などさまざまな問題が指摘されているが、特に、米軍関係者が犯す犯罪を裁く刑事裁判権において、被疑者が米国の手中にあるときは、日本が公訴するまでは米国が身柄を拘束できるとされていること、公務中に起こった事件事故については米側

に第一次裁判権が存するとされていることが問題になってきている。

「運用改善」──変わらぬ日米地位協定

　近年で日米地位協定問題が注目を浴びたのは、2011年1月の交通死亡事故であった。1月12日、基地から帰宅途中の米軍属の運転する車が対向車線から中央分離線を突っ切って、成人式で沖縄に帰省していた19歳(当時)の大学生、與儀功貴の運転する車に正面衝突、與儀は死亡した。那覇地検は、軍属は「公務中」だったとして、米軍人・軍属による「公務中」の犯罪は米側に第1次裁判権があるとの日米地位協定の規定により、不起訴とした。一方、米国では軍人は軍法会議で裁かれるが、軍属に関しては、平時に軍属を軍法会議にかけることを禁じる米最高裁判決により、2006年から2010年にかけて少なくとも62件、日米どちらの国でも裁判を受けない事例が生じていた。[62]
　この事件の容疑者も軍法会議にはかけられず、5年間の運転禁止処分となっただけであった。與儀の遺族と支援者たちは起訴に向けての運動を重ね、世論の盛り上がりもあって、2011年11月24日、日米政府は地位協定の「運用改善」を合意、米側が起訴せずに「好意的考慮」をすれば日本による起訴が可能となった。[63]容疑者の米軍属は自動車運転過失致死罪で在宅起訴され、一審、二審ともに禁錮1年6か月の実刑判決が言い渡された。[64]しかし米側に一次裁判権を認め、米軍の「好意」に頼るしかない運用改善だけでは、主導権は米軍にあり、根本的な解決には程遠い。
　しかもこの「運用改善」にも疑惑が指摘される。ジャーナリスト吉田敏浩によると、米軍は、1960年に前述の「平時に軍属を軍法会議にかけるのは憲法違反」という米最高裁判決が出てからは、軍属には公務証明書を発行しないことで事実上第一次裁判権を放棄していた。しかし2005年には米軍属の国外での裁判を可能とする「軍事域外管轄法」施行規則が制定され、2006年から公務証明書の発行が可能になり、米側が第一次裁判権を行使できるようになった。[65]つまり、1960年から2005年の45年間、事実上米軍属の公務中の事件の第一次裁判権は日本にあるにもかかわらず地位協定の改定自体を怠った上に、2011年の「運用改善」において敢えて第一次裁判権が米側にあることを確認し「不平等を固定化」[66]した疑いがある。

地位協定については2章で述べた米兵犯罪の裁判権放棄密約をはじめ、数々の「密約」も指摘されている[67]。民主党は2009年衆院選の政権公約で日米地位協定改定を提起すると述べておきながら何も着手しておらず、このような事件を受けても付け焼刃の、それも改悪の疑惑のある「運用改善」しかできていない。2011年、米軍関係者の自動車による過失致死傷は、全国で78件が「公務中」なので「第一次裁判権なし」として不起訴になった。沖縄県内では36件が同じ理由で不起訴となっている[68]。

性犯罪

　米軍上陸直後から始まった強姦、殺害、買春等、基地から派生する性暴力は「返還」前後を問わず多発した。1955年、6歳（当時）の女児が嘉手納高射砲隊所属の米兵に拉致、強姦された上惨殺された事件（「由美子ちゃん事件」）は沖縄の人々の記憶に深く残っている。多くの場合は性暴力の被害者を恥と見たり責めたりする社会の風潮や、警察やマスコミによる「セカンド・レイプ」をおそれて告発もしない、またはしても途中で取り下げる女性が多い。「基地・軍隊を許さない行動する女性たちの会」の調査では、復帰から2010年8月までに起こった強姦（未遂を含む）の検挙件数は130件、人数は147人である[69]。

　この会の共同代表の高里鈴代は、一般に基地問題を「スペース」の問題として捉えられていることを問題視する。基地は単なる土地ではなく、軍隊が伴うものであり、1人1人の軍人がどんな訓練を行い、訓練外ではどこで何をしているのか、そういう軍隊全体の問題として捉えなければ女性への人権侵害が見えなくなる[70]。高里たちは表面化しづらい女性への性犯罪を報道等から丁寧に拾い上げ、戦後から今日までわかっている例のリストを作成している（本章の戦後基地被害例の表で抜粋）。

　1995年の少女暴行事件後に基地の整理縮小、日米地位協定改定を要求する全県をあげての抗議運動が起こり、普天間基地返還を含むSACO（沖縄に関する特別行動委員会）合意につながった。この事件の残酷さに加えて被害者の12歳という年齢のゆえに衝撃が大きかった。しかし、高里たちが強調したのは、この事件が特殊なものなのではなく「今までずっと沖縄で起こったことがもう一つ起こったという」ことを踏まえ、被害者たちと共に前に歩み、性暴力問題

に本気で取り組む決意であった。[71]

　当時の大田昌秀知事は、地位協定の 17 条 5 項 C、米国の手中にある被疑者の拘禁は日本が起訴するまで米国が行うと定めている項目の見直しを要請した。9 月 4 日に事件が起きたが、犯人たちが基地内に逃げ込んだため米軍は引き渡しを拒否、9 月 29 日に起訴が成立するまで身柄引き渡しを拒否したことと、過去の強姦や強盗事件でも米軍当局が容疑者を逃がしたことも踏まえていた。そして 10 月、殺人及び強姦について「起訴前の拘禁の移転についてのいかなる要請に対しても好意的な考慮を払う」という合意がされた。[72] しかし「好意的配慮」はまだ決定権が米国にあるという意味であり、望まれる改善とは言いがたい。

　2001 年から 2008 年の米軍関係者による犯罪と日本一般との起訴率の罪名別の比較では、「強姦」「強制わいせつ」において、日本国内における一般の起訴率がそれぞれ 62％、58％であるのに比べ、米兵らの起訴率はそれぞれ 26％、11％、と、「強姦」は半分以下、「強制わいせつ」は 5 分の 1 以下という低さである。[73] 2011 年だけで見ると、国内の米軍関係者による犯罪（自動車による過失致死傷を除く）の起訴率は 13％という低さであった。強姦・強姦致死傷・強制わいせつ事件は神奈川で 3 件発生しているが全て不起訴となった。[74]

爆音＝「殺人音」

　戦闘機や軍用ヘリコプターの爆音は基地近辺住民に対して騒音性難聴、不眠、高血圧、心理的ストレスなどさまざまな心身の健康被害をもたらしている。それは一般の人に馴染みがあるような頭上を飛ぶ民間飛行機の音とは全く異なるものである。

　嘉手納基地の騒音被害者の 1 人は戦闘機の爆音を「殺人音」と呼ぶ。

　　戦闘機が通過する際は、音という概念よりも、なにか物理的な力が空気を切り裂いて周囲に衝撃をまき散らかしていくという感覚がより適切です。[75]

　石原昌家は沖縄国際大学の教え子たちと 2006 年、嘉手納基地の滑走路から 250 メートルという近さの嘉手納町屋良地区で爆音被害者の聞き取り調査をした。

２児の母親として 30 年近く殺人的爆音地獄の中で子育てをしてきた私のゼミナール１期生が、後輩たちの前で時には涙を流しながら語る爆音・悪臭のすさまじさと精神的肉体的被害の大きさに、私たちは言葉を失いました。彼女は、長女が６年生のときに起きた湾岸戦争の際、轟音をとどろかせて発進するジェット戦闘機の異常な飛行に、もはや逃げ場のない自分たちには死あるのみと思いつめ、同級生たちが色紙にお互いの遺言を記して、自分たちが生きていた証にしようとしていたことを後で知りました。深夜・早朝といわず終日襲いかかってくるすさまじい爆音・熱風・悪臭などのあまりのひどさに抵抗力を失い、諦めてしまっている住民の姿に接しました。[76]

　石原は、このような「精神的肉体的暴力」を受け続けた人々が抵抗力を失ってしまうほどの窮地に追い込まれることを嘉手納騒音の「激甚地区」である屋良地区（嘉手納町）・砂辺地区（北谷町）の住民の聞き取りで認識した。辺野古や高江の抵抗運動（4、7章参照）も、屋良・砂辺地区のような事態にならないようにたたかっているのだと捉える。[77]

　嘉手納空軍基地は、嘉手納町だけでなく周辺の市町村にも深刻な騒音被害をもたらしている。1982 年と 2000 年に、周辺住民は夜間・早朝の飛行差し止めを求める訴訟を起こしたが、第一次訴訟（判決時原告数 906 人）、5,540 人の原告を擁し「マンモス訴訟」と言われた第二次訴訟の高裁判決はともに、米軍機の飛行などは日本政府の支配が及ばない第三者（米軍）の行為だとして（「第三者行為論」）、差し止め請求を棄却した。日米両政府の基地負担「軽減」のためできる限りの努力をするという言葉にもかかわらず、深夜から早朝の 70 デシベル以上の騒音発生回数は増加し続けた。[78] 2011 年 4 月 28 日、嘉手納基地周辺 5 市町村の 2 万 2,058 人が原告となり、同基地の夜間・早朝の航空機離着陸の差し止めや騒音による身体的精神的被害に対する国家賠償を求める第 3 次嘉手納爆音差し止め訴訟を那覇地裁に起こした。この訴訟は日本司法史上最大の民事訴訟であり、実に嘉手納町の町民 3 人に 1 人、県民 63 人に 1 人が原告となった。『琉球新報』は、第三次訴訟を「現代の民衆蜂起」と呼んだ。[79]

　人口密集地にある普天間飛行場周辺の住民たちも、「静かな日々を返せ！」という要求と共に 2002 年「普天間基地爆音訴訟」を起こした[80]（原告は当初 200 人、翌年 404 人に増えた）。[81] 午後 7 時から午前 7 時までの飛行差し止めや損害賠償等を求め、一審、二審ともに騒音を違法認定（控訴審ではヘリコプター特有の低周波音と精神的被害との因果関係を初めて認定）、賠償は認められたが、飛行差し止め

請求は「第三者行為論」を用いて棄却された[82]。それでも 10 人の原告は飛行差し止めと騒音測定を求め上告したが、2010 年 8 月最高裁に棄却された[83]。2012 年 3 月 30 日、第 1 次訴訟の約 8 倍の 3,129 人の原告団が、夜間だけでなく日中も含めた騒音差し止めと賠償を求めて「第 2 次普天間爆音訴訟」を起こしている[84]。

2012 年 10 月現在、強行配備されたオスプレイの騒音、事故の危険性への懸念も高まる。ヘリモードでも固定翼モードでも、辺野古環境影響評価（7 章参照）における基準値を上回る低周波音が計測されている[85]。

沖縄の米軍基地は戦後ずっと、ときには住民から最後の抵抗力さえ奪ってしまうような暴力であり続けた。沖縄の一つ一つの抵抗運動の背景には、本章で述べたような 67 年間の夥しい基地被害の歴史が横たわっているのである。

【注】
1) 大田昌秀『こんな沖縄に誰がした 普天間移設問題──最善・最短の解決策』同時代社、2010 年、39 頁。
2) 同上、39-40 頁。講和前、沖縄の人々は有権者の 72％の署名を集めて吉田首相宛に日本復帰を要請していた。
3) 同上、102-104 頁。
4) 石原昌家「サンフランシスコ条約とヤスクニの下の沖縄」（2012 年 8 月 11 日豊島公会堂に於けるシンポジウム『2012 平和の灯を！ヤスクニの闇へ キャンドル行動──60 年目に考える サンフランシスコ条約体制とヤスクニの「復権」』における報告）
5) 石原昌家「持続する非暴力の抵抗」『琉球新報』2012 年 4 月 28 日。
6) 「対日講和発行 60 年 人権蹂躙を繰り返すな 許されぬ米軍長期駐留」『琉球新報』2012 年 4 月 28 日。
7) 日本共産党「沖縄の米軍基地問題を世界に訴えます」。<http://www.jcp.or.jp/seisaku/gaiko_anpo/2002117_okinawa_uttae.html>
8) 吉田健正「A Voice from Okinawa（18）〜普天間基地の起源──基地ではなく、周辺の学校や病院を撤去？〜」『メールマガジン オルタナ』（2011 年 1 月 20 日）。<http://www.alter-magazine.jp/backno/backno_85.html#08>Yoshio Shimoji, "Futenma: Tip of the Iceberg in Okinawa's Agony," *The Asia-Pacific Journal: Japan Focus* (October 24, 2011). http://www.japanfocus.org/-yoshio-shimoji/3622#. 屋良朝博『砂上の同盟──米軍再編が明かすウソ』沖縄タイムス社、2009 年、82-85 頁。宜野湾市基地政策部基地渉外課「普天間飛行場に関する経緯年表」<http://www.alter-magazine.jp/backno/backno_85.html#08>
9) Miyume Tanji, *Myth, Protest and Struggle in Okinawa* (Oxon, New York: Routledge,

2006）, 62-70; Jon Mitchell, "Beggars's Belief: The Farmers' Resistance Movement on Iejima Island, Okinawa," *The Asia-Pacific Journal: Japan Focus*(June 7, 2010), http://japanfocus.org/-Jon-Mitchell/3370., and Ahagon Shoko and Douglas Lummis, "I Lost My Only Son in the War: Prelude to the Okinawan Anti-Base Movement," (June 7, 2010), http://japanfocus.org/-Ahagon-Shoko/3369/.
10) テレビ朝日「報道ステーション」2010 年 5 月 20 日。
11) 日本共産党「沖縄の米軍基地問題を世界に訴えます」。
12) テレビ朝日「報道ステーション」2010 年 5 月 20 日。
13) Ota Masahide, "Governor Ota at the Supreme Court of Japan," in *Okinawa: Cold War Island*, ed. Chalmers Johnson (Cardiff: Japan Policy Research Institute, 1999), 208.
14) 琉球朝日放送「狙われた海──沖縄・大浦湾　幻の軍港計画 50 年」2009 年 10 月 4 日。
15) 新崎盛暉『沖縄現代史』新版、岩波書店、2005 年、20 頁。
16) 沖縄タイムス・琉球新報・共同通信合同企画「日本はどこへ　錯誤の 20 年　"普天間交渉" 第 5 回　海兵隊の源流」『47News』2011 年 6 月 29 日。<http://www.47news.jp/47topics/dokohe/5.html>
17) 沖縄県ホームページより。<http://www.pref.okinawa.jp/kititaisaku/1sho.pdf> 写真つきの詳細な基地案内書として、須田慎太郎・写真、矢部宏治・文、前泊博盛・監修『本土の人は知らないが、沖縄の人はみんな知ってること──沖縄米軍基地観光ガイド』（書籍情報社、2011 年）を参照。
18) 新崎『沖縄現代史』14 頁。
19) United States Congress House Committee on Armed Services, "Report of a Special Subcommittee of the Armed Services Committee, House of Representatives : Following an Inspection Tour, October 14 to November 23, 1955," CIS US congressional committee prints, H1531 (Washington, D.C.: Gov. Print. Off. ,1956).
20) Tanji, *Myth, Protest and Struggle in Okinawa*, 71.
21) 新崎『沖縄現代史』19 頁。
22) 「第 2 次琉大事件　歴史の影に目を向けたい」『琉球新報』2007 年 8 月 18 日。「【外交文書公開】琉大事件苦渋の処分　安里学長、大学存続で判断」『琉球新報』2011 年 2 月 19 日。
23) 以下に引用。Steve Rabson, " 'Secret' 1965 Memo Reveals Plans to Keep US Bases and Nuclear Weapons in Okinawa after Reversion." *The Asia-Pacific Journal: Japan Focus*（December 21, 2009）. http://japanfocus.org/-Steve-Rabson/3294.
24) Tim Weiner, *Legacy of Ashes: The History of the CIA*（New York: Doubleday, 2007）, 120.
25) （Record Number 79651）Memorandum of Conversation "U.S. Policy in the Ryukyu Islands," July 16, 1965, reproduced at U.S. National Archives. http://japanfocus.org/data/USJapan_record_no._79651.pdf, p.8.
26) Rabson, " 'Secret' 1965 Memo."
27) Weiner, *Legacy of Ashes*, 120-121.
28) 「古文書の記録 USCAR 時代 7　主席公選と西銘支援　米も関与し資金提供」『琉球新

報』2000年7月16日。
29) Tanji, *Myth, Protest and Struggle in Okinawa*, 101.
30) しかし、大田元知事は、「今でも、60から70％の沖縄県民は化学兵器も核兵器も沖縄にまだあると信じている」と述べた。Ota Masahid and Satoko Norimatsu, "'The World Is Beginning. to Know Okinawa': Ota Masahide Reflects on His Life from the Battle of Okinawa to the Struggle for Okinawa." *The Asia-Pacific Journal: Japan Focus*（September 20, 2010）. http://japanfocus.org/-Norimatsu-Satoko/3415. また、次も参照、Jon Mitchell, "Us Military Defoliants on Okinawa: Agent Orange," *The Asia-Pacific Journal: Japan Focus*(September 12, 2011), http://japanfocus.org/-Jon-Mitchell/3601.
31) Jon Mitchell, "US Military Defoliants on Okinawa: Agent Orange." *The Asia-Pacific Journal: Japan Focus*（September 12, 2011） http://japanfocus.org/-Jon-Mitchell/3601. 日本語訳は、「ジョン・ミッチェルの枯葉剤論文 Japan Focus ID 3601」『Project Disagree 合意してないプロジェクト』。<http://www.projectdisagree.org/2011/12/japan-focus-id-3601.html>
32) 同上。
33) 「『枯れ葉剤　沖縄に520万リットル』　貯蔵認める初の米軍文書　ベトナムから72年まで」『沖縄タイムス』2012年8月8日。Jon Mitchell, "Agent Orange on Okinawa - The Smoking Gun: U.S. army report, photographs show 25,000 barrels on island in early '70s," *The Asia-Pacific Journal: Japan Focus*（October 1, 2012）http://www.japanfocus.org/-Jon-Mitchell/3838. 米陸軍の報告書は、Chemical Materials Agency, United States Department of the Army, *An Ecological Assessment of Johnston Atoll*（2003）. "In 1972, the US Air Force brought about 25,000 55-gallon drums of the chemical, Herbicide Orange (HO) to Johnston Island that originated from Vietnam and was stored on Okinawa."
34) 平安名純代「元米高官証言『沖縄で枯れ葉剤散布』」『沖縄タイムス』2011年9月6日。Jon Mitchell, "Agent Orange Revelations Raise Futenma Stakes," *Japan Times*, October 18, 2011.
35) Mitchell, "US Military Defoliants on Okinawa."
36) Jon Mitchell, "Agent Orange at Okinawa's Futenma Base in 1980s," *The Asia-Pacific Journal: Japan Focus*（June 18, 2012）http://www.japanfocus.org/-Jon-Mitchell/3773.
37) 「佐藤栄作総理大臣とリチャード・M・ニクソン大統領との間の共同声明」（昭和44［1969］年11月21日）。"Joint Statement by President Nixon and Prime Minister Eisaku Sato," (Washington, D.C., November 21, 1969).
38) 新崎『沖縄現代史』30頁。
39) 石原昌家「自衛隊に対する意識の変化」沖縄地域科学研究所編『沖縄の県民像──ウチナンチュとは何か』ひるぎ社、1985年、194-197頁。
40) 「1972年（昭和47年）沖縄県内十大ニュース」『琉球新報』1972年12月9日。
41) 佐藤栄作とリチャード・ニクソン「1969年11月21日発表のニクソン大統領と佐藤首相の共同声明への合意議事録」。Eisaku Sato and Richard Nixon, "Agreed Minute to Joint Communique of United States President Nixon and Japanese Prime Minister Sato

Issued on November 21, 1969" (Washington, D.C.November 19,1969).
42) 若泉敬『他策ナカリシヲ信ゼムト欲ス』文藝春秋、1994 年（新装版：文藝春秋、2009年）577-578 頁。
43) NHK 総合テレビ『密使 若泉敬 返還の代償』NHK スペシャル、2010 年 6 月 19 日放送。
44) 福地曠昭「沖縄の『日本復帰』 県民が怒った『五・一五沖縄処分』」『週刊金曜日』2006 年 5 月 12 日、32 頁。
45) 大矢雅弘「本土はいつまで沖縄を『捨て石』にするのか」WEBRONZA 2012 月 5 月 14 日。<http://astand.asahi.com/magazine/wrnational/2012050900005.html>
46) 「日本復帰前年の沖縄」『沖縄県公文書館』<http://www.archives.pref.okinawa.jp/publication/2008/04/post-4.html>
47) 「琉球諸島及び大東諸島に関する日本国とアメリカ合衆国との間の協定」1971 年 6 月 17 日。"Agreement between Japan and the United States of America Concerning the Ryukyu Islands and the Daito Islands," June 17, 1971. 平良亀之助「届かなかった建議書 沖縄不在の『復帰』に、異を唱えた屋良朝苗」『週刊金曜日』2011 年 7 月 15 日。平良は琉球政府の復帰対策室の職員であった。
48) 新崎『沖縄現代史』34 頁。
49) 「沖縄施政権返還 40 周年 いまだ『復帰』なし得ず」『東京新聞』2012 年 5 月 15 日。
50) 福地「沖縄の日本『復帰』」33 頁。
51) 小熊英二「（私の視点）沖縄の戦後体制 既得権にあぐらかく米軍」『朝日新聞』2010 年 12 月 16 日。
52) 「2012 年 10 月 1 日、沖縄に新たな『屈辱の日』が加わった。『不退転の決意』を固める──オスプレイ強行配備に対する抗議文」『Peace Philosophy Centre』2012 年 10 月 13 日。<http://peacephilosophy.blogspot.ca/2012/10/blog-post.html>
53) ハーフセンチュリー宮森「宮森小学校ジェット機墜落事件のあらまし」同『6 月の空』なんよう文庫、2010 年。
54) 石原昌家「沖縄国際大学構内米軍ヘリ墜落事件」石原昌家他編『オキナワを平和学する！』序章、法律文化社、2005 年、4-8 頁。
55) 参考：沖縄県議会「嘉手納飛行場における米軍のパラシュート降下訓練中止及び日米地位協定改定に関する意見書」2011 年 6 月 29 日。<http://www.pref.okinawa.jp/site/gikai/documents/kadenai.pdf>
56) 「復帰前 米犯罪年 1000 件 外務省文書公開」『琉球新報』2011 年 12 月 23 日と、沖縄県「IV 演習・訓練及び事件・事故の状況」『沖縄の米軍及び自衛隊基地（統計資料集）』2012 年 3 月。<http://www.pref.okinawa.jp/site/chijiko/kichitai/toukeisiryousyu2403.html>109 頁のデータをもとに計算。
57) 以上統計は以下を参考にしている。沖縄県「IV 演習・訓練及び事件・事故の状況」『沖縄の米軍及び自衛隊基地（統計資料集）』2012 年 3 月。<http://www.pref.okinawa.jp/site/chijiko/kichitai/toukeisiryousyu2403.html>
58) 吉田健正『戦争はペテンだ──バトラー将軍にみる沖縄と日米地位協定』七つ森書館、2005 年、101-112 頁。

59) 同上、108-109 頁。
60) 「日本国とアメリカ合衆国との間の相互協力及び安全保障条約第6条に基づく施設及び区域並びに日本国における合衆国軍隊の地位に関する協定」(日米地位協定)。<http://www.mofa.go.jp/mofaj/area/usa/sfa/kyoutei/index.html>
61) 孫崎享『戦後史の正体 1945-2012』創元社、2012年、116-119頁。
62) 「日本の裁判権行使に考慮　米側、軍属『公務中』犯罪で　『被害者死亡』などに限定」『しんぶん赤旗』2011年11月25日。
63) 外務省「日米地位協定における軍属に対する裁判権の行使に関する運用についての新たな枠組みの合意」平成23（2011）年11月24日。<http://www.mofa.go.jp/mofaj/area/usa/sfa/gunzoku_1111.html>
64) 「事故の米軍属に二審も実刑判決　地位協定見直し初適用」『日本経済新聞』2012年9月20日。
65) 吉田敏浩「日米地位協定　運用見直しの大ウソ——事実上行使してきた裁判権を手放した！」『サンデー毎日』2012年1月1・8日合併号、143-144頁。
66) 同上143頁に引用された共産党の井上哲士参院議員の言葉。
67) 吉田敏浩『密約　日米地位協定と米兵犯罪』毎日新聞社、2010年。
68) 「米軍関係者の起訴13%　性犯罪全て不起訴」『琉球新報』2012年8月23日。
69) 宮城晴美「沖縄からの報告——米軍基地の現状と米兵によるレイプ事件」『立命館言語文化研究』23巻2号、2011年10月、180頁。
70) 高里鈴代『沖縄の女たち——女性の人権と基地・軍隊』明石書店、1996年、19-21頁。
71) 同上、25頁。
72) 外務省「日米地位協定第17条5（c）及び、刑事裁判手続に係る日米合同委員会合意」。<http://www.mofa.go.jp/mofaj/area/usa/sfa/rem_keiji_01.html>
73) 布施祐仁『日米密約——裁かれない米兵犯罪』岩波書店、2010年、17頁。
74) 「米軍関係者の起訴13%　性犯罪全て不起訴」『琉球新報』2012年8月23日。
75) 「[嘉手納爆音訴訟]「違法状態」放置するな」『沖縄タイムス』2011年10月21日。
76) 立命館大学国際平和ミュージアム監修・石原昌家編『オキナワ——沖縄戦と米軍基地から平和を考える』岩波書店、2006年、107頁。
77) 石原昌家氏、2012年10月16日の著者（乗松聡子）へのメールにて。
78) WHOの「環境騒音のガイドライン」によると、屋外が60デシベル以上、屋内でも45デシベル以上で睡眠妨害が起こるとしている。「普天間警報音　70デシベル　特異音で圧迫感」『琉球新報』2012年5月12日。
79) 嘉手納爆音訴訟の記述は以下の記事を参照している。「国内最大　原告2万超　嘉手納爆音　3次訴訟　2次の4倍」『琉球新報』2011年1月1日。「原告2万超　現代の民衆蜂起だ　飛行差し止めに踏み込め」『琉球新報』2011年1月3日。「嘉手納爆音訴訟　原告2万2058人　第3次訴訟きょう提訴」『琉球新報』2011年4月28日。「嘉手納訴訟　国の言い逃れ許されぬ」『琉球新報』2011年4月28日。「嘉手納爆音訴訟　静かな空求め提訴　原告2万2058人」『琉球新報』2011年4月29日。「騒音　激化の一途　基地の苦情、過去最多189件」『琉球新報』2011年6月12日。

80）「原告『静かな生活返せ』普天間爆音訴訟の第1回口頭弁論」『琉球新報』2003年2月20日、「普天間爆音訴訟とは…」『普天間爆音訴訟団』。< http://bakuon.xxxxxxxx.jp/menu1.html>
81）「新たに204人提訴、請求6億円に／普天間爆音訴訟」『琉球新報』 2003年4月15日。
82）「低周波被害を初認定　普天間爆音控訴審　飛行差し止め棄却　賠償2.5倍　原告上告へ『世界一危険』と言及」『沖縄タイムス』 2010年7月30日。
83）「国上告せず　賠償確定　普天間爆音訴訟　原告10人除く」『沖縄タイムス』2010年8月13日、「普天間爆音訴訟、上告を棄却　最高裁」『沖縄タイムス』2011年10月14日。
84）「普天間爆音訴訟『第2次』提訴　原告住民3129人」『琉球新報』2012年3月31日。
85）「『固定翼』でも基準値超　オスプレイ低周波音測定」『琉球新報』2012年10月12日。

第4章

辺野古
──望まれぬ基地──

　1995年9月4日、3人の米国軍人が道を歩いていた12歳の少女を誘拐、人気のない浜辺まで行ってから、暴行した。これは1955年に起きた6歳の少女の暴行惨殺事件「由美子ちゃん事件」を思い起こさせ、復帰後検挙数だけでも5,000件近く起きていた米兵犯罪（多くの性犯罪は届け出さえない）という背景もあって、沖縄全土が怒りで爆発した。10月21日には宜野湾市で「米軍人による少女乱暴事件を糾弾し日米地位協定の見直しを要求する沖縄県民総決起大会」が開かれ、大田昌秀沖縄県知事をはじめ、県内外から復帰後最大規模の約8万5,000人もの市民が参加した。その後、太平洋米軍司令官のリチャード・C・マッキー提督の心ない発言（「レンタカーの料金で女が買えたのに」）で怒りはさらに燃え上がった。この事件への沖縄の人々の怒りと抗議は、沖縄史の新たな章の始まりとなった。

　しかしこれに対して日米両政府が採った対策は、事件の適正な処理や米軍凶悪犯罪防止策ではなく、両政府にとっての危機の回避策であった。つまり、犯罪の脅威を生み出す基地の撤去ではなく、基地という脅威自体の維持・延命策であった。

　事件から2か月後の1995年11月、日本政府は米国政府との間で『沖縄に関する特別行動委員会（SACO）』を設置し、1年にわたって、「日米安保条約の目的達成との調和を図りつつ、沖縄における米軍施設・区域の整理、統合、縮小や、訓練、騒音、安全等の米軍の活動に関連する諸問題について」一連の二国間協議を行った。1996年12月2日、両国政府はSACO最終報告を発表した。

　SACO最終報告は、計11施設（約5,000ヘクタール）の全面または一部返還

を謳っていたが、その最大の目玉は普天間基地（481ヘクタール）の全面返還であった。だが、それには重要な条件があった。「普天間飛行場の重要な軍事的機能及び能力を維持」するために、「普天間に替わる海上施設の建設を追求し」「岩国飛行場に12機のKC-130航空機を移駐」し、嘉手納飛行場の追加的な整備を行うとした。普天間の返還は、「十分な代替施設が完成し運用可能に」なることが絶対条件だった。報告書は、「今後5乃至7年以内」に返還と楽観的な見通しを立てていた。普天間返還に加え、SACO最終報告は、沖縄島北部にある北部訓練場（キャンプ・ゴンザルベス）の半分以上をこれも条件づきで（返還予定地にあるヘリコプター着陸帯を残余の同訓練場内に移設）返還するとしていた（7章で詳述）[6]。

　このように、「完成し運用可能」な「十分な代替施設」を普天間返還の交換条件にした1996年SACO合意は、「沖縄問題」の現局面、とりわけ「普天間代替施設」（FRF）の候補地にされた名護市の長い、今日まで続く苦悩の始まりだったのである。

　普天間代替基地建設地はその後、辺野古の沖合へと絞り込まれたが、そこはベトナム戦争の最盛期に、大規模な海軍と海兵隊の施設建設計画があったと、1966年の米国海軍「マスタープラン」に記されている（後述）。細部は何度も変更されたものの、辺野古に大規模な新基地を造る案は46年前に遡るのだ。

　1996年以来この辺野古案は拒否され続けてきたが、それは、既に過度の負担を強いられている沖縄での新基地建設は正義と公正さにもとるとして、市民の怒りを買ってきたからである。普天間代替施設案は、当初は一時的な海上ヘリポートであったのが、沖縄県民が拒否すればするほど、さらに大規模な案に膨らんで戻ってきた。

　以下、普天間代替施設案の変遷を、元知事で沖縄史研究者でもある大田昌秀による調査に一部依拠しながら、市民の抵抗の歴史とともに概観する。

1　辺野古新基地案の展開

辺野古案 1（1966-1969 年）──占領下の大浦湾軍港計画

　普天間基地「移設」先として1996年から議論されている辺野古新基地案は、米軍占領下の1960年代に生まれていた。1972年の返還前は日本国憲法も日米安保条約も沖縄には適用されなかったので、米軍は何の制限もなく基地を運用できた。朝鮮戦争もベトナム戦争も沖縄の基地から、米国領土同様に遂行することができ、核兵器や化学兵器を基地に持ち込むことができた。米軍としては、復帰にともない日本国憲法や安保条約が適用され、もう勝手放題の基地運営ができなくなるとの危機意識が高まり、人口の集中した中南部の基地を北部（辺野古・大浦湾）に移すことを検討した。軍用1号線（今の国道58号線）で那覇軍港から北部演習地帯に戦車や大砲を運べば戦争体験を持つ地元住民が立ちはだかるが、復帰して沖縄に憲法が適用されて沖縄の人々に人権が生じたらもっと邪魔が増えるであろうと見た。普天間基地の戦闘部隊は、普天間では民間地域に近くて爆弾を積めないから嘉手納に行って積んでいるが、辺野古なら海からも陸からも爆弾が積めて都合がよくなる[7]。

　1966年1月、大浦湾と久志湾の間の辺野古のサンゴ礁地域に「全天候型ジェット飛行場」を造る『海兵隊基地航空施設総合開発計画』が作られた。図4.1にある設計図が、海軍から受託したゼネコンによって作られた『琉球列島沖縄　海軍施設基本計画』である（1966年9月発表）。大浦湾案は飛行場、弾薬貯蔵エリアに加え、巨大な桟橋を持つ軍港計画を含んでいた。水深が30メートルと深く、那覇軍港には接岸できない航空母艦も停泊できるのが魅力であった。だが、当時沖縄は米軍統治下にあったので、大規模な建設計画は現在のように日本政府に負担させることはできず、完全に米国の費用負担でやらなければいけない。しかしベトナム戦争の巨額な戦費とドル安のため同計画は延期され、1969年のベトナムからの撤退表明とともにその計画の緊急性は薄れていった[8]。米国は替わりに、全基地を保持した上で沖縄を返還する、つまり「返しながらも返さない」からくりに労力を注いだ[9]。

第4章 辺野古　103

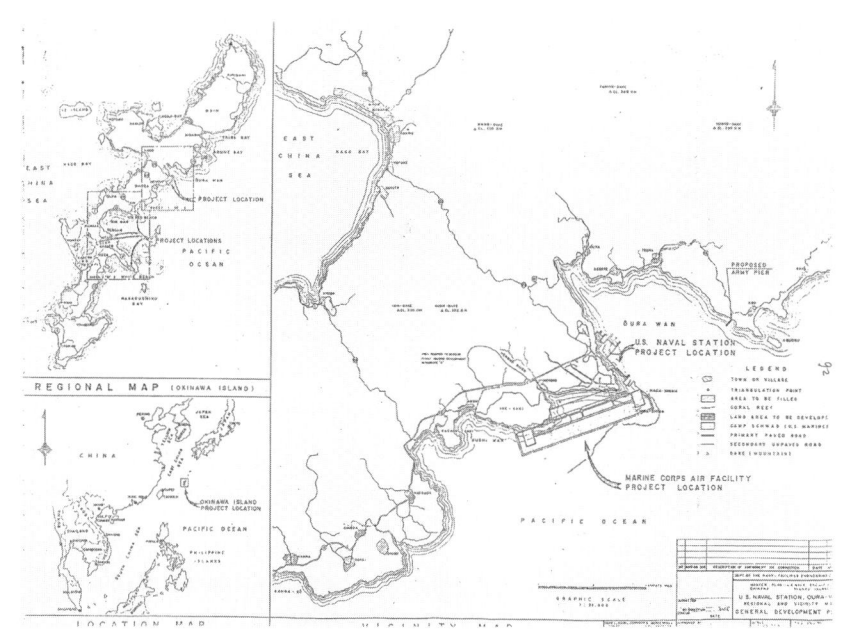

図 4.1　1966 年時点での米国の辺野古・大浦湾における海軍軍港建設計画。『琉球列島沖縄　海軍施設基本計画（Master Plan of Navy Facilities Okinawa Ryukyu Islands)』（沖縄県公文書館）

辺野古案２（1996-1997 年）——普天間代替「ヘリポート」から、大規模複合軍施設へ

　最初の米国案から 30 年後、そして時には大浦湾のじゃまなサンゴ礁を爆破して除去しようとしつつ、再び辺野古岬が注目された。2 章で述べた 1995 年ナイ報告は、冷戦後の米国戦略の中で日韓に 10 万人の兵力を保持するための基地再編を促すものであり、この戦略の中で沖縄は中心的役割を担わされていた。その役割が具体的に何なのかがわかる前に 1995 年の少女暴行事件が起こった。

　事件直後は、沖縄諸島を席巻した激しい怒りに直面して、日米は米軍の大幅縮減を強いられるかに見えたが、憤りは封じ込められた。1995 年 11 月に設置された SACO は、沖縄の怒りをなだめると同時に、沖縄の米軍基地機能を維持強化するという使命を負っており、普天間返還と引き換えに県内の「代替施設」建設を要求した。SACO 協議の初期には、「ヘリポート」という言葉から、

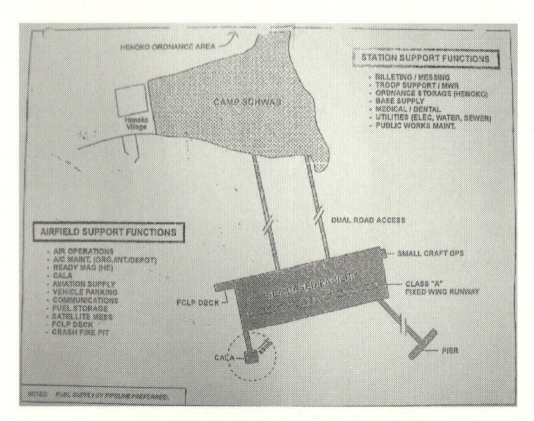

図4.2 1997年の国防総省による「海上施設」計画。『日本国沖縄における普天間海兵隊航空基地の移設のための国防総省の運用条件及び運用構想 最終版（DoD Operational Requirement and Concept of Operations for MCAS Futenma Relocation, Okinawa, Japan, Final Draft)』（大田平和総合研究所）

代替施設はヘリコプターが離着陸できる程度小規模基地だと考えた関係者もいた。ある日本側関係者は周囲45メートル程度のものを考えていた[11]。しかし、SACO最終報告では、1,300メートルの滑走路を持つ全長1,500メートルの海上施設を、杭式桟橋方式（浮体工法）、箱（ポンツーン）方式、または半潜水（セミサブ）方式で沖縄本島の東海岸沖に建設するものとし、「桟橋又はコーズウェイ（連絡路）」により陸地と接続し、「その必要性が失われたときには」撤去可能な施設の建設を提案していた[12]。

1997年、国防総省は代替地をキャンプ・シュワブ・エリアつまり辺野古崎と決定した。この「海上施設」案は結局30年前の米軍計画に戻ったものだったが、計画が沖縄の負担を増やすのではなく軽減するものとして提出されたので、誰もその事実を指摘しなかった。

辺野古のある名護市の市民は、1997年12月に市民投票を行い、政府からの圧力と干渉にもかかわらず基地反対票が投票総数の53％を占めた[13]（6章及び、9章の宮城康博の部参照）。日本政府はすぐに撤去される一時的な施設だと言ったが、それが嘘であることは運用年数40年、耐用年数200年とした1997年米国防総省報告が物語っていた[14]。米会計検査院は、1998年時点で建設費用を24億から49億ドルと見積もっていた。加えて、維持費として年間2億ドル（40年で80億ドル）必要だったが、米政府は日本が支払うものと考えていた[15]。

当時の大田昌秀知事は、次第に、その案は関西国際空港に匹敵する規模の恒久的軍事施設を大浦湾に作るものだと認識するようになった。図面には「桟橋[16]

や「戦闘機装弾場」があることから、「飛行場、港湾、装弾場の機能を兼ね備えた一大複合施設という60年代の計画が、踏襲もしくは再現されているとしか思えない」計画であった[17]。

辺野古案3（2002年）——沖合軍民共用空港案

1998年11月知事選で現職大田は敗北し、保守の稲嶺恵一が当選、辺野古基地建設受容へと流れが変わった。稲嶺は軍民共用で15年の使用期限という条件が、「沖縄県民が許容できる限界」だと主張した[18]。新知事は1999年11月、辺野古沿岸移設最適と決定、名護市長に受け入れを要請し、政府は10年で1,000億円の北部振興予算を提示した。名護市議会は1999年12月23日、徹夜の審議のあと、「普天間飛行場の名護市辺野古沿岸域への移設促進決議」を可決した。岸本建男市長は、安全性の確保や自然環境への配慮等、7条件が満たされなければ移設は容認できない、と市民に約束した[19]。2000年4月から協議を重ねてきた国、県、名護・東・宜野座三市村から成る「代替施設協議会」は2002年7月、辺野古沖2キロの埋立地に2,000メートルの滑走路を持つ全長2,500メートルの施設を建設する「基本計画」に合意したが[20]、それは1966年の案への逆戻りのように見えた（図4.1を参照）。15年使用期限という条件は厳しく、軍事的観点からペンタゴンが受け入れられるようなものではなかった（しかし一方で、やはり軍事的観点から移設基地は沖縄県内である必要もなかったのである。2009年に琉球新報が入手した1998年3月の日米非公式会議の記録によると、米側は沖縄県以外の日本国内の地域への移設を認めている。地理的優位性や軍事的理由を挙げて日本国内の別の場所への移設を渋る日本政府に対し、本当の理由は本土に移設できない政治的理由のはずであり、米側運用の都合のせいにするな、と牽制している）[21]。

また、これらの案は根強い地元市民による反対運動のため実現することは難しかった。2004年4月19日になって初めて、那覇防衛施設局（防衛施設庁の沖縄支局）は現地ボーリング調査にとりかかった。作業が始まると、反対派はダンプカーを通らせないために座り込みをして人間バリケードを作った。防衛施設局が夜間作業に切り替えると、反対派は24時間体制で監視を始めた。「辺野古のたたかい」が始まった[22]。

こうした抵抗が5か月間続いた後、防衛施設局側は、正面突破は無理だと判

写真 4.1　2004 年 11 月、沖縄防衛施設局の作業を非暴力で阻止しようとするカヌー隊の沖縄住民たち（撮影　豊里友行）

図 4.3　2005 年 10 月、辺野古岬（キャンプ・シュワブ）のL字案。日米安全保障協議会『中間報告』（外務省 HP http://www.mofa.go.jp/mofaj/area/usa/hosho/pdfs/gainenzu.pdf）

断し、キャンプ・シュワブ内を通り、チャーターした辺野古漁民の漁船に機材を積んで作業現場の沖へ出た。（漁民へは、施設局から多額のチャーター代が支払われた。）これをもって、たたかいは陸から海へと移った。掘削用の足場となるやぐらの建設を阻止しようと、基地反対派は作業開始一時間前にカヌーで現場沖に行き、ブイ周辺を取り囲んだ。やぐらは四つ建てられてしまったが、作業を阻止するためにやぐらに体をくくりつける者もいたし、突き落とされ負傷した人もいた。2004 年 11 月には近隣の漁船約 20 隻が応援に駆けつけ、掘削作業はできなくなった。漁船やカヌーで沖へ出た反対派は朝の 4 時から夕刻の 5 時まで足場やぐらに張り付いた。2005 年 4 月からは作業は夜間にも及び、24 時間体制、2 交代で 50 日間やぐらについた。

　防衛施設局と市民たちとのたたかいが続くにつれ、小泉首相は反対派の力を認めざるを得なかった。2005 年 5 月 16 日、小泉は衆院予算委員会でこう述べた。

　　座り込みしている人の強い阻止の決意、ご苦労はよく理解しているつもりだ……地

元とも話し合いをして、協調できる解決法がないものか真剣に考えている[23]。

同年10月小泉は、政府は（当初の）「（基地の）返還が多くの反対運動があって実現できなかった」と認めた[24]。政府は沖合の飛行場建設を断念したのだ。その時点で、海上での抗議行動に参加した1万人を含めて、この抗議運動に参加したのは6万人に上っていた。それは市民の抵抗が国家権力に対して成功を収めたという、稀に見る出来事であった。

辺野古案4（2005年）──在日米軍再編：再び頭越しに

しかし前案が撤回されるや否や、2005年の10月末に発表された「日米同盟：未来のための変革と再編」で別の案が発表された[25]。今回は「普天間代替施設」というよりも、折から計画されていた「米軍再編」の一環として提示された。この案は、前案のような沖合の埋め立てではなく、キャンプ・シュワブ海兵隊基地にまたがるようにL字型に埋め立て、1,800メートルの滑走路を作るというものであった。またしても、その案は1966年の大浦軍港案とよく似ていた。

今回は、それまで海上基地を条件付きで支持していた名護市長と沖縄県知事でさえも、住宅地から700メートルしか離れていないとして反対した。さらに、合意への交渉が地元沖縄の頭越しで行われ、1999年12月に稲嶺知事が辺野古沖案受け入れの条件とした「軍民共用」や「15年使用期限」なども考慮されなかった[26]。

辺野古案5（2006年-）──「ロードマップ」V字案

一年後基地建設案は、額賀福志郎防衛庁長官と島袋吉和名護市長の会談を経て再度修正され、2006年5月1日付の日米安全保障協議委員会（「2＋2」）による「再編実施のための日米ロードマップ」に盛り込まれる。この合意によると、「普天間代替施設」は2014年までに完成する予定で[27]、それは図4.4にあるように、キャンプ・シュワブ米軍基地から大浦湾へと伸びるV字型の2本の1,800メートルの滑走路を持つ陸上施設になる、ということになっていた。変更の理由は、騒音緩和のために住宅地上空の飛行を避けるよう、離陸用と着陸用に角度の違う滑走路を造るというものだったが、多くの人には納得できない理由づけだっ

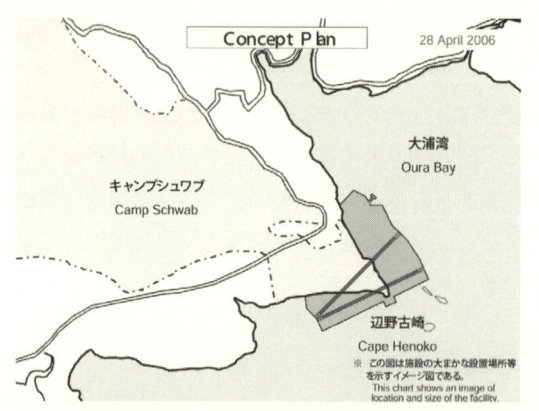

図4.4 2006年5月「ロードマップ」合意におけるV字案。『再編実施のための日米のロードマップ』コンセプト・プラン（外務省 HP　http://www.mofa.go.jp/mofaj/kaidan/g_aso/ubl_06/pdfs/2plus2_map_gai.pdf）

た。

2005年と2006年の合意のキーワードは共に「相互運用性」であった。日本は、辺野古の新基地建設費用として24億ドルから49億ドル、或いはそれ以上を払い、建設に10年以上（本章で先に触れた米会計検査院報告を参照）かけるのみならず、グアムの海兵隊施設の追加建設費用として60.9億ドルを拠出することになった。

この2006年の辺野古案は、現存する海兵隊キャンプ・シュワブ基地に隣接する大浦湾の海の埋め立てを要する。それは、ハイテクを駆使した航空、陸上、海上の総合基地であり、旧式な上不便で危険な普天間基地よりはるかに大規模で多様な機能を備えることになっていた。普天間基地のトーマス・キング副司令官は、新基地は普天間の代替施設ではなく、現在の普天間の軍事力を20％強化した基地を作ることだと言った。2006年合意は、1960年安保条約第6条のもとで「日本と極東の防衛」に限定されていた日米同盟をグローバルな対テロ戦争（GWOT）の一構成要素へと変質させたが、その過程で国民レベルや国会での議論や検証はほとんどなく、憲法9条の制約は二の次にしながら、日米同盟をグローバルな軍事同盟の中に組み込んだのである。

日米両国政府にとってキャンプ・シュワブ沿岸部埋め立て案は、沖合の基地案に比べ、軍事基地指定で立ち入り禁止なので、反対派が阻止行動をやりにくいという長所がある。一方、沖縄県内の基地建設賛成派にとっては、沿岸からなるべく離れ、沖合に造る基地が好ましい。表向きは住宅地上空の騒音軽減という理由だが、実際には沖縄の建設業、特に砂利組合が潤うからであった。砂利組合にとって沖合に出れば出るほど深くなって多くの砂利が必要になる。仲井眞現知事、稲嶺前知事、島袋前名護市長などは全部この砂利組合が支えて当

選させてきた、と大田昌秀は言う。[29]

2006年合意は日本本土ではほとんど問題にされなかったが、沖縄では、自民党政権の使った説得、威嚇、分断、買収というありとあらゆる手段をはねのけながらの抵抗が続いた。2007年には、「ロードマップ」のV字型滑走路建設計画実施に向けての環境影響評価が始まったが、政府はいきなり違法の事前調査を行い（7章に詳述）、5月には海上自衛隊の掃海母艦「ぶんご」を出動させ、市民運動の威嚇弾圧を加速させた。辺野古では今でも長い政治的抵抗運動が続いている。2012年7月には座り込み日数は3,000日を超えた。

小泉内閣後の自民党内閣も一貫して米国に協力的態度を取り、アーミテージらワシントン・インサイダーたちは満足していたが、合意された普天間代替施設(FRF)問題の進展は遅かった。自民党の威信がどんどん下がる中で、リチャード・ローレス元国防副長官（ロードマップ作成交渉の米政府代表）は2008年5月、『朝日新聞』に、日米同盟／再編計画は漂流していると語った。

> 今日本に本当に必要なのはトップダウン型リーダーシップ、つまり「これまでの合意を予定通り遂行することに再度全力を挙げよう、再編合意の予算化を国家的優先課題にしよう」と言える指導者です。……日本は、意思決定、配備、統合、日米同盟運用においてそのマイペースのテンポを変えなければいけない。[30]

グアム協定はこの「トップダウン」方式の体現だった。

2　グアム協定

2009年2月にヒラリー・クリントン国務長官と中曽根弘文外務大臣が署名し、その後（日本側のみ）2009年5月の特別立法で条約として承認された「在沖縄海兵隊のグアム移転に係る協定」[31]は、政権を取ると予想された民主党政権を縛るための正式合意を、凋落著しい麻生自民党政権から搾り出すために、オバマ政権発足直後の米国が使った手口であった。が、実際にはその前、2008年末には暫定合意がまとめられていたことがわかっている。『ウィキリークス』が公開した、2008年12月19日の在日米国大使館首席公使ジェームズ・ズムワルトの公電（08TOKYO03457）によると、東京の米国大使館はワシントンへ、日本政府は2006年の「ロードマップ」合意を条約として承認し強化する用意

がある、つまり「合意を履行するよう現内閣や将来の内閣が法的に義務づけられた」、「日本側については国会承認を必要とする条約に準じる協定」まで引き上げる、そしてそれは「2006年5月1日の日米安全保障協議委員会（SCC）で合意された米軍再編パッケージの一部としてのグアム移転にむけた、複数年度にわたる財政支出を国会で承認を得るため」であると報告している。[32]

グアム協定の内容はすでに2005年から2006年までに合意されており、この協定がそれまでの合意と異なる点は、その内容ではなく、「条約」という形式だった。そして、それは片方（日本政府）だけを法的に縛る「不平等条約」であった。実際、米国は、「協定は米国政府による行政協定であり、米上院による批准承認の要件は求められないとの立場を明らかにした」と、上記公電にある。野党民主党が普天間県外・国外移設の立場にあることを熟知していた米国側は、[33] 自民党が衆議院での3分の2の議席をまだ保持しているうちに、従順な麻生政権に圧力をかけてグアム協定を条約形式で批准させ、政権を奪取するであろう民主党の手を縛っておこうとしたのである。グアム協定調印のために来日したクリントン国務長官は東京で、「今日私が中曽根外相と署名した合意は国家間のものであるから、誰が政権にいるかは関係ない」と述べて、民主党を牽制した。[34] このようにして、発足早々のオバマ政権は、半年後の総選挙で示されることになる日本国民の意思の実現をあらかじめ封じることに成功したのである。

グアム協定は、ジョセフ・ナイの冷戦後戦略に沿った15年にわたる再編過程の帰結だった。沖縄の負担軽減のための米国の「撤退」と広く報道されたが、実際には、日米同盟への日本の負担を増加し、辺野古とグアムにおける巨大米軍施設建設と軍備強化を日本政府に約束させ、その過程で巨額の軍事支出を搾り取ることを意図していた。急速に信用を失いつつあった日本政府は、2009年5月、最終的な金額である60.9億ドル（28億ドルを現金で、残りは貸付で）の分割払いのような位置づけで、3億3,600万ドルを米財務省に支払うために全力を尽くした。日本政府の最大の関心事は国の安全保障などではなく——それは話題にすらのぼらなかったようだ——、どんなに費用がかかろうとも、米軍による沖縄占領を引き伸ばす決意（そして米国のアフガニスタンとイラク戦争のために可能なかぎりのサービスを提供すること）であった。

さらに、基地をめぐる取引を日本特に沖縄の人々の目をかすめて完遂するた

めに、両国の官僚はグアム移転の兵力数と全体の移転費用の中での日本の負担分の割合を操作していた。在日米軍移転についてのロードマップ（2006年）とグアム協定（2009年）の下で日本が支払うとされた60.9億ドル（うち直接資金提供が28億ドル）には、日本がグアムに建設する施設へ8,000人の沖縄海兵隊とその家族9,000人を移して沖縄の「負担軽減」をするという項目が含まれていた。在日米軍維持のため日本政府が払う費用の一部である「思いやり予算」は、1978年開始以来既成事実化した予算（8章で詳述）であったが、米国の領土に建てる施設（医療施設、独身兵士寮、消防署など）のために日本がそれほど巨額の金を払うというのは前例がなかった。

しかし、上記のズムワルトによる公電（2008年12月19日）によると、「8000人も9000人の数字も日本での政治的価値を最大化するため意図的に大きく見積もられたが、双方ともこうした数字は実際に沖縄に駐留する海兵隊員の数やその家族たちとの数とは大幅に異なることは知っていた。」とある。[35]「ロードマップ」交渉時の2004年から2006年にかけては、海兵隊の数はわずか「1万3,000人」程度で、家族の数は「9,000人を下回っていた」。米側はこれらの数字について日本側に定期的に「説明を与えている」とある。ということは、日本政府関係者が「沖縄の海兵隊はグアム移転で1万8,000人から1万人に減らし、その1万人のほとんどは普天間代替施設へ移転される」と繰り返し述べていたとき、真実を知っていながら嘘をついていたということになる。実際は、在日米軍の役割は日本と「極東」の防衛であると狭く限定した1960年安保条約のもとで日本を守っていたはずの兵力のうち、かなりの部隊が遥か彼方の戦地に動員されていたのである。グアムへ移転されるはずの8,000人も、辺野古へ移されるはずの1万人も、根拠のない幻の数字だったのである。[36]

費用も、グアムでの軍用道路の建設費として10億ドルを含めることで水増しされていた。この「10億ドルの道路」は名目上、米国負担とされていたが、「総体のコスト見積もり（つまり分母）を増やし、それによって日本側が負担するコストの比率を減らすために含まれることになった」ものであった。[37]

この項目を入れたために費用総額102.7億ドルのうちの日本の負担が66％から59％と下がり、少しではあるがより平等に負担しているように見せかけた。日本国内の批判をかわすためであろう。その道路は必要でもなく、建設される

見込みもなかった。米国はグアム協定交渉において、この道路建設は再編の完了の絶対的条件とは見なさないようにと日本に念を押しているが、日本側は、この項目をグアム協定で外したら数字が2006年ロードマップと異なるものになり国会で追及を受けるからまずいと訴え、米国も容認している。計上する10億ドルもの巨額費用を実際は使わないという、また一つの密約が交わされていたことになる[38]。

こうした詳細についての駆け引きが続くうち、両国政府間の不信感が深まった。上記ズムワルト公電の第二部（ズムワルト、08TOKYO03458）によると、「日本の交渉担当者は、合意済みの履行計画（AIP）上のグアム移転部隊の同行家族の実数について、より詳細なデータを米国が2年以上出せないことに不満をため、米国は沖縄に過剰なまでにある住宅を保持しようとし、日本政府に、必要以上の住宅をグアムに建設させようとしているのではないかという疑念を口にした。」という[39]。

海兵隊と家族の移転数が「日本での政治的価値を最大化するため意図的に大きく見積もられた」過程は、『朝日新聞』の言葉を借りれば「国民への裏切りであり、許されることではあるまい」[40]。『沖縄タイムス』には、それはもう一つの密約と映った[41]。

さらに、グアム移転費用の試算はその後上方修正された。2011年5月、米国会計検査院（GAO）は、関連事業費用の詳細な試算はいまだされていないと指摘し、グアム移転を含む米軍再編の費用は、日米両国あわせて、当初試算の3倍に当たる291億ドル（24兆円）という途方もない額に上ると試算した。その額は、米国（132億ドル）と日本（159億ドル）に分担される。これは、米軍再編への日本の支出総額は、61億ドルでなく、159億ドルに上る、ということを意味する[42]。

加えて、普天間代替施設建設費用の、（GAOが使った）36億ドルという日本側の見積もりはおそらく低すぎるだろう。多くの専門家はその2倍か3倍はかかるだろうという意見だった。すると、日本側の159億ドル（日本国内の米軍の再編に98億ドルとグアム移転に61億ドル）という負担額がさらに上昇することは間違いないだろう。その上昇率が米会計検査院による米国負担額上昇率の見積もりと同じだとすれば、3倍になることになる。

沖縄返還と米国核戦略をめぐる密約が次第に解明され、さらに 2011 年 5 月にリークされた機密公電で明らかになった幾重もの嘘とごまかしは、日米関係の陰の仕組みを決定的に暴露したものであったにもかかわらずこれまでのところ、市民やメディアの認識に何の影響も与えていないかのように見える。米日をはじめ暴露の対象となった各国政府は、リークされた内容については世の中が忘れることを待っているかの如くであり、一方では『ウィキリークス』の責任者のジュリアン・アサンジに別件の容疑をかけ、信用性をおとしめた上で、世の中から抹消しようとしているようにも見受けられる。

日本政府も、『ウィキリークス』が暴露した文書の真正性や重要性についてコメントするのを避けた。[43] 当初ウィキリークス資料を掲載した『朝日新聞』を含め、全国メディアも十分に取りあげていない。『朝日』についてさらに言うと、ウィキリークス資料を発表したのはいいが、翻訳版において、原文にはある官僚の名前をわざわざ伏せたりしている。自主検閲なのか省庁からの重圧がかかったのか不明だが、情報開示しながら一部隠蔽するという矛盾した行動を取っている。

孫崎享によると、物議を醸すような情報への「戦後の日本のメディアや学会の典型的な反応」は、「不都合な事実には反論しない。あたかもそれがなんの意味も持たないように黙殺する」ことである。[44] ほとんど注目せずに、なかったことにしてしまうテクニックだ。

3　グアム協定以降——パッケージを開け、包み直し、ひもを掛け直す

在日米軍再編と普天間基地「移設」について、2006 年の「ロードマップ」合意と 2009 年のグアム協定に続き、2010 年 5 月の日米共同声明（鳩山政権・オバマ政権によるもの。5 章参照）と 2011 年の日米の外務・防衛閣僚による「2＋2」共同発表（8 章を参照）により踏襲されたが、2012 年 2 月 8 日の日米『共同報道発表』によって新たな展開を見せた。[45] それまでの一連の合意では変更・分割不可能とされてきた普天間飛行場の返還・移設と、海兵隊グアム移転、嘉手納より南の基地返還の「パッケージ」が切り離されたのだ。在沖海兵隊 1 万人は堅持した上で、8,000 人がグアム移転する計画だったのが、米側は 4,700 人

をグアムに移し、1,500人を米軍岩国基地に移転、残りはハワイやオーストラリア等にローテーション駐留させると提案した。これで海兵隊の「一体的運用」の重要性を強調してきた日本政府の論旨は崩れた。[46]パネッタ米国防長官は、2月15日の米下院軍事委員会で、この変更によりグアムのインフラ整備へ日本が提供する資金が減るのかと聞かれたときそれを否定し、「日本政府は、非常に寛大なことに、必要な移転はすべて支援するし、そのために多額の資金を出すと言ってくれている……日本政府の姿勢に非常に満足している」と言っている。[47]これほどあからさまな属国関係の表現はほかにないだろう。元国務省日本部長ケビン・メアが2011年初頭に沖縄が「ゆすりの名人」であると侮辱した(8章に詳述)が、米国こそが日本に対するゆすりたかりの名人ではないか。

このように、パッケージは切り離されたが、辺野古移設が依然として「唯一の有効な進め方」であるとも宣言した。[48]嘉手納以南の基地返還はSACO以来約束されていることである。『ニューヨーク・タイムズ』紙は、沖縄の米軍基地の5分の1を返還するこの(嘉手納以南の基地返還)計画という具体的な進歩を沖縄の人々に示すことによって、「新航空基地への反対を弱めるかもしれない」と、米日政府の希望を代弁するような報道をした。[49]

しかし沖縄の人々にはやはり、日米政府が沖縄の負担を「軽減」しようとしているようには見えなかった。特に、普天間海兵隊の一部を岩国基地に移転する、と米国がほのめかした時の日本政府の対応に対しては、沖縄は強い怒りをもって反応した。玄葉外務大臣は、岩国移転に反対する二井関成山口県知事と福田良彦岩国市長との会談で、「岩国への追加的な移転をお願いするつもりはない」、「ご安心いただければ」と述べたのである。[50]その対応は、沖縄県知事や名護市長がそれまで繰り返し行ってきた同様の抗議への玄葉その他の大臣の対応とは非常に対照的だった。このことから沖縄県民が結論づけられることと言えば、日本政府はその気になれば米国に「ノー」と言えることだ。そして、それは本土のためだったら言うが、差別の対象である沖縄のためには言わないのだ。[51]

沖縄の人々はまた、辺野古の環境影響評価過程が完了していないのに、結果ありきのような政府の振る舞いに憤慨している。在日米軍再編に関する2006年の日米合意以降2012年初頭までの間に、キャンプ・シュワブでは辺野古移

設を前提にした189件の工事が行われ、総額212億円もの額が費やされた。また、日米政府は、公式には危険な普天間の一日も早い返還と閉鎖のためにあらゆる手段を尽くすと言いながら、普天間の大規模な修復工事を許可した。これでは普天間基地が近いうちに返還されるどころか当面固定化されると言われているようなものである。

1996年時点で、5年から7年で返還されると約束された「世界で一番危険な基地」(2003年当時米国防長官のラムズフェルドの訪沖時の言葉) は、2012年秋現在、返すどころか、安全性への懸念が強いオスプレイが日本で最初に配備された場所となった。政府は普天間の三つのゲートを封鎖しようと集まった市民たちを強制排除、現場で法に触れる監禁措置にまで及んだ後、県選出国会議員や県会議員を含む市民たちの絶対反対の声が響き渡る中、MV-22オスプレイ機を普天間に降り立たせた。一方で森本防衛大臣は事実上、金(「経済振興策」)で辺野古移設に向けて知事を説き伏せると宣言した。

『琉球新報』は、既に過重な基地被害に苦しむ沖縄にオスプレイを飛ばすことは、原発事故後の福島にさらに原発を押し付ける行為に等しいと糾弾し、今ふたたびオスプレイ配備撤回のための県民投票を提案した。

沖縄と政府の対立は今、頂点に達している。

【注】
1) Carolyn Bowen Francis, "Omen and Military Violence," in *Okinawa: Cold War Island*, ed. Chalmers Johnson (Cardiff: Japan Policy Research Institute, 1999), 189.
2) 新崎盛暉『沖縄現代史』新版、岩波書店、2005年、154頁。
3) 「基地縮小し 協定見直せ 8万5000人怒りの結集」『沖縄タイムス』1995年10月22日。「8万5000人『基地』に怒り」『琉球新報』1995年10月22日。
4) Chalmers Johnson, "The 1995 Rape Incident and the Rekindling of Okinawan Protest against the American Bases," in *Okinawa: Cold War Island*, 116.
5) 『外交青書1997』 第2章第1節1(3)「沖縄県における米軍施設・区域の取り扱い」。<http://www.mofa.go.jp/mofaj/gaiko/bluebook/97/1st/chapt2-1-1.html#n3>
6) 池田外務大臣他、「SACO最終報告(仮訳)」平成8年(1996年)12月2日。<http://www.mofa.go.jp/mofaj/area/usa/hosho/saco.html> 英語版は、The SACO Final Report, December 2, 1996, http://www.mofa.go.jp/region/n-america/us/security/96saco1.html
7) 乗松聡子による大田昌秀のインタビューより。Ota Masahide and Satoko Norimatsu. "'The World Is Beginning to Know Okinawa': Ota Masahide Reflects on His Life from

the Battle of Okinawa to the Struggle for Okinawa." *The Asia-Pacific Journal: Japan Focus* (September 20, 2010). http://japanfocus.org/-Norimatsu-Satoko/3415.

8）　大田昌秀『こんな沖縄に誰がした　普天間移設問題——最善・最短の解決策』同時代社、2010 年、197-218 頁。真喜志好一「久志湾・辺野古海上への新軍事空港計画」真喜志好一他『沖縄はもうだまされない——基地新設 = SACO 合意のからくりを撃つ』高文研、2000 年も参照。

9）　NHK 総合テレビ『密使　若泉敬　沖縄返還の代償』（NHK スペシャル、2010 年 6 月 19 日放送）では、米側が、日本側の核問題への繊細さを利用し、返還後も基地を好きなように使えるための交渉術を駆使したという当時の交渉担当者、モートン・ハルペリンによる証言がある。

10）　琉球朝日放送「狙われた海——沖縄・大浦湾　幻の軍港計画 50 年」2009 年 10 月 4 日。

11）　国土院事務次官（当時）の下河辺淳の発言、佐藤学「オバマ政権のアメリカ——経済と対外政策の変化」から引用。宮里政玄、新崎盛暉、我部政明他『沖縄「自立」への道を求めて——基地・経済・自治の視点から』高文研、2009 年、90 頁。

12）　池田他「SACO 最終報告（仮訳）」。

13）　「海上基地反対が過半数」『琉球新報』1997 年 12 月 22 日。

14）　"DoD Operational Requirement and Concept of Operations for MCAS Futenma Relocation, Okinawa, Japan, Final Draft," September 29, 1997.『日本国沖縄における普天間海兵隊航空基地の移設のための国防総省の運用条件及び運用構想　最終版』1997 年 9 月 29 日。同文書については、大田『こんな沖縄』、221-225 頁を参照。

15）　United States as published in United States Government Accounting Office (GAO), *Overseas Presence, Issues Involved in Reducing the Impact of U.S. Military Presence on Okinawa*, March 2, 1998, p. 37, http://www.gao.gov/products/NSIAD-98-66.

16）　大田『こんな沖縄』125-126 頁。

17）　同上、223 頁。

18）　Inamine Keiichi, "Okinawa as Pacific Crossroads," *Japan Quarterly* (July-September 2000): 14.

19）　新崎『沖縄現代史』194 頁。

20）　「リーフ上に軍民共用空港を建設決定 / 普天間代替施設協」『琉球新報』2002 年 7 月 29 日。

21）　「普天間移設非公式協議　98 年 3 月当時、米『県外可能』を伝達」『琉球新報』2009 年 11 月 15 日。

22）　以下の記述は、菊野由美子「辺野古の気持ち」『Peace Philosophy Centre』（2010 年 1 月 21 日）に記録された辺野古座り込みテント村長の当山栄の談話より。<http://peacephilosophy.blogspot.jp/2010/01/emotions-of-henoko-yumiko-kikuno.html> 英語版は、Yumiko Kikuno and Satoko Norimatsu, "Henoko, Okinawa: Inside the Sit-In," *The Asia-Pacific Journal: Japan Focus* (February 22, 2010), http://japanfocus.org/-Kikuno-Yumiko/3306.

23）　「首相、中止を検討　辺野古沖調　衆院予算委『阻止の決意理解』」『沖縄タイムス』2005 年 5 月 16 日。

24) Kanako Takahara, "Japan, U.S. agree on new Futenma site," *Japan Times*, October 27, 2005.「防衛庁強気『実現してこそ』『あと200m』攻防譲らず　検証、普天間移設・日米対決」『朝日新聞』2005年10月27日。

25) Secretary of State Rice, et al., Security Consultative Committee Document, U.S.-Japan Alliance: "Transformation and Realignment for the Future," October 29, 2005 http://www.mofa.go.jp/region/n-america/us/security/scc/doc0510.html. ライス国務長官他「日米同盟：未来のための変革と再編＜仮訳＞」2005年10月29日。<http://www.mofa.go.jp/mofaj/area/usa/hosho/henkaku_saihen.html>

26) 「地元沖縄、蚊帳の外　政府、説明これから　環境・飛行経路に難題　『普天間』移設合意」『朝日新聞』2005年10月27日。

27) ライス国務長官他「再編実施のための日米のロードマップ＜仮訳＞」平成18年（2006年）5月1日。<http://www.mofa.go.jp/mofaj/kaidan/g_aso/ubl_06/2plus2_map.html>
英語版：Secretary of State Rice, et al., "United States-Japan Roadmap for Realignment and Implementation"（May 1, 2006). http://www.mofa.go.jp/region/n-america/us/security/scc/doc0605.html.

28) 大田『こんな沖縄』232頁に引用された、1998年4月10日『NHKニュース』におけるインタビュー。

29) Ota and Norimatsu, "'The World Is Beginning.'"

30) Yoichi Kato, "Interview/ Richard Lawless: Japan-U.S. alliance faces 'priority gap'," *Asahi Shimbun*, May 2, 2008.

31) Hirofumi Nakasone and Hillary Rodham Clinton, "Agreement between the Government of Japan and the Government of the United States of America Concerning the Implementation of the Relocation of III Marine Expeditionary Force Personnel and Their Dependents from Okinawa to Guam," (Tokyo, February 17, 2009). 中曽根弘文・ヒラリー・ロダム・クリントン『第三海兵機動展開部隊の要員及びその家族の沖縄からグアムへの移転の実施に関する日本国政府とアメリカ合衆国政府との間の協定（略称：在沖縄海兵隊のグアム移転に係る協定)』平成21年（2009年）2月17日東京で署名。英語版・日本語版とも次のウェブページから閲覧できる。<http://www.mofa.go.jp/mofaj/gaiko/treaty/shomei_43.html>

32) Zumwalt, Cable 08TOKYO03457, Part 1 of 2, "U.S. JAPAN REACH AD REF　GUAM," December 19, 2008, *WikiLeaks*. http://wikileaks.ch/cable/2008/12/08TOKYO3457.「　日米、米軍グアム移転で暫定合意〈1〉　米公電訳」『朝日新聞』2011年5月4日。<http://www.asahi.com/special/wikileaks/TKY201105030560.html>（本書で使ったウィキリークス資料は、元の英語資料 wikileaks.org から取ったものであるが、日本語翻訳が『朝日新聞』に載った資料である場合は朝日の掲載日時、URLも付記する。翻訳の文言も原則的に朝日の翻訳から引用する。一部朝日のものが誤訳ではないかと思う部分については本書の著者・訳者が修正している。）

33) 「民主党・沖縄ビジョン（2008)」を参照。<http://www.dpj.or.jp/news/files/okinawa(2).pdf>

34) 『読売新聞』による単独インタビューの中でのクリントン長官の発言。"I think that a responsible nation follows the agreements that have been entered into, and the agreement I signed today with Foreign Minister Nakasone is one between our two nations, regardless of who's in power."（「責任ある国家は合意に従うものだと思う。今日私が中曽根外相と署名した合意は国家間のものであるから、誰が政権にいるかには関係ない」。）"Clinton praises strong U.S.-Japan Ties," *Yomiuri Shimbun*, February 18, 2009. 同じインタビューを報じた日本語記事は、「北朝鮮のミサイル発射準備　クリントン米長官『6か国議題に』」『読売新聞』2009年2月18日。

35) "The Truth behind Japan-US Ties（3）Numbers Inflated in Marine Relocation Pact to Increase Political Impact," *Asahi Shimbun*, May 4, 2011. 次を参照。Zumwalt, Cable 08TOKYO03457, Part 1 of 2, op.cit.「日米、米軍グアム移転で暫定合意〈1〉米公電訳」。

36) 「転換期の安保：『常駐なき普天間』首相『腹案』の見方浮上」『毎日新聞』2010年4月8日（英語の翻訳は、Satoko Norimatsu, "The myth of 18,000 Marines in Okinawa admitted by USMC," *Peace Philosophy Centre*, April 12, 2010. http://peacephilosophy.blogspot.com/2010/04/myth-of-18000-marines-in-okinawa.html）

37) Zumwalt, Cable 08TOKYO03457, Part 1 of 2, op.cit.「日米、米軍グアム移転で暫定合意〈1〉米公電訳」。

38) 同上。

39) Zumwalt, Cable 08TOKYO03458, "Part 2 of 2-U.S., Japan Reach AD REF GUAM," December 19, 2008, *WikiLeaks*. http://wikileaks.ch/cable/2008/12/08TOKYO3458.「日米、米軍グアム移転で暫定合意〈2〉米公電訳」『朝日新聞』2011年5月4日。<http://www.asahi.com/special/wikileaks/TKY201105030562.html>（ここは朝日の訳と一部異なる訳をしている。）

40) 「ウィキ米公電　日本外交の病理あらわ」『朝日新聞』2011年5月5日。

41) 「基地移転の実態隠す『密約』」『沖縄タイムス』2011年5月5日。

42) "Marines' move to Guam to cost more," *Japan Times*, July 4, 2010.

43) 「首相『政府としてコメントすべきでない』〈米公電分析〉」『朝日新聞』2011年5月4日。

44) 孫崎享『戦後史の正体　1945-2012』創元社、2012年、88頁。

45) US Department of State, "United States-Japan Joint Statement on Defense Posture"（Washington, DC, February 8, 2012）, http://www.state.gov/r/pa/prs/ps/2012/02/183542.htm. 外務省『在日米軍再編に関する日米共同報道発表』平成24年（2012年）2月8日。<http://www.mofa.go.jp/mofaj/area/usa/sfa/jpr_120209.html>

46) 「〈透視鏡〉米軍再編見直し日米で発表　県要求実現誇示も　米側の都合優先　『地理的優位性』と矛盾」『琉球新報』2012年2月9日。

47) 以下に引用。Sabrina Salas Matanane, "Congress Reviewing DoD Plans," *Kuam News*, February 15, 2012.

48) 外務省『在日米軍再編に関する日米共同報道発表』平成24年（2012年）2月8日。

49) Martin Fackler, "US and Japan Are in Talks to Expedite Exit of 8,000 Marines on Okinawa," *New York Times*, February 9, 2012.

50) 「政府、米海兵隊岩国移転案を拒否　外相・防衛相が明言」『中国新聞』2012年2月14日。
51) 知念ウシ「紙面批評――新報を読んで」『琉球新報』2012年3月10日。
52) 「移設工事『先取り』　膨大な無駄遣いはやめよ」『琉球新報』2012年3月12日。
53) 宮城康博「『野嵩ゲットー』を弾劾しオスプレイに留保なき拒否を」『なごなぐ雑記』2012年10月4日。<http://miyagi.no-blog.jp/nago/2012/10/post_256f.html>
54) 「辺野古移設　防衛相、振興策と一体で推進」『琉球新報』2012年9月30日。
55) 「オスプレイ飛来　恐怖と差別強いる暴挙／日米は民主主義を壊すな」『琉球新報』2012年10月2日。
56) 「オスプレイ　県民投票を実施しよう　世界に訴えたい民意尊重」『琉球新報』2012年10月8日。

第5章

鳩山の乱

　日本で麻生から鳩山に政権交代する9か月前に米国ではブッシュからオバマへ政権が替わったが、対日政策や政策立案者の顔ぶれにはほとんど変化は無かった。新駐日大使、ジョン・V・ルースを例外として、オバマは2005年以降の一連の日米合意の交渉にかかわった主要人物を再起用した。ブッシュ政権で普天間問題の交渉を担当したカート・キャンベルはオバマ政権の東アジア担当国務次官補になり、ブッシュ政権で沖縄の海兵隊司令官を務めたウォラス・グレグソンがアジア太平洋安全保障問題担当の国防次官補に就任、ブッシュ政権時に在沖縄総領事だったケビン・メアが国務省東アジア・太平洋局日本部部長となった。[1] ナイとアーミテージはオバマ政権には入らなかったが、その影響力は揺るがなかった。

　2009年9月の政権交代以前から、米国は民主党の政策について懸念していた。2007年夏、日本では、11月1日に期限が切れるテロ対策特別措置法の延長問題が政治の焦点になっていた。テロ対策特別措置法は、2001年の米同時多発テロ後の米国のアフガニスタン攻撃を受けて、同年10月政府が法案を提出しわずか1か月足らずで国会で成立したものである。同法は、海上自衛隊補給艦をインド洋に派遣するのを目的として、2年間の時限立法で制定され、2007年までに既に4度延長されていたが、5度目の延長に民主党は反対していた。米国は、民主党を含む野党が参議院で多数を占めたことに危機感を持っていた。8月初旬、トマス・シーファー駐日大使は小沢代表との初めての会談を要求して同法の延長を要請、「具体的な法案の対応をめぐり、駐日米大使が野党党首に直接要請する」という「異例」の行動に出た。だが小沢は、アフガニスタン

戦争について「米国がテロとの戦いだと国際社会のコンセンサスを待たずに始めた」として、テロ特措法延長反対を改めて表明した[2]。8月後半には、元国務省次官補代理のマイケル・グリーンが『朝日新聞』に寄稿し、「タリバンやアルカイダに対峙（たいじ）する有志連合から日本が抜けたら、米の次期政権が日本の同盟国としての信頼性に疑問を抱くことは避けられない」と脅した[3]。さらに、2009年、小沢は、オバマ新大統領のアフガニスタン戦争拡大に反対だと述べ、日本の米軍を（横須賀の）第七艦隊だけ残して削減する可能性（したがって在日米軍基地と3万6,000人の米軍が不必要になる）をちらつかせたとき、ワシントンの不安が高まった。この直後、小沢の公設秘書が政治資金規正法違反で逮捕され、小沢は腐敗嫌疑のスキャンダルに巻き込まれた。2009年5月に小沢が民主党代表を辞任して鳩山由紀夫が党首となった。2010年2月には検察が不起訴としたにもかかわらず、2度の検察審査会の審議を経て、小沢は2011年1月に強制起訴された。こうして、小沢はさらに孤立し、指導力を発揮できない立場に追い込まれた。

1955年から、2009年8月30日に鳩山由紀夫と民主党が政権を取るまでの自民党長期一党支配の間に、米国の利益を最優先する属国システムが体制の隅々まで浸透していた。民主党の勝利は劇的な変化の前ぶれであり、旧体制の崩壊後の新秩序の幕開けを告げるものであった。

1　属国体制に挑む

挑戦と、脅し

　鳩山には日本に対するビジョンがあった。オバマと同様、国民が変化を望む気持ちにうまくアピールした。政権交代の数週間前、鳩山は自らの政治思想についての論文を発表した。その中で鳩山は、人が「目的ではなく手段として」扱われる「市場原理主義や金融資本主義」を明白に批判し、「アメリカ一極支配の時代から多極化の時代に向かうだろう」、そして東アジア共同体はその一つの現れである、と述べ、自らの政治哲学を「友愛」、フランス語の「フラタルニテ」、と定義した。鳩山によれば、友愛とは、「柔弱どころか、革命の旗印ともなった戦闘的概念なのである」[4]。日本の首相が「革命」という言葉をこの

ように肯定的に使ったのは前代未聞のことだった。

　米国は、特に鳩山のアジア共同体構想に対し疑心暗鬼であった。その上、どの国とも「対等な」関係を結ぶ可能性すら考えない米国にとって、よりによって日本が対等な関係を提案してくるとは笑止千万なことだった。民主的で独立志向のビジョンを掲げ、根深い属国システムに挑戦した鳩山は、ワシントンにとって制圧または粉砕すべき脅威と映った。とりわけ鳩山が一線を越えたと見られたのは、「最低でも県外」というスローガンを掲げて、辺野古新基地の合意を再交渉しようとしたことだった。

　ワシントンは警戒態勢に入った。民主党政権誕生前の2009年7月に、国務次官補カート・キャンベルは、普天間代替施設の合意に変更はあり得ないと『朝日新聞』に語っていた。[5] ブッシュ時代の東アジア関係の顧問であり、戦略国際問題研究所に所属するマイケル・グリーンは、民主党が普天間問題や他の軍事協力関係の再交渉を要求するならば米国との関係を危機に陥れるだろうと警告した。[6] 8月末の総選挙で「最低でも県外」を公約に掲げた民主党が大勝すると、米高官は矢継ぎ早に「米政府は再交渉しない」とのメッセージを発して新政権を牽制した。国務省のイアン・ケリー報道官は「米政府は普天間飛行場の移設計画や（在沖縄米海兵隊の）グアム移転計画について、日本政府と再交渉するつもりはない」と述べ、[7] 国防総省のウォラス・グレグソン次官補（アジア・太平洋安全保障問題担当）は、米国は現行案を見直す考えはないと付け加えた。[8] その翌日、国務省日本部部長ケビン・メアは、国家間の合意であり、自民党と合意したわけではない、と述べて再交渉の余地はないことを強調した。[9] 10月、キャンベルは前原誠司（国土交通・沖縄担当相）を通して鳩山と岡田に「民主党政権が、現在の日米同盟の取り決めを見直したり、修正したりしようとして複数の提案を掲げ続けるならば、米国の忍耐にも限界がある」と警告した（ルース公電、09TOKYO2369）。[10]「国務省高官」は「今や、最もやっかいな国は中国でなく日本だ」と述べた。[11]

　同月、ロバート・ゲイツ国防長官とマイケル・マレン統合参謀本部議長が来日し、ゲイツは「異例の強い調子で、日米合意の履行を迫った」。ゲイツは、現行案が「唯一の道で、他に代替案はない」と言い切り、普天間代替施設ができなければグアム移転、ひいては沖縄の基地返還も白紙撤回すると恫喝した。[12]

普天間移設施設は米軍再編ロードマップの要である。普天間の再編、普天間［代替］施設なしに、グアム移転はないだろう。そしてグアム移転がなければ、基地の統廃合もなく沖縄の軍用地の返還もないだろう[13]。

　ゲイツはまた、防衛省での歓迎式典や防衛省高官との食事会への出席を拒否して日本側を侮辱したと伝えられている[14]。ゲイツに同行したマレン海軍大将も、普天間移設は「米軍再編全体についての絶対的な必要条件」だとダメ押しした[15]。

「米国をひっぱたき回る」

　ワシントンからの恫喝のコーラスは2009年末に最高潮に達した。マイケル・グリーンは、民主党は国内人気を取るために米国との同盟関係を悪化させる危険な試み—「米国をひっぱたき回る」動きに出ていると批判した。しかし「ゲイツ国防長官は相手側を鋭く見抜いており、同盟関係の危機は、同盟への高い世論の支持と北朝鮮と中国の脅威をバックに民主党政権を分裂させ、マスコミは鳩山に背を向けるであろう」から、鳩山と新政権はこれ以上「火遊び」を続けると大変なことになるぞと脅している[16]。グリーンは『朝日新聞』とのインタビューで、「日本では官僚機構が、おおむね8割方の情報を持っている。もし、そうした情報なしに、民主党が『沖縄政策を変える』『インド洋から撤退する』などと言ったら本当に後悔することになる」と恫喝した[17]。グリーンは、オバマ政権は「民主党主導の連合政権は最後には要求を和らげ、現実に合わない選挙用スローガンを使うことをやめ、日米同盟をうまく管理する能力を証明するだろう」と考えていると述べた[18]。11月の東京でのオバマ—鳩山会談の1週間前、イアン・ケリー（国務省）は「日本政府は我々とどんな関係を持ちたいのか決める必要がある」と不気味に付け加えた[19]。

　同様に、リチャード・アーミテージは、2010年1月、戦略国際問題研究所での公開討論会で、「日本民主党と『我々』は違う言語を話す。日本民主党が『抑止力』というコンセプトを理解していないことに我々は気づかなかった」と語った。選挙前に民主党のマニフェストを読み内容を理解していたが、「政党が綱領を実際に実行に移すかもしれないと知ってショックを受けた」と軽口をたたいて出席者の笑いを誘った。彼は、「米国のネットワークを十分に広げる」ことに失敗した結果「少なくともここ4か月間（日米）同盟が漂流している」と

指摘した。アーミテージは、民主党幹事長の小沢一郎が過去 10 年間一度もワシントンを訪問せず、中国とのより緊密な関係を求めることに、とりわけ不快感と敵意を露わにした。[20]

米国が「年末までに」決断が必要だと絶えず繰り返し、全国メディア（沖縄のメディア以外）とほとんどの政治家が同調する中、2009 年 12 月頃には、北澤俊美国防長官も岡田克也外務大臣も、官僚の用意した答弁を読むだけだった自民党の前任者たちのようになってしまっていた。岡田は、それまでは「もし日本が米国の言うなりになっていたら、主権国家として非常に情けないことだと思う」[21]、「選挙（衆院選）で示された民意がある。短期間に『米国の言うことを受け入れてやります』という結論にはならない」[22]といった発言をしていたが、2009 年年末までには見解を変えて、県内移設に替わる案はないようだ、と言うようになっていた。[23]

2010 年 1 月ホノルルでの岡田外相とヒラリー・クリントン国務長官の会談で、[24]会談の報告から儀礼的・祝賀的な言葉を取り除いて残ったのは、米国側の尊大な通達だった。

> 米国は、日本の同僚や友人たちが、普天間を含め、約束を守ることを期待しています。……今日も再度強調しましたし、以前の会合でも強調したように、普天間問題が進捗するのは大切です。……われわれは依然として、再編へのロードマップを実行すべきだと考えます。それは、両国の前政府間で達した合意だからです。

それだけではなかった。2011 年 5 月に『ウィキリークス』が公開した文書は、どれほど鳩山が自らの政府によって裏切られていたかを暴露している。

米国相手の陰口合戦

日本政府高官は鳩山政権の発足当時から、秘密の、陰謀的とも言えるつながりを米政府高官と持ち、新政権に譲歩しないようにとオバマ政権に助言していた。2009 年 10 月 15 日、ジョン・ルース米大使による公電（09TOKYO2377）によると、10 月 11 日のカート・キャンベルとの会談において、元首相補佐官の岡本行夫と外務省北米局長の梅本和義は、鳩山の「性格上の問題点」が問題発言を招いていると言っている。また、岡本は鳩山について、「強固な考え

を持つ人にたいするときの首相の弱さ」を指摘し、「鳩山氏はたいてい、自分が聞いた一番最後の強い意見に基づいて意見を述べている」との見解を示している。一連の批判は、鳩山が米国を差し置いてアジアを重視しているという米国の懸念に対し、日本の高官たちが弁解をするという文脈でなされた。外務省アジア大洋州局長の斎木昭隆は、民主党政権は「外交分野ではまだ調整の段階」にあり、岡田外相がアジア地域の枠組みから米国を排除しようとしているというキャンベルの懸念に対し、岡田は「頑固」であり、米国排除などはあり得ないと強調している。[25] 斎木はそれ以前、9月のキャンベルとの会合（ルース公電 09TOKYO02197）でも、官僚機構への政治主導を訴える新政権に対する敵意をむき出しにしており、民主党が「まだ経験のない」政権与党で、官僚機構を抑えて米国にも強く出る政策は「愚か」であり、「彼らもそのうち学ぶだろう」と言っている。[26] 外務省の伊澤修は 2009 年 10 月 5 日の公電（グリーン、09NAHA67）で、「混沌とした政策決定過程」の中で大臣たちは情報を消化できていないとし、新政権が自分の手で「正しい結論」を導く能力はないと言ったと報告されている。[27]

　鳩山政権下の高官たちは政治家も官僚も、半世紀以上にわたる自民党政権時代の前任者たちと同様、首相や日本の有権者にではなく米国に忠実であった。前原誠司は典型的である。2010 年 2 月、鳩山が普天間移設代替案の問題で内外から圧力を受けていた頃、米国のお気に入りの前原（国土交通・沖縄および北方対策担当大臣、後の外相）はキャンベル国務次官補とグレグソン国防次官補と会い（ルース公電、10TOKYO247）、普天間問題を米国の都合のいいように進めるための会合を持ち、自らの内閣内の問題分子（社民党の福島瑞穂）への対処等について話している。普天間移設諸案の検討を「信頼できる自衛隊の仲間たち」にもお願いしていると、シビリアンコントロールの原則に抵触するような発言もしている。前原は、キャンベルに「日本政府がもっと日米同盟への支持を公的に表明すべき」と言われ、「自分は機会あるごとに日米同盟への支持を表明している」と言い、山岡賢次・民主党国会対策委員長が提案した（小沢一郎が支持し、東アジア共同体を提唱する鳩山の考えにも近い）米日中の「正三角形論」については「ばかげている」と付け加えたとされる。[28] 一国の大臣が他国の要人とこのような話をしていたら通常の感覚ではスパイ行為と見なされるが、日米

「同盟」下ではこのような異常さが「正常」の範疇に入るのだろうか。

　そして、2009年10月15日の公電（ルース、09TOKYO02378）によると、高見沢将林防衛政策局長はキャンベル国務次官補率いる国務省と国防省の代表団に、「拙速に柔軟な態度を示してしまわないように」と、民主党に譲歩しないように警告している。[29)] 防衛政務官の長島昭久は2009年9月30日、レイモンド・グリーン在沖米総領事に対し、「防衛省は目下、再編パッケージをやり直そうとする民主党の選挙キャンペーンからすみやかに距離を置く方法を探っている」と語った。自らの政権を出し抜く行為である。[30)]

　一方沖縄の民意については、無視してもいいもののように扱われている。12月8日民主党国会対策委員長・山岡賢次は米大使館に対し（ルース公電、09TOKYO2815）、沖縄では「全ては反対のための反対」であるし、沖縄県民の意志を尊重すると「何も起きはしない」と伝えた。[31)] 日本人はどうかと言えば、山岡によると、「甘やかされて」おり、米国による保護を当然と思っている。[32)] 2009年12月16日の公電（ルース、09TOKYO2875、『朝日』による日本語訳はないようである）によると、3人の「元同盟運営担当者（Alliance Managers）」の外務官僚—有馬裕、有吉孝史、深堀亮—が核持ち込み密約問題調査で日本に呼び戻されたとき、米大使館関係者を前に、民主党新政権と普天間問題についての対応の仕方を激しく批判した。ルースをして「その率直さと自分たちの政治的指導者に対する苛立ちの程度において著しいものであった」と言わしめた。要するにこの同盟エリートたちは、政権交代により乗り込んできた邪魔なボスたちに対しての不満を、「味方」米国にぶちまけていたのである。有馬は密約調査を「時間の無駄だ」と言い、有吉は、普天間問題については米国政府が民主党政権に何等かの形で公的に不満を伝えるべきであると主張した。深堀は「日本人の大半は安全保障のことを理解しておらず、普天間移設計画を進行させることがどれだけ日本の安全保障にとって大事かわかっていない」と言った。[33)] そして、官僚にとっては首相当人もこの救いがたい無知という範疇に入るように思えたらしい。2009年12月21日、外務事務次官の藪中三十二は、ルース大使との昼食中、「米国が首相に安全保障問題の基本のおさらいをしてくれると助かるのですが」と、鳩山に政治の現実を手取り足取り教えるように提案している。[34)]

このように、主権者の税金で雇われている日本の官僚たちは、主権者の代表者である、ときの政権が自分たちに都合が悪いからといって、同盟相手の米国を使ってこき下ろしたりいじめたり、引きずりおろそうとしたりするのだ。これが日本の「民主主義」の実態なのである。

2　迷走と挫折

「降伏」への道

　鳩山が迷っていると、ルース大使（「大統領の親しい友人」と報じられたが、2008大統領選での、オバマへの「シリコンバレーにおける最大の資金協力者」）が12月4日に日本の防衛大臣と外務大臣に対し、もし（辺野古基地建設の）合意が年内に達成できなければオバマと鳩山の間の信頼関係は損なわれるだろうと忠告した。翌日、「市民との対話集会」という名目で沖縄を訪れた岡田外相は、「日米同盟の危機」を強調し、政権取得前に日米間で決めたものを簡単には変更できないとして辺野古移設への理解を求め、名護市の聴衆を呆れさせた。『琉球新報』は、岡田を「聞き役ではなく、まるで官僚に操られた"危機煽り役"だ」と評した。岡田は、世論調査では沖縄県民の7割が県外を求めているという事実を突きつけられ、普天間をただなくすのではなく移設するのは大前提で、反対を続ければ普天間は固定するといった意味の発言をした。その瞬間から会場はやじと怒声に包まれた。

　鳩山首相は、2009年12月15日、普天間「移設」先決定を翌年5月まで延ばし、辺野古以外の移設先を模索すると表明したが、辺野古移設の可能性を排除したわけではなく、その証拠に翌年度の予算に移設関連経費を「予備費」として計上した。2009年12月9日の公電（ルース、09TOKYO2815）によると、2009年12月8日、政府は、山岡賢次民主党国会対策委員長を通じて米国大使館に、普天間代替施設の決定は「すべて国会対策次第だ」と伝え、決定を急ぐ米国に、鳩山の決定が遅いことと連立政党（社民党、国民新党）の反対のせいで年内決定は無理であると伝えた。山岡は「待つことが計画の実行を確実なものにする最良の方法だ」と述べ、年内決定せずとも、移設予算を割り当てることが最終的な計画の遂行を意味するとの間接的な理解を米国に求めている。そ

の翌日、国土交通相の前原誠司はルース大使に、(ルース、TOKYO02822)、日本政府は「(複数の)代替案」を模索するが、「もしどの代替案も受け入れられなければ、社民党と国民新党は辺野古案を受け入れるだろう」としている。もし米国がどの代替案にも合意しなければ、民主党は現行案で進め、ゴールデンウィーク後に連立解消する用意があるとまで伝えている。当の鳩山首相はとは言えば、外務事務次官の藪中がルース大使に12月21日に伝えたところによると(09TOKYO2946)、鳩山がクリントン国務長官と12月17日にコペンハーゲンで会談したときに、「普天間飛行場を辺野古に移転する案の代替案についての再検討が実行可能な案に結実しなかった場合は、日本政府は2006年の普天間移設合意に立ち戻ると確認した」という。この発言が本当だとしたら、「県外」公約に一番忠実であろうとしていたはずの鳩山自身が2009年年末には半ば諦めて辺野古を容認していたということになるが、この発言について鳩山は否定している。いずれにせよ、鳩山政権の「県外移設」公約は政権奪取後3か月で事実上崩壊していたといえよう。

上述したように鳩山が2009年12月15日に、翌年5月まで最終判断を延ばすと言ったとき、ワシントンからは不満を露わにする声が上がった。国防総省報道官のジェフ・モレルは、米国は日本の決定に対し不満を表明し、早急に「前向きな結論」を下すように促した。カート・キャンベルは石破元防衛相に「日本の公衆が沖縄に米軍を維持する必要を理解しない限り事態の進展はないだろう」と言ったという。ジョセフ・ナイは、民主党政権に対しワシントンが強行姿勢を取ることは「賢明でない」とし、辛抱強い対応を促しつつも、鳩山が「経験不足で、分裂していて、いまだ選挙公約にとらわれている」政党を率いていると揶揄し、ペンタゴンが苛立つのも無理はないと同情した。

日本本土のメディアは米国の脅迫と内政干渉に無批判であり、それどころか「米国の圧力」を進んで演出している風さえあった。朝日新聞の加藤洋一は、わざわざブッシュ前政権時代の国防副次官リチャード・ローレスを引っ張り出してきてインタビューを行い鳩山政権の批判をさせている。ローレスは、鳩山が辺野古案以外の選択をした場合はヘリ部隊だけではなく海兵隊が全面的に沖縄と日本から撤退するぞ、と脅しにならないような脅しをかけている。海兵隊が「抑止力」として必要だとの幻想を信じている人たちにアピールしようとし

たのだろう。そしてローレスは、民主党が前政権に「愚かな復讐をしかけた」とし、代替施設を県外に模索する動きを「理不尽」で「生半可」と呼び、民主党政権を「ダイナマイト一杯の部屋の中でマッチ遊びする少年少女たち」と呼ぶなど、言いたい放題であった。ダグラス・マッカーサーが日本人を見下し「12歳児」と呼んだ心理がいまだにワシントンで生きている証拠とも言えよう。数週間後、ローレスは、岡田外相が命じた「密約」調査を、「過去にとらわれた……愚か者の旅、日米同盟には無用の寄り道」と呼んだ。

そんな中、沖縄の新聞だけが、鳩山内閣が米国の（『琉球新報』の言う）「『恫喝（どうかつ）』的外交交渉」に太刀打ちできず、「対米追従の現状容認」へと流れていくことを酷評した。『琉球新報』社説は「これが新政権なら政権交代は失敗だった」と結論付けた。また、世界はこの問題にほとんど関心を示していなかったように見える中、ミハイル・ゴルバチョフは名誉ある例外であった。ゴルバチョフは長引く行き詰まり状態に関して、日米両政府は、70％の住民が基地建設計画に反対している事実を重く受け止めるべきだと主張した。「政府がチェンジしたということは、政策もチェンジするということだ。両政府は認識しなければならない。鳩山政府は政治主導と言っている。官僚のイニシアチブ、情報に振り回されないことだ」。特記すべきは、ゴルバチョフは日米「属国」関係における官僚の役割をわかっておりここで明言していることだ。「官僚任せにせず」政府同士で話し合うべきだと言っている。鳩山政権は、結果的にワシントンのジャパンハンド、日本の官僚とメディアに阻まれ、目指した「政治主導」を果たせなかった。

茶番劇の顛末

前記のような秘密のやり取りが2009年末に交わされた上で、鳩山政権は、その後4か月間も沖縄県外に移設先を探すジェスチャーをしていた。実に多数の場所が候補に上がった。嘉手納空軍基地との統合、下地島、伊江島、鹿児島県の徳之島や馬毛島などである。さらには、佐賀県の有明佐賀空港、東京の横田米軍基地から大阪の関西国際空港（橋下大阪府知事が提案）、新設の「無用の長物」と言われる静岡空港や茨城空港まで、日本本土の未使用か、活用されていない空港も検討された。カート・キャンベル国務次官補からは「（日本側からは）

毎日のように新しい声明や提案が出る」という、無理もないとも思われる不平が出るほどだった。[50]

次第に、鳩山内閣はいくつかの主要な選択肢に絞っていった。一つは辺野古崎のキャンプ・シュワブ米海兵隊基地に500平方メートルのヘリパッドを造るか、あるいは、同基地の内陸部に1,500メートルの滑走路を造る案である。もう一つは勝連半島沖埋め立て案である。[51]この案は二通りあって、一つは、ホワイトビーチと津堅島の間の埋め立て、もう一つは宮城島と浮原島・南浮原島間1,021ヘクタールを埋め立て人工島を造成、3,600メートルの滑走路2本と3,000メートルの滑走路、計3本を作り、普天間基地と航空自衛隊那覇基地、米軍那覇軍港施設を一挙に「移設」するというとてつもない計画であった。[52]これらの案はまた、現在普天間で行われている訓練の一部を徳之島や馬毛島あるいは長崎県の海上自衛隊大村航空基地か宮崎県の新田原航空基地へ移す等の案を伴っていた。徳之島も馬毛島も鹿児島県の一部であるが、徳之島は歴史的には琉球王国と琉球文化圏の一部であり、1945年に米軍が日本を分断した北緯30度線の南にある。これを「県外移設」（すなわち本土移設）と呼べるのだろうか。[53]

ワシントンにとっては、それぞれの代替案に魅力もあっただろうが、それらのほとんどは過去に却下された案の蒸し返しであった。また、シュワブ案（辺野古の陸上）も勝連沖案も、新たな環境影響評価を要するもので、両政府ともそれは避けたかった。

さまざまな案の詳細が明らかにされるにつれ、沖縄の人々は怒り、あきれ果てた。知事はシュワブ案も勝連沖案も「なかなか難しいのではないか」と言明し、[54]勝連半島沖埋め立ては「20年かかる」と述べた。[55]2010年3月に岡田外相がルース大使に提示した、シュワブ陸上に造るヘリパッドにいったん移し最終的には勝連沖の埋め立て地か徳之島へ移すという案について、『琉球新報』は社説で、シュワブ陸上案という最悪の選択と勝連沖埋め立てという最悪の選択を二重に実施することになり、「これ以上悪い案は、思いつくことすら難しい。とてもまともに考えた案とは思えない」と酷評した。[56]勝連沖はサンゴが既に死んでいるので大きな環境問題はないとされていたが、沖縄2紙がダイバーを使って調査したところ、生きたサンゴの群体を発見した。『琉球新報』はそれをまぎれもない「豊じょうの海」と形容した。[57]候補に上がった（ホワイトビー

チのある）うるま市も鹿児島県の町村も基地受入れを拒否した。

4月には、徳之島では島の歴史上最大の住民集会があった。島の住民（人口2万6,000人）の約60％、1万5,000人が参加して移設絶対反対のメッセージを東京に送った。そして米国は、日本政府が移設先周辺住民同意を確保しない限り日本と交渉しないと言った。そんな新たな「思いやり」は、辺野古案をゴリ押しするために沖縄の実力者たちと手を打てと鳩山に圧力をかけるためのものだろう。

写真5.1　2010年4月25日普天間返還、国外・県外移設を求める県民大会（琉球新報提供）

2010年4月12-13日にワシントンで開催された核安全保障サミットで、鳩山はオバマ大統領の近くに座った機会を活用すべく、5月の期限に間に合うと告げようとした。一部報道では、オバマは「遂行できるのですか？（Can you follow through?）」という懐疑的な反応をしたと伝えたが、鳩山も岡田もそのような発言はなかった、と否定した。『ワシントン・ポスト』紙の記者、ジョン・ポムフレットは「情報筋によると」、日本側は「オバマのきつい口調に驚いた余り、交わされた言葉の議事録を作らなかった」と書いたが。ということは上述のオバマ発言の信ぴょう性も疑わしくなる。また、サミット直後、アル・ケイメンは同紙で鳩山を「（サミットでの）最大の敗者だ……不運で……ますます頭がおかしくなっている」と形容し、その1コラムニストの意見を日本のマスメディアは米国全体の意見であるかのように大々的に報道した。鳩山が日米関係にダメージを与えたというのも、マスメディアが誇張していた可能性がある。鳩山は退任後、2011年2月のインタビュー（後述）で、辞任直後の2010年7月にオバマから手書きの手紙をもらい、「あなたは自分の言葉に忠実でした」とあったと語った。忙しい米国の指導者が、既に辞任した仲の悪い相手にこのような手紙を書くだろうか。

図 5.1. 2010 年 4 月 28 日ワシントン・ポスト紙に JUCON（沖縄のための日米市民ネットワーク）とネットワーク・フォー・オキナワが全面意見広告を出した（ビル・メルトン・Jr 制作）

鳩山が辺野古代替案を探して迷走している間に、鳩山への期待と失望に翻弄された沖縄県民は県内移設反対の下に結束していった。4 月 25 日、9 万人の沖縄住民が読谷村に集結した。知事をはじめ、沖縄の 41 市町の首長や代表者、県議会議員、共産党から自民党まで全政党の沖縄選出国会議員、そして沖縄の市民たちが、県内移設反対と普天間飛行場の早期閉鎖、返還を訴えた。（写真 5.1）同日、ワシントンの市民団体、「ネットワーク・フォー・オキナワ（NO）」が日本大使館前で集会を開いた。「NO」は、日本の NGO と協力して資金を集め、『ワシントン・ポスト』に全面広告を掲載した。(図5.1)

鳩山の不可能を可能にしようとする最後の試みは、辺野古案を広義で受け入れつつも、大浦湾の埋め立てではなく、海底に打ち込んだ何千本（一説によると 4,000 本）もの杭の上に乗る桟橋構造とするものであった。この「杭打ち桟橋方式」案は、当初の 1996 年の SACO 合意にも登場したもので、2000-2002 年にも正式に検討されたが技術上の困難やテロの危険性などから消えた案の焼き直しであった。鳩山はこの方法の方が埋め立てよりもサンゴ礁の破壊が少なく環境に優しいと理解していたが、桟橋のせいで日照が遮られ、費用は莫大、利権も本土の海洋土木建設業者（マリコン）に行ってしまい、地元沖縄の建設業者に恩恵はなくなるので地元の理解を得にくいといった面から、現実味のある案ではなかった。また、この案、約 1,000 人の海兵隊員が徳之島に移転されるという、申し訳程度の「県外」要素を伴っていたが、鳩山の当初のビジョンからはかけ離れたものであったし、沖縄県民にはまさしく辺野古案回帰宣言として以外解釈できるものではなかった。保守派の翁長雄

志那覇市長は、13-14年前に検討されて放棄された案を蒸し返してきた政府を、「県民に対しての思いがなく、全く基地問題に対して哲学が欠如している」と批判した。[66]

結果がどうあれ、代替施設の建設と維持費は日本政府が全面的に負わされることになっていた。将来的に同盟関係のさらなる「強化」

写真5.2 2010年5月、伊波宜野湾市長に案内され普天間飛行場を見る鳩山首相（琉球新報提供）

や「深化」が必要とされたとき、この一連の茶番劇で出されたさまざまな施設案がまた蘇るかもしれない。

日本の「二度目の敗戦」

　自らに課した5月の期限が近づくにつれ、鳩山は、一方では米国の最後通牒、他方では沖縄の強固な抵抗に直面し、さらにはおおっぴらに反逆しているも同然の政府を率い、報道機関からは日米同盟を悪化させたとの絶え間ない攻撃にさらされる、という四面楚歌の状況に追い込まれた。外務省と防衛省の官僚は鳩山を降伏させるために「巻き返し」作戦に打って出て、鳩山への協力を拒否し、[67]鳩山を追い落とすために共謀した。信頼できない官僚たちに包囲され、彼らと対決したりワシントンからの圧力に抵抗したりする勇気も明確な問題意識もなく、鳩山の政治的地位は失墜した。内閣支持率は、9か月足らずの間に、発足直後の約73％から19％（辞任直前には17％）にまで急落した。全国メディアは、鳩山が日本の最も重要な対外関係を悪化させたと非難し、米国をこれ以上怒らせるのはやめろと叱責した。[68]

　政権最後の惨めな数週間、鳩山は、表向きには代替案を探しているというジェスチャーをやめ、沖縄県民を裏切り米国の意向に沿う方向に切り替えていった。[69]せめて大浦湾埋め立てのV字案に反対することで、つまり本質よりも細部に

こだわることで、歴代自民党政権とは違うところを見せようとした。しかし、埋め立ては2006年に決定された方式であり、米国にとって唯一受け入れられる案だったのである。

　先述したように、藪中外務次官によると、鳩山は2009年末、代替案が無理な場合は辺野古案に回帰すると米国に伝えたという。その真偽は不明であるが、鳩山の4月24日の発言からは、その後も複雑な心境であったことがうかがわれる。「私は辺野古の海に立って、海が埋め立てられることの自然への冒瀆を大変強く感じた。現行案が受け入れられる話は、あってはならない」と群馬で語った。

　5月4日、鳩山が首相になって初めて沖縄の地に足を踏み入れた日、県内移設と一部徳之島移転という案を携えて、沖縄への約束の全面的な反故を予告するような訪問となった。鳩山は、沖縄の海兵隊の抑止力について、「学べば学ぶほど」必要であるとの思いに至ったと述べた。そして5月23日、沖縄へ再び行って正式に「辺野古回帰」を宣言した。それも沖縄県民の心を逆なでするかのように、アジア太平洋戦争中に学童疎開船が魚雷攻撃を受け多数の児童が殺された対馬丸事件の記念館で裏切りの演説を行った。沖縄では行く先々に市民たちの怒号が響いた。2010年5月28日、日米共同声明が出され、その日のうちに移設先を辺野古と明記する閣議決定を下した。5日後、鳩山は辞任を表明した。

　辞任後8か月経った2011年2月、鳩山は新聞社合同のインタビューに答え、「抑止力」と言ったのは単なる「方便」に過ぎなかったと告白して沖縄中を呆れかえらせた。自分自身も抑止力を信じていたわけではなかったが、「徳之島も駄目で辺野古となった時、理屈付けをしなければならなかった」、と言い訳をした。外務省と防衛省には新しい発想を受け入れない土壌が「本当に強く」あり、信頼しようと思った官僚からも裏切られたり軽く見られたりした。「沖縄の米軍基地に対する存在の当然視」は防衛・外務官僚に限らなかった。鳩山によると、「閣僚は今までの防衛、外務の発想があり、もともとの積み重ねの中で、国外は言うまでもなく県外も無理だという思いが政府内にまん延していたし、今でもしている」。「反省点」として、鳩山は「最初から私自身が乗り込んでいかなきゃいけなかった……オバマ氏も今のままで落ち着かせるしか答え

郵便はがき

6 0 3 8 7 8 9

4 1 4

料金受取人払郵便

京都北郵便局
承　　認
6044

差出有効期限

2015年4月30日
まで〈切手不要〉

京都市北区上賀茂岩ヶ垣内町71

法律文化社
読者カード係　行

ご購読ありがとうございます。今後の企画・読者ニーズの参考，および刊行物等のご案内に利用させていただきます。なお，ご記入いただいた情報のうち，個人情報に該当する項目は上記の目的以外には使用いたしません。

お名前（ふりがな）	年　齢

ご住所　〒

ご職業または学校名

ご購読の新聞・雑誌名

関心のある分野（複数回答可）
法律　政治　経済　経営　社会　福祉　歴史　哲学　教育

愛読者カード

◆書　名

◆お買上げの書店名と所在地

◆本書ご購読の動機
☐広告をみて（媒体名：　　　　　　　）　☐書評をみて（媒体紙誌：　　　　　　　）
☐小社のホームページをみて　　　　　　☐書店のホームページをみて
☐出版案内・チラシをみて　　　　　　　☐教科書として（学校名：　　　　　　　）
☐店頭でみて　　　☐知人の紹介　　　　☐その他（　　　　　　　　　　　　　　）

◆本書についてのご感想
　内容：☐良い　☐普通　☐悪い　　　　価格：☐高い　☐普通　☐安い
　その他ご自由にお書きください。

◆今後どのような書籍をご希望ですか（著者・ジャンル・テーマなど）

＊ご希望の方には図書目録送付や新刊・改訂情報などをお知らせする
　メールニュースの配信を行っています。
　　図書目録（希望する・希望しない）
　　メールニュース配信（希望する・希望しない）
　　〔メールアドレス：　　　　　　　　　　　　　　　　　　　　　　　〕

がないというぐらいに多分、(周囲から)インプットされている」と語った。[74]

　鳩山は、自分が安全保障分野で信頼していた寺島実郎に近い、内閣官房専門調査員の須川清司に密使的な役割を期待したが、彼の周りを外務防衛の官僚が固めて動けなかったという。[75] また、最終的に辺野古回帰に向かう中、自民政権時代の首相補佐官を務めた岡本行夫から何度も辺野古移設についての説明を受けた。[76] 鳩山は最終的に、SACO当時から沖縄に通いつめ、地元有力者を買収して辺野古移設を推進した立役者の1人である岡本に、とどめを刺されたようである。政治と外交の裏側に精通する孫崎享の以下の見解は、鳩山の証言や上述した一連の外交公電、メディア報道などから明らかになった状況を一文でよく言い表している。

　　鳩山首相は沖縄の普天間基地を「最低でも県外移設」と提言し、つぶされました。このとき直接手を下したのは米国人ではなく、日本の官僚、政治家、マスコミです。[77]

　もちろん全てを官僚や周囲の圧力のせいにするのは無責任であるとの意見もある。北海道大学の山口二郎は、官僚の壁を打破する戦略が鳩山には欠けていたとし、琉球大学の我部政明は、抑止力を勉強するならもっと勉強するべきであり、また「県外」公約は党としての公約であり鳩山個人で終わらせてはいけないと指摘した。[78]

　東京大学の篠原一は、この鳩山の降伏を「日本の二度目の敗戦」と位置づける。日米合意にもせめて「安保の基本的な見直し協議に入る」といった一文を入れないと、対米一辺倒になると。日本は最低限の主権の主張さえ諦めてしまったように見えたのだろう。篠原はまた、「敗戦」の責任を鳩山だけに被せてしまうのもおかしいと論ずる。[79] 『琉球新報』の松元剛は、この問題が失言の類いとして扱われ、鳩山個人の資質問題に矮小化されていることを問題視し、この証言があぶりだした①抑止力の虚構、②対米従属と官僚支配の構造、③沖縄差別という三つの問題の核心から目をそらしてはいけないと主張する。[80]

　鳩山は少なくとも、沖縄の過重基地負担を減らしていこうという正しい方向を向いていた。松元が指摘するような根本的な問題を是正するべく働くことこそが、鳩山政権の迷走から得た教訓を生かしていくことであろう。

　また、鳩山の果たせなかった約束は、沖縄の人々を揺り動かして、広範だが

局所的な部分もあった反対運動を全県的な大衆抵抗運動へと駆り立てた。2010年を通じ、鳩山政権から菅政権にかけて、ありとあらゆる民主主義的手段を駆使して、沖縄の人々は民意を表明した。

  1 月：名護市長選で辺野古移設反対の候補が当選
  2 月：県議会が「米軍普天間飛行場の早期閉鎖・返還と県内移設に反対し、国外・県外への移設を求める意見書」を全会一致で可決
  4 月：「米軍普天間飛行場の早期閉鎖・返還と、県内移設に反対し国外・県外移設を求める県民大会」開催、9 万人以上が集まる
  7 月：沖縄県議会、「米軍普天間飛行場移設の日米共同発表の見直しを求める意見書・抗議決議」を全会一致で可決。5月28日の日米共同声明を「民主主義を踏みにじる暴挙」「県民を愚弄（ぐろう）」と宣言
  9 月：名護市議選で辺野古移設反対の候補が過半数当選する
 11 月：世論に押されて県外移設を求めるようになった候補者が知事に当選

沖縄の人々は、今、「第二の敗戦」を乗り越えて、主権を取り戻そうとしている。1996 年の SACO 合意の時点で「5-7 年以内に」返還されるはずだった普天間基地はいまだに返還されず、それどころか米日政府は、県民の反対に報復するかのごとく、普天間を固定化し、事故の絶えない垂直離着陸機 MV-22 オスプレイを配備した。2012 年 9 月 9 日、オスプレイ配備反対集会には 10 万人余の沖縄県民が集まった。反対は本土にも波及し、1万人が国会議事堂を取り巻いた。

今後、日米政府はどうするつもりなのか。2005 年、小泉首相は反対運動の高まりのために沖合の新基地を諦め、2007 年には安倍首相は市民運動を弾圧するために初めて自衛隊の掃海母艦を使った。北部高江では座り込み立ち向かう市民たちを押しのけてオスプレイ用のヘリパッド建設工事を進めている。歴代政府は脅迫と甘言の組み合わせで沖縄を懐柔しようと試みてきたが、沖縄は、保守であろうが革新であろうが、沖縄差別をこれ以上許さないとの考えのもとに結束している。日米政府は、新基地建設を強行するために、本当に「銃剣とブルドーザー」による実力行使をする用意があるのか。そしてその結果起こり得る悲惨な事態、つまりけが人や死者を出すことも辞さないという覚悟ができ

ているのか？

　これが、2010年5月の鳩山の「降伏」以来、日米両政府が突きつけられている問いであろう。

【注】
1）　前田哲男『「従属」から「自立」へ――日米安保を変える』高文研、2009年、15-18頁。
2）　「テロ特措法：小沢・民主代表、米の延長要請拒否　大使と会談『国連の承認ない』」『毎日新聞』2007年8月9日。「テロ特措法　延長する根拠を示せるのか」『毎日新聞』2007年8月9日。
3）　カート・キャンベルとマイケル・グリーン「テロ特措法　日本は長期的影響を考えよ」『朝日新聞』2007年8月27日。Kurt Campbell and Michael Green, "Ozawa's Bravado May Damage Japan for Years," *Asahi Shimbun*, August 29, 2007.
4）　鳩山由紀夫「私の政治哲学」『Voice』2009年9月号。英語では Hatoyama Yukio, "My Political Philosophy," *Financial Times*, available at http://www.ft.com/cms/s/0/99704548-8800-11de-82e4-00144feabdc0.html.
5）　Yoichi Kato, "U.S. Warm to Proposal to Reaffirm Security Pact," *Asahi Shimbun*, July 23, 2009.
6）　次の記事に引用。Mure Dickie and Daniel Dombey, "Prospect of Power Softens DPJ's Stance," *Financial Times*, July 21, 2009.（Green, formerly George W. Bush's top adviser on East Asia, was at this time at the Center for Strategic and International Studies.）
7）　「普天間移設『再交渉しない』　米報道官『民主政権』牽制」『朝日新聞』2009年9月1日。Hiroshi Ito, "U.S. on Futenma Revisit: Forget It," *Asahi Shimbun*, September 2, 2009.
8）　「普天間合意見直さず　米高官　民主公約めぐり発言」『朝日新聞』2009年9月3日。
9）　「『国家間の合意』強調　在日米軍再編　メア米部長　見直しけん制」『沖縄タイムス』2009年9月4日。
10）　Roos, Cable 09TOKYO2369, "Managing Alliance Issues: A/S Campbell's," October 15, 2009, *WikiLeaks*. http://wikileaks.ch/cable/2009/10/09TOKYO2369.html.　国務次官補『米国の忍耐にも限界がある』　米公電訳」『朝日新聞』2011年5月9日。<http://www.asahi.com/special/wikileaks/TKY201105060402.html>
11）　John Pomfret and Blaine Harden, "U.S. Presses Japan on Military Package," *Washington Post*, October 22, 2009.「『最もやっかいな国は日本』米高官、鳩山政権を懸念」『読売新聞』2009年10月23日。
12）　「普天間　米ゼロ回答　ゲーツ長官、代替案や先延ばし『ノー』」『朝日新聞』2009年10月22日。
13）　米国防総省『日本国北澤俊美防衛大臣とロバート・ゲイツ国防長官の共同記者会見』、東京、2009年10月21日。Department of Defense, "Joint Press Conference with Japanese Defense Minister Toshimi Kitazawa and Secretary of Defense Robert Gates," Tokyo, October 21, 2009.

http://www.defense.gov/transcripts/transcript.aspx?transcriptid=4501.
14）　Pomfret and Harden, "U.S. Pressures Japan."
15）　「名護移設　米軍トップ『絶対に必要』」『読売新聞』2009年10月23日。「マレン米統合参謀本部議長の発言要旨」『朝日新聞』2009年10月22日。
16）　Michael Green, "Tokyo Smackdown," *Foreign Policy*, October 23, 2009, http://shadow.foreignpolicy.com/posts/2009/10/23/tokyo_smackdown.
17）　「マイケル・グリーンインタビュー安定した新政権を期待　外交安保の機能不全防げ」『朝日新聞』2009年8月28日。
18）　Michael Green, "Japan's Confused Revolution," *Washington Quarterly* 33, no. 1 (2009): 12.
19）　U.S. Department of State Ian Kelly in Daily Press Briefing, Washington, DC, November 3, 2009. http://www.state.gov/r/pa/prs/dpb/2009/nov/131297.htm.　米国務省のイアン・ケリー、定例プレス・ブリーフィングにて、ワシントン、2009年11月3日。
20）　Richard Armitage in the 16th Annual Japan-US Security Seminar, Pacific Forum CSIS, January 15, 2010, Washington, D.C., http://csis.org/event/16th-annual-japan-us-security-seminar. アーミテージの発言の動画が次のリンクで閲覧できる。<http://csis.org/multimedia/japan-us-alliance-fifty-where-we-have-been-where-we-are-heading.> その他の発言者は、北岡伸一、ウィリアム・ペリー、岡本行夫。北岡は、岡田外相（当時）が任命した、密約に関する「有識者委員会」の委員長を務めた。（2章に詳述）また、岡本は、本文でも述べたように、鳩山政権末期、鳩山に辺野古移設について何度も「説明」をしたという。
21）　Simon Tisdall, "Japan tries to loosen the US leash," *Guardian*, August 10, 2009.
22）　「普天間移設、米政府に『日本の民意尊重を』と岡田外相」AFPBBNews　2009年10月22日。<http://www.afpbb.com/article/politics/2655223/4786260>
23）　「外相の県民対話　危機煽るだけでは情けない」『琉球新報』2009年12月7日。
24）　Hillary Rodham Clinton, "Remarks with Japanese Foreign Minister Katsuya Okada after Their Meeting," Honolulu, January 12, 2010, available at http://www.state.gov/secretary/rm/2010/01/135088.htm.
25）　Roos, Cable 09TOKYO2377, "A/S Campbell, GOJ Officials Discuss PM Hatoyama's," October 15, 2009, *Wikileaks*. http://wikileaks.ch/cable/2009/10/09TOKYO2377.html.「日本より中国重視と公言したらどうするのか　米公電訳」『朝日新聞』2011年5月9日。<http://www.asahi.com/special/wikileaks/TKY201105060403.html>
26）　2009年9月18日、斎木昭隆・外務省アジア大洋州局長がカート・キャンベル・アジア太平洋担当国務次官補に。Roos, Cable 09TOKYO2197, September 21, 2009, *WikiLeaks*, "Gaimu kanryo 'Nichibei no taito motomeru Minshu seiken wa oroka," *Asahi Shimbun*, May 7, 2011.「外務官僚『日米の対等求める民主政権は愚か』　米公電訳」『朝日新聞』2011年5月7日。<http://www.asahi.com/special/wikileaks/TKY201105060396.html>
27）　平野官房長官の外交問題顧問である伊澤修の発言。在沖米総領事レイモンド・グリーンによる機密公電に引用。Greene, Cable 09NAHA67, "DPJ Senses USG

Flexibility on FRF Renegotiation," October 5, 2009, *WikiLeaks*. http://wikileaks.org/cable/2009/10/09NAHA67.html.「岡田外相は米が嘉手納統合を受け入れると理解　米公電訳」『朝日新聞』2011 年 5 月 13 日。<http://www.asahi.com/special/wikileaks/TKY201105120499.html> この朝日の翻訳版では、公電原文にはある伊澤修の名前が「政府高官の XX」と隠されている。

28) Roos, Cable 10TOKYO247, "Assistant Secretary Campbell's February 2 Meeting," February 8, 2010, *WikiLeaks*. http://wikileaks.org/cable/2010/02/10TOKYO247.html.

29) Roos, Cable 09TOKYO2378, "A/S Campbell, GOJ Officials Discuss the History of (Realignment)" October 15, 2009, *WikiLeaks*.http://wikileaks.ch/cable/2009/10/09TOKYO2378.html.「中国めぐる有事に備え『滑走路 3 本必要』米公電訳」『朝日新聞』2011 年 5 月 5 日。<http://www.asahi.com/special/wikileaks/TKY201105040061.html>

30) Greene, Cable 09NAHA67.「岡田外相は米が嘉手納統合を受け入れると理解　米公電訳」。

31) 2009 年 12 月 9 日、Roos, Cable 09TOKYO2815, December 9, 2009, *WikiLeaks*. http://wikileaks.org/cable/2009/12/09TOKYO2815.html.「普天間『米国が圧力かけ続ければ状況は悪化』　米公電訳」『朝日新聞』2011 年 5 月 8 日。<http://www.asahi.com/special/wikileaks/TKY201105060408.html>

32) 同上。

33) Roos, Cable 09TOKYO2875, "MOFA 'Alliance Hands' Express Frustration at DPJ," December 16, 2009, *WikiLeaks*. http://wikileaks.org/cable/2009/12/09TOKYO2875.html.

34) Roos, Cable 09TOKYO2946, "Ambassador's December 21 Lunch Meeting with Vice Foreign MinisterYabunaka," December 30, 2009, *WikiLeaks*. http://wikileaks.org/cable/2009/12/09TOKYO2946.html.「『現行案が頼みの綱』鳩山首相が国務長官に　米公電訳」『朝日新聞』2011 年 5 月 8 日。<http://www.asahi.com/special/wikileaks/TKY201105060405.html> ここの藪中の引用は朝日の訳ではなく本書の訳者によるものである。

35) Mark Landler, "Obama Rewarded '08 Fund-Raisers, Barring Some From Helping Now," *New York Times*, July 24, 2012.

36) 「普天間なお迷走　米巻き返しで窮地」『琉球新報』2009 年 12 月 6 日。

37) 『琉球新報』「外相の県民対話　危機煽るだけでは情けない」(2009 年 12 月 7 日)から引用。

38) この対話集会のテープ起こしは、作家目取真俊のブログ、『海鳴りの島から』の、7 部構成の「岡田外務大臣と『市民との対話集会』全面公開」を参照。<http://blog.goo.ne.jp/awamori777/e/1863c314ee19f70bd5c5c676e8409ad1>

39) Roos, Cable 09TOKYO2815.「普天間『米国が圧力かけ続ければ状況は悪化』米公電訳」。

40) Roos, Cable 09TOKYO2822, "Ambassador Roos's Meeting With Minister Maehara," December 10, 2009, *WikiLeaks*. http://wikileaks.org/cable/2009/12/09TOKYO2822.html.「普天間現行案受け入れへ『連立解消の用意』　米公電訳」『朝日新聞』2011 年 5 月 11 日。<http://www.asahi.com/special/wikileaks/TKY201105040060.html>

41) 「在日米軍再編：普天間移設　09 年末に辺野古容認、鳩山氏は否定——公電暴露」『毎日新聞』2011 年 5 月 6 日。
42) "Pentagon Prods Japan on Futenma Deadline," *Japan Times*, January 8, 2010.
43) 同上。
44) Joseph S. Nye Jr., "An Alliance Larger Than One Issue," *New York Times*, January 6, 2010.「普天間移設 米政府の姿勢戒め　ナイ氏が米紙寄稿」『琉球新報』2010 年 1 月 9 日。
45) 加藤洋一「普天間移設『辺野古以外なら海兵隊の撤退も』リチャード・ローレス元米国国防副次官」『朝日新聞』2010 年 3 月 4 日。
46) "Updating the US-Japan Alliance-An Interview with Mike Finnegan, Richard Lawless and Jim Thomas," National Bureau of Asian Research, April 2, 2010. http://www.nbr.org/research/activity.aspx?id=77.
47) 「岡田外相発言 暴走する鳩山政権の限界 安保の沖縄依存から脱却を」『琉球新報』2009 年 10 月 25 日。
48) 「ゴルバチョフ氏 本紙に回答　提言・普天間移設」『琉球新報』2009 年 12 月 21 日。
49) 「普天間代替、鹿児島の馬毛島浮上　防衛相が地権者と接触」『琉球新報』2009 年 12 月 5 日。馬毛島については、次を参照。Gavan McCormack, "Mage - Japan's Island Beyond the Reach of the Law," *The Asia-Pacific Journal: Japan Focus*, February 20, 2012.
50) "US in the Dark on Final Futenma Decision," *Asahi Shimbun*, February 5, 2010.「『5 月の状況見通せぬ』普天間問題で米国務次官補」『朝日新聞』2010 年 2 月 3 日。
51) 「普天間移設、2 案提示へ…米側過去に却下」『読売新聞』2010 年 3 月 18 日。
52) 目取真俊「勝連沖案のとんでもなさ」『海鳴りの島から』2010 年 3 月 16 日。<http://blog.goo.ne.jp/awamori777/e/74317ee41418daf8ae8b84d09fca10ef>
53) "Is Tokunoshima Really Outside of Okinawa? 徳之島案は「県外」とは言えない," *Peace Philosophy Centre*, April 6, 2010. http://peacephilosophy.blogspot.ca/2010/04/is-tokunoshima-really-outside-of.html.
54) 「知事、政府 2 案を困難視　普天間移設」『沖縄タイムス』2010 年 4 月 3 日。
55) 「県内 2 案は『まったくだめ』　シュワブ陸上・勝連沖　沖縄知事が表明」『朝日新聞』2010 年 4 月 1 日。
56) 「普天間政府案　民意欺くワーストの案だ」『琉球新報』2010 年 3 月 27 日。
57) 「豊じょうの海　サンゴ輝く 普天間移設候補地 勝連沖　広がる群落」『琉球新報』2010 年 4 月 2 日。
58) "'Hantai!' Tokunoshima's Record-Breaking Addition to Ryukuans' Democratic Voices," *Peace Philosophy Centre*, April 19, 2010. http://peacephilosophy.blogspot.com/2010/04/tokunoshimas-record-breaking-addition.html.
59) "Hatoyama's Latest Futenma Tack: Move Choppers to Tokunoshima," *Japan Times*, April 10, 2010.
60) 「迷走！普天間移設【24】きちんと責任取れるのか？」『時事ドットコム』2010 年 4 月 15 日。<http://www.jiji.com/jc/v2?id=20100420futenma_air_station_24> この記事では Can you follow through? という表現を「きちんと責任取れるのか」と訳しているが本書

訳者はこれを誇張された訳と感じており、本書では「遂行できるのですか」と訳した。下記毎日新聞の訳「実現できるのか」も妥当な訳であると思う。同じ表現でも語調によって訳し方は異なるので、語調が分からない限り無難な文字通りの訳が望ましい。また、米国の要人の発言をわざと丁寧語を使わず命令調にするのは、「米国の圧力」を強調したい日本のメディア側の恣意が働いている可能性があることを指摘しておく。

61)　「普天間巡りオバマ氏『実現できるのか』──鳩山首相『そういう発言はない』」『朝日新聞』2010年4月21日。

62)　John Pomfret, "Japan Moves to Settle Dispute with US over Base Relocation," *Washington Post*, April 24, 2010.

63)　Al Kamen, "Among Leaders at Summit, Hu's First," *Washington Post*, April 14, 2010.

64)　「鳩山前首相一問一答　見通しなく『県外』発言」『琉球新報』2011年2月13日。

65)　「テロ危険、環境面も課題…移設案 QIP 工法」『読売新聞』2010年4月29日。

66)　「『公約違反』　怒り発火　くい打ち案　政府手法を市民批判」『沖縄タイムス』2009年4月29日。

67)　「編集長インタビュー──福島みずほ前大臣　鳩山由紀夫・小沢一郎・菅直人を語る」『週刊金曜日』2010年6月18日、14頁。

68)　山口正紀「［メディア一撃］＜ハトをサギにさせた＞大手メディアの『日米同盟不可侵』報道」『週刊金曜日』2010年6月11日。

69)　Defense Vice-Minister Nagashima Akihisa, quoted in John Brinsley and Sachiko Sakamaki, "US base to Stay on Okinawa, Japanese Official Says," Bloomberg, March 2, 2010.

70)　"Few Futenma Choices Left for Hatoyama," *Asahi Shimbun*, April 26, 2010.

71)　「普天間移設　首相が沖縄訪問　県内・徳之島案を表明　名護市長は拒否」『読売新聞』2010年5月5日。

72)　「首相　辺野古提示　完全な裏切り『住民を振り回した揚げ句に』『頭越し』に怒号」『琉球新報』2010年5月24日。

73)　「辺野古移設、閣議決定　拒否の福島氏を罷免　鳩山首相謝罪『沖縄傷つけた』普天間」『朝日新聞』2010年5月29日。

74)　「鳩山前首相一問一答　見通しなく『県外』発言」『琉球新報』2011年2月13日。分析は Satoko Norimatsu, "Hatoyama's Confession: The Myth of Deterrence and the Failure to Move a Marine Base Outside Okinawa," *The Asia-Pacific Journal: Japan Focus* (February 13, 2011), http://www.japanfocus.org/-Norimatsu-Satoko/3495.

75)　「"面従腹背"に敗北　県外』指示　抵抗『押し返せず』」『琉球新報』2011年2月13日。

76)　「抑止力は方便　鳩山前首相、普天間で証言」『琉球新報』2011年2月13日。

77)　孫崎享『戦後史の正体　1945-2012』創元社、2012年、354-359頁。

78)　「抑止力は方便　鳩山前首相発言の波紋　下」『琉球新報』2011年2月17日。

79)　篠原一「トランジション第二幕へ」『世界』2010年11月号、91頁。

80)　松元剛「特別評論　鳩山『方便』発言が問うもの　検証すべきは抑止力　政局の陰で埋没する核心」『琉球新報』2011年2月18日。

第6章

選挙と民主主義

　沖縄で初めての民主主義的な選挙は1968年の琉球政府主席選挙だった。その3年前の1965年7月、ベトナム戦争のエスカレーションによって深刻な危機感を持ったライシャワー大使は、沖縄の米国軍事支配を続けるためにも日本と沖縄で保守勢力の支配を確保する重要さを痛感する（2章に詳述）。米国の機密文書、ライシャワー大使と米陸軍高官たちの沖縄政策についての会話録の「秘密行動計画」には、沖縄の立法院議員選挙（1965年11月）で保守勢力に資金援助をするという内容が書かれている。米国が直接干渉するのではばれて問題になる危険性が高まるので、自民党経由で資金を提供した。[1] 1968年8月16日の米国大使館から琉球高等弁務官への秘密公電「日本自由民主党の財政支援」には、沖縄民主党副総裁の吉元栄真が自民党の福田赳夫に会ってCIAからもたらされた72万ドルの受け渡し方法を確認し合ったとある。資金の使途は主席選挙だけでなく、立法議員選挙、那覇市長選挙、その他市町村選挙にも及んだ。[2]
　このような干渉の結果、選挙戦は二つの次元でたたかわれる傾向を生んだ。一つは政党間の候補者同士のたたかい、もう一つは、沖縄で民主主義の原則を実現しようとする人々と、民主主義を妨害しようとする人々の間のたたかいであった。選挙干渉は秘密裡に行われるので、その詳細は、数年または数十年経ってから部分的に、または間接的に明らかになる程度である。しかし全般的な傾向としては、基地再編への「地元の合意」を創り出す必要性が高いほど干渉はエスカレートするようである。
　この章では、沖縄現代史における選挙の歴史を全て網羅するのではなく、主に、1990年代の大田革新県政時代から大田退陣後も続く沖縄の民主主義への

中央政府による選挙干渉を含む圧力を、そして、2009年政権交代から2010年にかけての一連の選挙において、市民の抵抗が日米政府の強権と干渉を凌駕するべく、決定的に流れが変化していく過程を追っていく。

1 民意介入の歴史

1990-1998年、大田知事と「アクション・プログラム」

　1972年の沖縄返還以降、地元民によって選ばれ、憲法で自治権を保障された県を統括する知事の役割は非常に重要である。したがって、沖縄での歴代の知事選は熾烈なたたかいとなった。1968年に初の琉球政府主席公選で選出された屋良朝苗は、1972年返還直後に知事として再選された。「核も基地もない平和で豊かな沖縄県」を目標にした革新県政は1976年、屋良から、平良幸市に引き継がれ、平良が任期途中に病で倒れた後、1978年に保守系、安保容認の西銘順治が当選した。巨大建設事業と観光業振興策（その結果、環境破壊が進んだ）を進めた三期12年の西銘県政を経て、冷戦終結期の1990年、沖縄県民は変化を選んだ。沖縄戦の体験者で沖縄戦史の研究者でもある大田昌秀が、平和憲法を人々の生活に生かし、基地問題や戦後処理問題を解決するなどの公約で当選した。大田は戦死者を弔い沖縄を平和の島とする平和行政に取り組んだ（1章、9章参照）。大田県政の目玉であった「基地返還アクション・プログラム（行動計画）」は、1996年1月に策定され、2001年までに普天間を含む10の施設の返還、2010年までに14の施設、2015年までには嘉手納飛行場を含む残りの17基地の返還を目指していた。[3] 返還された跡地利用計画も含む「国際都市形成構想」を打ち立て、琉球王国時代からの近隣諸国との交易と友好関係という歴史的背景を生かした経済・文化・学術等の交流拠点を目指した。[4]

　大田は、基地返還を求め沖縄の直接外交を追求して6度の訪米要請をした。その一つの重要な成果は、チャルマーズ・ジョンソンを沖縄へ招いたことではないだろうか。元CIA顧問であったこの保守的な政治学者は、1996年末の沖縄訪問で基地被害を目の当たりにしたことをきっかけに、米国の沖縄での役割や世界中の米軍基地について考え直すようになった。晩年には米軍事帝国を批判するベストセラー本を多数出版した。

1995年9月少女暴行事件は大田の在任中に起きた。この事件後に爆発した全島挙げての怒りを背景に、そしてその年の2月に発表されていた、東アジアに10万人の兵力を維持するとした「ナイ・イニシアチブ」(2章参照)への対応として、大田は9月28日、米軍用地強制使用のための代理署名を拒否した。[5]

米軍用地強制使用問題

　米軍用地については、米軍支配時代、琉球政府が個々の地主と賃貸借契約を結び、米軍に転貸するという形をとっており、最終的な財政負担は米側が負っていたが、1972年の日本「復帰」後は、軍用地の提供は日本政府の責任となった。もともと強制接収された土地の地主たちの中から日本政府との土地貸借契約を拒否する「反戦地主」が出ることが見込まれたため、政府は1971年、「公用地法」[6]を制定して強制使用の継続を可能にした。「公用地法」は沖縄にだけ適用される違憲の疑いの強い特別法であり、1982年の期限切れ以上に再延長するのは不可能であった。そこで政府は「米軍用地特措法」(1952年制定)[7]を適用した。[8]この法の下では、総理大臣が強制使用する土地の「使用認定」を行い、起業者(ここでは那覇防衛施設局長)の作成した土地証書・物件証書に地主の署名押印を求める。地主が拒否した場合は対象土地所在の市町村長に代理署名を求め、市町村長が拒否した場合は知事に代理署名を求める。次に、起業者は県収用委員会に裁決申請を行い、収容委員会は対象土地所在の市町村長に対し、関係書類を関係者に周知させるための「公告・縦覧」を求め、市町村長が拒否した場合は知事に代行を求めることができる。[9]

　当時の西銘知事は抵抗もなく署名、公告・縦覧を代行していた。1990年から知事になった革新の大田知事は、91年に国から公告・縦覧を求められたときは、振興計画や返還軍用地の地主への補償などとの兼ね合いから応じていた。[10]95年には、地主が署名拒否した土地のある自治体のうち、那覇市長、沖縄市長、読谷村長が代理署名に応じなかったため、大田知事に回ってきていた。[11]

　1995年の大田知事の決断は、知事による初の代理署名拒否であり、大田知事としても方針の転換であった。大田は9月29日の記者会見で「若者たちが二十一世紀に夢を抱ける沖縄をつくるためにも、自立的な発展を阻む基地を撤去する必要がある」と言明した。[12]国の勧告・命令にもかかわらず姿勢を変えな

い大田に対し、同年 12 月、村山富市首相（当時）は代理署名を求める裁判を福岡高等裁判所那覇支部に起こした[13]。1996 年 3 月に福岡高裁那覇支部は知事に代理署名を命じ、県の敗訴となった。知事はこの命令に従わず、当時の橋本首相が代理署名を行う。同年には楚辺通信所やその他の軍用地について自治体首長が公告・縦覧を拒否した分についても知事が代行を求められていた。8 月には最高裁が大田の代理署名裁判での上告を棄却する判決を下した。最高裁法廷では「本件上告を棄却する。上告費用は上告人の負担とする。」という主文を 1 分ほどで読み上げただけで閉廷とされた。このようなあしらいと、上告から判決までわずか 5 か月という異例の速さには、大田と沖縄県民に対する侮蔑が反映されていた[14]。

1996 年 9 月 8 日、日米地位協定の見直しと基地の整理縮小についての初の県民投票が行われ、投票率は約 60％、投票数 54 万強のうち賛成票が 9 割を占めた。その民意を受けつつも、わずかその 5 日後、9 月 13 日に、大田は公告・縦覧代行に応じた。それは沖縄の反基地運動に関わってきた人々、知事の国家への抵抗を支援してきた人々を失望させた[15]。県の反基地の姿勢もこれを機に弱まり、東京と沖縄との関係は経済と「振興」策へと変換していった。

翌年 1997 年、日本政府は米軍用地特措法を改定し、収容委員会の裁決に国が不満である場合、建設大臣に審査請求ができて、審査期間中は事実上無期限に強制使用ができるようにしたのである。財産権を「侵してはならない」とする憲法 29 条と、一つの地方公共団体のみに適用される特別法は「その地方公共団体の住民の投票においてその過半数の同意」を得なければならないという憲法 95 条を無視して、国会は、賛成圧倒的多数（衆議院で 90％、参議院で 80％）で特措法を成立させた。沖縄県民から見れば差別に他ならなかった。傍聴席からは「土地泥棒」「沖縄の気持ちがわからないのか」などの声が上がり、21 人が拘束された[16]。新崎盛暉は「改定特措法の成立は、日本の政治が沖縄の世論を押しつぶす構図を象徴的に表現していた」と見る[17]。

普天間「返還」と「移設」——名護の民意、裏切られる

代理署名訴訟と同時に進行していたのが、基地返還のための SACO 交渉であった。1996 年 4 月、モンデール大使と橋本首相の会談後、普天間は 5 年か

ら7年以内に「全面返還」すると発表され、大田知事は、県民が最優先に求めていた普天間基地の返還が決定したのは評価しつつも、県内外の既存基地内への移設条件があることを心苦しく思っていると表明した[18]。その後同年12月にSACO最終報告が発表され、移設先が沖縄本島東海岸[19]とされ、まもなくそれがキャンプ・シュワブ沖になることが明らかになった。

　1997年12月、名護市民は住民投票を実施した。「名護に米軍基地建設に賛成か反対か」を問おうとした市民主導の市民投票条例は否決され、保守系の比嘉鉄也市長により「環境対策や経済効果が期待できるので賛成」といった条件付き賛成の項目を含む四者択一とされるという、賛成を増やすような操作が行われた。住民投票を率いた市民の1人、宮城康博（元名護市議、9章参照）は、この住民投票により、その後の知事選や名護市長選で争われることになる「基地反対か経済か」という選択肢の構図が作られたことを忘れてはいけないと言う[20]。政府の大規模な干渉（沖縄の防衛施設局の関係者は一軒一軒戸別訪問して代替ヘリポートを支持するように説得し、政府高官や自民党幹部が相次いで沖縄を訪問）と地元建設業界の組織票にもかかわらず、投票率は82.45％で過半数の53.8％が移設案に反対票を投じた[21]。しかし比嘉市長は3日後に上京して橋本首相に基地建設受け入れを表明し、同時に辞意を表明した[22]。名護市民の「市民自治の体現」であった住民投票の結果を踏みにじられた市民は「烈火のごとく怒った[23]」。その後1998年2月に行われた市長選では、比嘉市長の後継者として名護市助役の実力者岸本建男が、そして基地反対の立場からは元社民党の県議だった玉城義和が無所属で立候補した。岸本陣営は基地問題の争点化を避けていたが、投票2日前の2月6日、それまで態度を明らかにしていなかった大田知事が海上ヘリ基地反対を正式に表明した。その1か月前には全県の女性たち350人が県庁ロビーに溢れるほどに集まってヘリ基地反対を要請するなど、世論の高まりを受けての発表であったが、タイミングが悪かった。岸本が、ヘリ基地問題は「知事の判断に従う」と公約したので、大田の発表が有利にはたらく結果となり、岸本は当選した[24]。ここから2010年まで名護の「市民投票と選挙結果のねじれ」が続くことになる。

　1998年11月の県知事選で、現職大田が沖縄経済界の要人稲嶺恵一に取って替わられた。稲嶺は経済重視の選挙戦を張り、電柱に貼られた黒地のポスター

には、「流れを変えよう」「ピッチャー交替」「理想より現実」「解釈より解決」といったキャッチフレーズが躍り、県内数か所に現れた大型バス大の車の横腹の大型テレビ画面では、普通の人たちが「仕事を下さい」「不景気をどうにかしてほしい」などと言って最後に「チェンジ！」と叫んだ。

　このようなキャンペーンには中央政府の金が使われた可能性が高い。2010年になって、この選挙で「官房機密費」3億円が稲嶺陣営に渡っていた、と当時小渕内閣の副官房長官を務めていた鈴木宗男が証言した。鈴木は、要請は沖縄側からあり、「やっぱり選挙は勝たなければならない中で」機密費を流す判断が下されたと言っている。稲嶺は否定した。そして稲嶺は基地反対の民意をすくい上げるかのように、海上基地については反対とし、15年間期限つき軍民共用空港（4章参照）という公約を掲げ、政府もそれを後押しするかのように、投票日直前に海上基地の見直しを表明した。保守派が勝つこの手法は、条件付き県内移設を認めていたのに知事選の直前に「県外移設」を表明するようになって、現職仲井眞知事が再選を果たした2010年の知事選にも使われた。

大田後

　稲嶺が当選し政府にとっての「大田問題」が解決した後、再び政府は「振興」の名の下に、買収と基地反対の声の囲い込みに乗り出した。1972年「返還」以来の、道路や港湾整備等の公共事業を中心とした「沖縄振興開発体制」は琉球大学の島袋純が言うところの、日本保守政治の「『利益還元政治』に沖縄を組み込むための装置」として始まり、結果的には「基地問題の非争点化を確実なものとする」制度として発展した。県政が保守の手に渡った西銘知事の下で軌道に乗り、基地問題を「周辺化」し、日本の中央政治において「非争点化」する役割を果たしたのである。大田県政の下では、「国際都市形成構想」において県知事が閣僚と同等の発言権を有する閣僚会議等の仕組みを作ったり、上述した代理署名拒否が実質的に中央政府への自治体の拒否権発動として機能したりしたように、基地問題の中央におけるある程度の「争点化」を果たした。しかし稲嶺知事の下で、基地問題の非争点化の道具としての振興開発体制が再編強化される結果となり、国が県をバイパスして直接基地受け入れ市町村に「振興策」を投じることができる「島田懇談会事業」（1997年から2007年度）や「北

部振興事業」（普天間移設受け入れ先や周辺の振興事業、2000年から2007年度）などが導入・強化されていく。稲嶺後、2006年の県知事選で、新基地反対の糸数慶子を抑えて稲嶺継承路線で当選した仲井眞弘多県政下では、基地受け入れの進捗状況に応じて防衛大臣が直接交付するという「再編交付金」（2007年から）も導入される。[29]経済学者の川瀬光義は、1995年の少女暴行事件とその後のSACO以来、従来の内閣府沖縄総合事務局を通じた振興開発事業費が減少し、かわりに新基地受け入れを条件とした露骨な「再編交付金」のような、防衛省を通じた事業費が質量両面で増加してきたと指摘する。この交付金は国の方針に文句をつけず「唯々諾々」と従って初めて満額交付されるもので、原発交付金をモデルに考案されたが、米軍再編受け入れは原発受け入れと違い、自治体に選択権はないと指摘する。[30]他に類を見ない強権的で懲罰性の強い交付金であるということだ。元名護市議の宮城康博はこの「再編交付金」を「アメとムチ」どころか「ムチとムチ」であると呼ぶ。[31]

沖縄を押さえ込む方法は、金だけではなく、2000年3月に琉球大3教授が提唱し、被害者的歴史観の克服を説き、日米軍事同盟の容認の上での「基地沖縄」の役割を強調したということで激しい批判を浴びた「沖縄イニシアティブ」[32]のようなイデオロギー的方法や、同年7月に開催された「沖縄サミット」のような、お祭りムードで反対運動から目をそらすような催しの形を取るときもあった。一方、サミットにおける特権的「経済繁栄」に異議を唱えた「沖縄民衆平和宣言」[33]や、サミット前日に嘉手納基地を包囲した2万7,000人の人の輪[34]などの市民運動も起こった。そして21世紀になって、既述したような（4、5章）、市民による辺野古移設反対運動と政府の移設計画の駆け引きが展開された。

知事と名護市長の条件付き受け入れを確保し、グアム協定も結んだ日米政府が、楽観的であったとしたら、それは大きな間違いだということをその後の出来事が証明することとなった。

2　流れは変わった——2010年の3選挙

過去10数年で、基地推進のための「振興」計画による経済繁栄は幻想に過ぎないということがわかってきた。北部では、若年層の人口、農業就業者数が

減少、生産額も 1990 年に比べると 10％ もの減少、純生産は 2000 年から 2006 年にかけて、県全体は増加しているのに北部は年々減少した。[35]

　閉塞感を打ち破るかの如く、沖縄のムードが決定的に変わったのは、2009 年 8 月末の総選挙での民主党の勝利の後だった。かつては県内移設反対派と容認派がほぼ同数だったが、2009 年までには、反基地感情が高まり、同年 5 月の世論調査では 68％ が県内移設に反対、賛成はわずか 18％ であった。[36]沖縄の 2 新聞も沖縄市民社会の有力者たちも強固な基地反対姿勢を維持していた。[37]そして既述（4、5 章）のように、鳩山政権が「最低でも県外」の公約を守れないのではないかとの不安と不満の表れは、2010 年 2 月の沖縄県議会（2008 年選出）による、普天間の「国外・県外」移設を要求する全会一致の決議で頂点に達した。[38]2010 年 3 月のアンケート調査では、沖縄の 41 市町村の首長全員が県内移設を拒否し、4 月には、沖縄の 11 市の首長で組織する市長会議が全会一致で、県内移設反対・県外国外移設要請決議を採択した。[39]

　この問題については、沖縄政界には「革新対保守」という対立はもはや存在しなかった。自民党県連幹事長も務めた翁長雄志那覇市長でさえも、沖縄の有力保守政治家として、鳩山政権が普天間についての公約を果たそうとしないことへの失望を表明し、普天間基地県外移設を実現するには沖縄県民が「しっかりとスクラムを組めるようになること」だと語った。[40]これほど中央政府との対決姿勢をとった自治体や県はかつてあっただろうか。2010 年の三つの選挙はこの過程を決定的なものにしたのである。

1 月——名護市長選挙

　民主党が普天間県外移転を約束して勝利した 2009 年 8 月の総選挙の数か月後、2010 年 1 月 24 日に、名護市（人口約 6 万人、有権者数約 4 万 5,000 人）の市長選挙が行われた。日本現代史でこれほど広範囲に強い関心を、国内のみならず国際的にも集めた地方選挙は例を見ないのではないか。これは、日米の同盟関係、東アジアの軍事力の均衡、そして日本の民主主義にとっても大きな意味のある重要な市長選挙であった。

　この町は、1996 年から、中央政府とその巨大な同盟国の必死の攻勢を阻止し続けている。1997 年住民投票直後の比嘉市長の裏切りの後、政府と取引を

する傾向のある市長が1998年（岸本建男）、2002年（岸本再選）、2006年（島袋吉和）と続けて選出されたのは事実だが、彼らの妥協の裏には複雑な状況があった。

2010年1月の市長選は政権交代後初めてであり、鳩山政権が当初の自信を無くし揺れ動く中、「地元」名護の意志表明として注目された。結果は「辺野古に基地は要らない」と明確な姿勢を打ち出した新人の稲嶺進が、現職の島袋吉和を、1万7,950票対1万6,362票（投票率77％）で破った。稲嶺の勝利は、名護市民の日米政府に対する紛れもない声明としての意味を持ち、名護市民の約70％が辺野古案に反対という投票日直前の世論調査結果を裏付けることにもなった。[41] 名護市民は、日米両政府に対し、外交・安全保障姿勢の大幅修正の要求を突きつけたのである。そして12年経って、ようやく、市民投票と選挙結果のねじれが修正されたのだ。

住民投票の結果を裏切って基地を受け入れた元市長の比嘉に指導・支援された「操り人形」島袋は、選挙期間中、地元の事業所に事前投票をするように圧力をかけて回った。名護の活動家・ライター、「ヘリ基地いらない二見以北十区の会」共同代表の浦島悦子（9章参照）によれば、

> 島袋陣営が何百回となく重ねているという懇談会は、「（島袋吉和ではなく）比嘉鉄也の懇談会」と呼ばれ、夜の飲み屋廻り（飲み会を開かせてそこで懇談会を行う）や、ゴルフ大会・ボーリング大会等を組織して高額商品を出すなどが漏れ聞こえてきた。比嘉氏が理事長を務める名桜大学の学生をエイサー隊として島袋陣営の決起集会に動員し、また二〇〇〇票あると言われる同大の票を一票五〇〇〇円で買っているとも噂された。[42]

しかしこのような恥も外聞もない選挙戦略は、保革を超えて高まる基地反対の民意と稲嶺への支持の勢いには勝てなかった。名護はありとあらゆる利益誘導を払いのけ24年間の保守市政にピリオドを打ち、「新たな歴史の一頁」を開いた。[43]

しかし、名護市長選は政府の日米同盟最優先政策を揺るがすことはなかった。平野博文官房長官は「（市長選は）一つの民意としてはあるだろうが、（移設を）検討していく上においては、あまりそのことも斟酌してやらなければいけないという理由はないと思っている」と述べ、必要ならば（基地建設のための）法的

手段をとることもできると付け加えた。民主党政権は、沖縄を服従させるためには、かつての自民党政権も試みなかった権力行使の用意があることをほのめかしたのである。2009年に沖縄県民が民主党に託した希望と信頼は露と消えた。

着任の翌年、基地は「海にも陸にもつくらせない」という姿勢を一貫してきた稲嶺は語った。

> 日米のトップだけで辺野古移設を合意されたことは、沖縄の実情を無視した合意であり絶対に容認、あるいは受け入れできる状況にはない。66年間も人権蹂躙も含めて過重な負担というのがあって、もうこれ以上こんなことがあっては許されない、いわば**許容の範囲、受忍の範囲を通り越している**状況にあると私は思います。そういう意味では、いくら国どうしが約束をしたといっても、県や名護市という地元は全くそれを認める状況にはないということです。（強調は引用者）

稲嶺がこう言うとき、名護だけではなく沖縄の大多数の人の声を代弁している。「島懇事業」や「北部振興事業」で名護には500億円以上、国や県がやった事業も合わせると800億円が投じられてきたが、名護市民にとっては「あれは何だったのか」と、豊かになった実感はなかった。稲嶺は「自分たちで汗を流して得たものではない」事業によってハコモノばかり出来た傍ら、農業生産は90年代に比べて30％以上も減少したことを挙げ、市民自らが創り出し自らに還元する持続可能な経済を再構築する必要性を訴えた。

そのような信念のある自治体の長には容赦なく中央政府の懲罰の手が及んだ。国は2010年12月、「再編交付金」の停止を稲嶺に通知した。しかし稲嶺の姿勢は全国から支持を受け、個々人が自分の好きな自治体に納税できる「ふるさと納税」の申し出が相次ぐほどであった。稲嶺は「再編交付金に頼らないまちづくり」を訴え、すぐ財政を健全化させた。

9月──名護市議会選挙

2010年1月の稲嶺進の勝利は、島ぐるみの反基地感情の盛り上がりの表れであった。4月に9万人以上を集めた県民大会直前の世論調査では90％の人が国外か県外の移設を求めていた。

名護市は長年にわたり、外部からの容赦ない圧力にさらされてきた。浦島悦子は、2006年、怒りをこめてこう述べている。

だから、この9年間、基地問題のせいで親子、きょうだい、親類、隣人がいがみ合い、苦しみが絶えなかった。かつては、貧しいながらも、というかむしろ貧しいからこそ、互いに助け合って生きていた私たちの人間関係を、基地問題とそれに伴う「カネ」がずたずたに引き裂いてしまったのだ。[48]

　反基地市長の登場は日米政府にとって痛手だったが、2010年9月12日の市議会選挙で市長派が過半数をとるのを阻止できれば、市長選の結果は致命的ではないと見ていたであろう。
　ここで、市長選以降の地元での動きを、主に『沖縄タイムス』が2010年後半に連載した「続『アメとムチ』の構図・砂上の辺野古回帰」シリーズを基に紹介する。普天間移設計画において「地元」と位置付けられているのは、名護市東部の基地建設予定地に近い、「久辺三区」と呼ばれる辺野古、豊原、久志である。辺野古区（人口約2,100人）にはキャンプ・シュワブに対する「分収金」と呼ばれる軍用地料が年間約2億円入る。他区、例えば久志区ではこの分収金の管理は区から独立した団体で管理していることが多く、比較的基地反対が強いが、辺野古区では区が直接管理しているため利益団体になりやすく、基地容認の素地となっているという。[49] 辺野古の「繁栄」の一つのシンボルが、毎年6月に開かれるハーレー大会である。2010年のハーレーでは、村が一隻90万円もする見事な船を4隻展示し、隣接するキャンプ・シュワブや沖縄防衛局を含む60チームが参加した。10億円弱をかけて2007年に完成した「辺野古交流プラザ」は、600人収容のホール、図書室、コンピューター室、贅沢な装備のスポーツ施設、マッサージ機を備える。各種「振興」事業で名護市に多数あるハコモノ施設の一つだ。[50]
　鳩山政権がキャンプ・シュワブ陸上案を検討していた2010年3月、「普天間代替施設等対策特別委員会」の委員長で名護漁協組合長も務め、埋め立て基地を推進する古波蔵廣は、政府が（埋め立てを必要としない）キャンプ・シュワブ陸上案に決定した場合、（2012年5月に賃貸借契約が切れる）シュワブ内軍用地の賃貸借契約更新を拒否するよう呼び掛けた。[51] しかし、5月になって埋め立て案が再浮上したので、彼は論調を変えた。5月21日、条件付き移設容認の決議案を討議した辺野古区行政委員会で、決議案への反対意見が相次いだが、行政委員会の中で基地問題を扱う「代替施設等特別委員会」の委員長である古波蔵

の一喝が慎重派の声を封じ込めた。「何を言っているのか。辺野古以外は米国が絶対に認めない。政府が頭越しに実行する前に条件闘争しないと駄目だ」。古波蔵は条件付き容認決議を、政府に対する「先制パンチ」であり、地元が取り引きできるチャンスと見た。もし政府が条件をのまないなら反対もあり得るという意思表明であると。こうして辺野古区行政委員会は、キャンプ・シュワブ沿岸部を埋め立てるＶ字案の環境影響評価（アセスメント）の範囲内で政府が決定した場合、「最大限の生活補償」などの条件を付した上で決議を採択した。大城康昌辺野古区長は「全会一致」と言ったが、実際は挙手もなく強引な決議であった。[52]

地元容認派はＶ字案基地建設の見返りとして、1世帯あたり1億5,000万円を要求し、鳩山政権が迷走の上、辺野古案に回帰した際は要求を倍増することまで考えたという。5月中旬、古波蔵らは在沖米総領事グリーンと面談し、埋め立てた国土を名護市に払い下げてもらい、名護市有地として国に年5億円で貸す方式を提案したと報道された。[53]

逆に「地元」でも久志区の対応は違った。久志区行政委員会は6月、移設反対の稲嶺市長を支持する決議を可決し、市民主導の「久辺3区　稲嶺市長を支える会」を作った。このように、稲嶺市長当選後の政府による辺野古回帰は、地元を再び揺るがした。[54]

そして迎えた名護市議選。地方選挙では一般に、市民の生活と直結している教育、福祉、雇用などに重点が置かれるが、名護市では市民生活よりも基地利害が優先されてきた。交付金で建てた数々のハコモノの陰で、基地以外の失業率は全国平均の2倍に達し、医療などのサービスは疲弊し、商店街ではシャッターの降りた店舗が並んでいた。2008年時点で、名護市の空き店舗率は県内市部で最悪の19.5％と報告されていた。[55]名護市在住の芥川賞作家、目取真俊は、名護市民の意志は1997年の市民投票で明らかにされたのに、選挙がある度に基地問題への賛否を問われることに対し「いったい名護市民は何度踏み絵を踏まされなければならないのだろうか。いい加減うんざりしている市民も少なくないはずだ」と書いた。[56]県議会副議長の玉城義和も、「本来、国の問題であるべきものが地方の市議選にかかるのはきわめてナンセンスだ」と語った。[57]

中央政府からの関心の高さと干渉もまた前例のないものだった。前原沖縄担

当大臣は仲井眞知事や島袋前名護市長との密会を持った。[58] 2012年になって、宜野湾市長選に向け沖縄防衛局の真部朗局長が市在住の職員に投票についての「講話」を行ったことが明らかになったとき、真部は2010年の名護の選挙でも同様の「講話」をしたと証言した。[59] これは最も露骨で違法な国による地方選挙介入である。

　しかし、地元と中央の基地推進派の努力は報われなかった。9月12日の名護市議選挙では、基地に反対する稲嶺市長派が16議席、容認する島袋前市長派が11議席獲得した。選挙前の勢力図は、稲嶺派12、島袋派12、中立3であったので、稲嶺派が大きく議席を伸ばしたことになる。稲嶺は「名護市の意向がはっきり示された。辺野古はだめだとさらに強く政府に言える環境ができた」と語った。[60] この結果について仙谷由人官房長官は、「移設計画や負担軽減の具体策については、地元の意見を伺い、誠心誠意説明し理解を求める、という従来からの基本的な姿勢と態度を貫くつもり」だと述べた。[61] しかし菅政権が伺いを立てる「地元」とは、市民によって選ばれた市長や市議ではなく、密会を重ねる移設推進派だけであったようだ。11月に稲嶺と比嘉祐一市議会議長が上京し民主党の政務三役との面会を求めたが、一日待たされた挙句拒否された。枝野幹事長は民意を背負っての陳情を「政治的パフォーマンス」と言って門前払いにしたのである。

　鳩山政権発足直後、伊波洋一宜野湾市長（当時）は、自公政権時代は東京に直訴に行っても事務方にしか会えなかったが、今は外務、防衛、総理大臣まで会ってくれるようになったと評価していた。[62] 1年経って、変わり果てた民主党政権の姿がそこにあった。

11月──沖縄知事選

　2010年で最も重要な出来事は、その年の三つ目の選挙、つまり11月28日の知事選であった。その重要性は、1月と9月の名護市政選挙が決定的に辺野古案反対を打ち出しただけに、さらに増加した。知事選は、保守の現職仲井眞弘多が宜野湾市長伊波洋一の挑戦を受けた。

　通商産業省（現・経済産業省）キャリア官僚を経て沖縄財界に入った後、自民党と公明党の支持で2006年に知事に就任した仲井眞は、初めは辺野古基地案

を支持していた。しかし、4月25日の9万人が参加した県民大会「米軍普天間飛行場の早期閉鎖・返還と、県内移設に反対し国外・県外移設を求める県民大会」では迷った挙句やっと2日前に参加表明し、大会では「戦争の痕跡はほとんどなくなったが、米軍基地はほとんど変わることなく目の前に座っている。日本全国で見れば明らかに不公平、差別に近い印象を持つ」と述べた。8月、政府が沖縄の頭越しに基地問題の交渉をしていることに抗議し、「2国間で決めましたと言っても、そんなものは意味がない」と言った。8月31日の「専門家の」報告書を「単なる絵空事」と評した。そして知事選が近づいた9月末、仲井眞は県外移設と日米共同声明見直しを要求することを発表した。しかし論理的には「県外移設」が前提とする「県内移設反対」とは表明せず曖昧さを残したままだった。仲井眞は、自民党、公明党の支持を得ていた。辺野古移設に回帰してしまった民主党は仲井眞も伊波も支持できず、自主候補も擁立できず、自主投票とせざるを得なかった。

　一方、仲井眞に挑戦し知事になるために宜野湾市長を辞した伊波洋一は、普天間返還、普天間代替基地の県内建設反対を公約に選挙戦をたたかった。2003年から2010年まで宜野湾市長として、普天間返還と県内移設反対を政治の柱としていた。伊波は、社会民主党、共産党、沖縄社会大衆党の支援を受けていた。

　基地建設に必要な埋め立てには知事の許可が法的要件なので、この選挙の結果は日米両政府にとって大きな関心事であった。日本政府にとっての希望は、仲井眞が、苦々しく怒りに満ちた発言をしているものの、基地計画に真っ向から反対を表明しておらず絶対に阻止するとは言っていないことであった。菅政権は仲井眞の「困難」「非常に困難」という表現を交渉の余地ありと解釈した。望みうる最善のことは、当選後、仲井眞が「ものわかりよく」なる、つまり説得の余地があり、適切な動機づけがあれば選挙民を裏切るだろうというものだった。

　普天間移設問題、米軍再編問題を賭けた2010年の知事選は、大田知事を落選させようと政府が介入した1998年当時と雰囲気が似ているところもあった。が、『沖縄タイムス』の渡辺豪はこう述べた。

　　沖縄には今、九八年の知事選のときと同様、閉塞感が漂っている。ただ、当時との

決定的な違いは、「閉塞感から抜け出せないのは辺野古移設に固執する民主政権と、沖縄に安保の負担を押し付けて安穏としている『本土』に起因している」との不信を多数の県民が共有している点だろう。

日本政府は 8 月、小渕内閣が 1998 年に大田昌秀追放のために官房機密費（内閣官房報償費）を使って行ったような秘密の干渉するのかと追及されて、「内閣官房報償費の性格上、お答えを差し控えたい」と、否定はしない内容の答弁をしていた。菅首相は、官房機密費のそうした使用を止めるように指示することも、刑事告発を視野に入れた調査もしなかった。2010 年知事選において伊波の敗北を確実にするために秘密の干渉が行われたのか、だとすればどんな干渉だったのかはまだ明らかにされていない。

結果は投票率約 61％、仲井眞は 33 万 5,708 票（約 52％）、伊波は 29 万 7,082 票（約 46％）、唯一県内移設を声高に訴えた候補、幸福実現党の金城竜郎は 1 万 3,116 票（約 2％）の得票で、仲井眞が再選された。共同による投票日の出口調査では 68.9％が、朝日新聞による出口調査では 75％が辺野古移設反対と答えていた。

再選後、仲井眞は辺野古問題について現実路線をとるだろうという米政府の希望はすぐに冷や水を浴びせられた。当選後の記者会見で、「県内はない」と述べ、「辺野古は何十年もかければできるかもしれないが、ヤマト（本土）を探した方が早い。県内はもうあきらめた方がいい」と言明した。仲井眞の発言には曖昧なところがあり、「県民、名護市が反対している以上、（県内移設）実現の可能性はなくなった」という表現からは、名護市長が変わったりした場合の辺野古移設の可能性を残しているようにも聞こえる。しかし圧倒的な県民の県内移設反対の民意を受けて、仲井眞は自ら舵を切り直すことによって第二期目をスタートした。

その後、仲井眞を本当に信用できるのかと思いながらも、知事が公約を裏切らないようにしっかり見張っていなければという県民の思いは、2 年後の 2012 年 9 月 9 日、10 万人余が集まったオスプレイ配備反対集会の直前に仲井眞が不参加表明をしたことで大きく揺るがされた。目取真俊は、これを「オスプレイ配備反対について、県民の先頭には立ちません、と自ら宣言した」ことである、と批判した。仲井眞は、台風で延期された大会が本来開かれる予定だった 8 月 5 日に前原誠司と密会している。『沖縄タイムス』は、翌年度予算の概算

第6章　選挙と民主主義　157

要求と取引したのではないかと疑った[74]。『琉球新報』は、2010年4月の県民大会に出席したのは間近に控えていた選挙のためだったのか、と失望を露わにした[75]。しかし、1956年の「島ぐるみ闘争」の大会から沖縄の大集会に参加し、肌で感じ続けてきている石原昌家（1章参照）は、仲井眞欠席が逆に県民を奮い立たせ、その結果少なくとも1万人は参加が増えたのではないかと推定する[76]。指導者が揺らごうとも、県民とその民意の表明はますます強固になるばかりである。

不可逆的変化か

　これらの選挙は、自治と自立を妨げる振興策や選挙介入の影響を乗り越え、沖縄県民の民意を明確に示すようになっていった。

　かつては、沖縄の米軍基地は負の面を上回る経済的恩恵を地元にもたらすと言われていた。たしかに、米日の基地政策によって、返還以来着実に増加した地代収入に頼る階層が出現したのは事実であるが、沖縄経済全体にとっての利益は次第に減っていった。『琉球新報』の前泊博盛は基地を「沖縄を蝕」み、沖縄経済を腐敗させている「パラサイト」と呼ぶ。基地収入は金額ベースでは増加（復帰時777億円、2006年は2,155億円）したものの、県民総所得に占める割合は、観光業などのサービス産業の成長に伴い、返還直後の15.5％から2010年の5.4％へと減少した。基地の返還を受けた地区では、雇用と税収が飛躍的に増加した。例えば、北谷町の米軍ハンビー飛行場は、返還後、雇用が100人から2,259人へと23倍に、税収は52倍に増えた[77]。

　1966年以来の米国国防総省の夢であり、1990年後半からの日本官僚のお気に入りプロジェクトである大浦湾の軍事基地化は、1996年以来の二国間合意の下で実現されそうになった。しかし、（橋本から野田までの）10人の総理大臣、（久間から森本まで）21回変わった防衛庁長官・防衛大臣の任期中に、日本（いや、世界）現代史の中でも最も注目すべき非暴力の政治運動によって阻止された。2012年2月の宜野湾市長選では保守系の佐喜眞淳候補が当選したが、同年9月9日のオスプレイ配備反対集会で、仲井眞知事不在の中、普天間を抱える市の市長は断固たる反対を訴えた[78]。2012年6月の県議選でも野党・中道が1議席増やして27議席の過半数を維持し（与党は21議席）、普天間県内移設反対

の民意を反映する形となった。[79] 沖縄の近年の選挙の結果は、この運動がより強固で、より幅広い層の支援を受け、以前にも増してしっかりと民主主義的なプロセスに根付いていることを示している。

【注】
1） 大田昌秀『こんな沖縄に誰がした　普天間移設問題――最善・最短の解決策』同時代社、2010年、127-129頁。ライシャワーらと陸軍高官たちとの会話録（Record Number 79651） Memorandum of Conversation "U.S. Policy in the Ryukyu Islands," July 16, 1965, reproduced at U.S. National Archives. http://japanfocus.org/data/USJapan_record_no._79651.pdf.8-9 頁に選挙介入のことが書かれている。
2） 「公文書の記録 USCAR 時代　7　主席公選と西銘支援／米も関与し資金提供」『琉球新報』2000年7月16日。
3） 同上、119-129頁。真喜志好一「SACO 合意のからくりを暴く」真喜志好一他『沖縄はもうだまされない　基地新設＝SACO 合意のからくりを撃つ』高文研、2000年、52-53頁。
4） 大田昌秀『代理署名裁判　沖縄県知事証言』ニライ社、1996年、114頁。批判的な見方については新崎盛暉『沖縄現代史』新版、岩波書店、2005年、161-163頁。
5） 大田元知事は、代理署名拒否の本当の理由はナイ・レポートだったと、『ビデオニュース・ドットコム』（2010年3月11日放送）によるインタビューで語っている。
6） 1971年制定「沖縄における公用地等の暫定使用に関する法律」（昭和46年［1971年］法律第132号）。「この法律によれば、米軍支配下で公用地（事実上は軍用地）として使用していた土地は、所有者の意志いかんにかかわらず、復帰後5年間は公用地（軍用地）として使用することができ」た。新崎『沖縄現代史』43-44頁。
7） 正式名は「日本国とアメリカ合衆国との間の安全保障条約第3条に基く行政協定の実施に伴う土地等の使用等に関する特別措置法」（昭和27年5月15日法律第140号）。
8） 新崎『沖縄現代史』78頁。
9） 同上、78-79頁。
10） 同上、123-125頁。
11） 同上、148-150頁。
12） 同上、156頁。米軍用地強制使用問題の経緯は、同文献の、41-45、78-81、109-114、120-128、148-151、155-182、196-199頁を参照。
13） Koji Taira, "The Okinawan Charade: The United States, Japan and Okinawa: Conflict and Compromise, 1995-96," (working paper, Japan Policy Research Institute, University of San Francisco Center for the Pacific Rim, January 1997), available at http://www.jpri.org/publications/workingpapers/wp28.html.
「あす最高裁判決 代理署名訴訟」『琉球新報』1996年8月27日。
14） 大田の最高裁での証言と最高裁判決は、Ota Masahide, "Governor Ota at the Supreme Court of Japan," in *Okinawa: Cold War Island*, ed. Chalmers Johnson (Cardiff: Japan Policy Research Institute, 1999).「代理署名訴訟 県の敗訴確定」『琉球新報』1996

年8月29日。大田の最高裁での全証言は、大田昌秀『代理署名裁判』に掲載。判決文は、<http://www.courts.go.jp/hanrei/pdf/js_20100319121011226899.pdf>
15) 大田の選択の背景については、Julia Yonetani, "Making History from Japan's Margins-Ota Masahide and Okinawa" (dissertation, Australian National University, 2002).
16) 「改正特措法が成立、13施設の継続使用へ」『琉球新報』1997年4月18日。
17) 新崎『沖縄現代史』181頁。
18) 「普天間基地を全面返還」『沖縄タイムス』1996年4月13日。『橋本内閣総理大臣及びモンデール駐日米国大使共同記者会見』平成8年（1996年）4月12日。<http://www.kantei.go.jp/jp/hasimotosouri/speech/1996/kisya-0515-1.html> 大田県政八年を記録する会『沖縄 平和と自立への闘い——写真と語録で見る大田知事の二九九〇日』大田県政八年を記録する会、1999年、115頁。
19) 池田外務大臣他「SACO最終報告（仮訳）」平成8（1996）年12月2日。<http://www.mofa.go.jp/mofaj/area/usa/hosho/saco.html>
20) 宮城康博『沖縄ラプソディ——〈地方自治の本旨〉を求めて』御茶の水書房、2008年、15-17頁。
21) 「海上基地反対が過半数」『琉球新報』1997年12月22日。Chalmers Johnson, "The Heliport, Nago, and the End of the Ota Era," in *Okinawa: Cold War Island*, ed. Chalmers Johnson (Cardiff: Japan Policy Research Institute, 1999), 219-220.
22) 「市長が海上基地を受け入れを表明」『琉球新報』1997年12月25日。「比嘉市長が辞表提出」『琉球新報』1997年12月26日。
23) 宮城『沖縄ラプソディ』18-19頁。
24) 浦島悦子氏からの2012年9月18日著者（乗松聡子）宛ての電子メールにてのコメント。
25) 伊田浩之「歪められた沖縄の民意 官房機密費約3億円が沖縄知事選に流れ込んだ証拠」『週刊金曜日』2010年10月22日、20頁。
26) 「『沖縄知事選に官房機密費3億円』初証言」TBS、News23クロス、2010年7月21日。「『知事選に機密費？』双方、納得いく説明を」『沖縄タイムス』2010年7月23日。
27) 「[知事選に機密費？]双方、納得いく説明を」『沖縄タイムス』2010年7月23日。
28) 宮本憲一「『沖縄政策』の評価と展望」宮本憲一・川瀬光義編『沖縄論——平和・環境・自治の島へ』第1章、岩波書店、2010年。
29) 島袋純「沖縄の自治の未来」、同上、第10章。島田懇談会事業と北部振興事業の実態と批判は、宮城『沖縄ラプソディ』74-82、91-94、188-196頁を参照。
30) 川瀬光義「基地維持財政政策の変貌と帰結」宮本・川瀬編『沖縄論』第3章。
31) 2010年12月20日、著者（乗松聡子）による宮城康博氏のインタビューにて。
32) 高良倉吉、大城常夫、真栄城守定「アジア・パシフィック・アジェンダ・プロジェクト 第4回 APAPフォーラム 沖縄フォーラム 『沖縄イニシアティブ』のために——アジア太平洋地域のなかで沖縄が果たすべき可能性について」<http://www.jcie.or.jp/japan/gt_apap/99-takara.htm> 批判・検証については、『沖縄タイムス』が2000年6月に連載した「沖縄イニシアティブを読む」シリーズに新妻智之、比屋根照夫、宮城康博、

川満信一、石原昌家、仲里効などによるものがある。ジュリア・ヨネタニは、沖縄イニシアチブを、意識的な「沖縄の心の内的植民地化」と呼んだ。Julia Yonetani, "Playing Base Politics in a Global Strategic Theater: Futenma Relocation, the G-8 Summit, and Okinawa," *Critical Asian Studies* 33, no.1 (2001) :84.

33) 沖縄から平和を呼びかける4・17集会参加者一同「沖縄民衆平和宣言」。<http://www.jca.apc.org/HHK/Appeals/000417.html>.
34) 「平和実現求め「人間の鎖」 嘉手納基地包囲行動」『琉球新報』2000年7月21日。
35) 川瀬「基地維持財政政策の変貌と帰結」86-87頁。
36) 「普天間飛行場代替、県内移設反対68%」『沖縄タイムス』2009年5月14日。北部（名護市を含む）では、反対票は76%と、さらに高かった。
37) 2009年2月のクリントン長官来日時の14人の沖縄識者による同長官宛の「書簡」は、辺野古案と高江ヘリパッド計画の廃棄、普天間基地の即時無条件返還、基地の一層の縮小を要求した。「辺野古基地建設中止を　米国務長官来日で声明　県内学識者『新政権の対応期待』」『沖縄タイムス』2009年2月17日。
38) 「県議会、普天間『国外・県外移設求める』意見書可決」『沖縄タイムス』2010年2月24日。
39) 「全首長県内拒否　普天間県外撤去の潮流」『琉球新報』2010年3月1日。「県市長会議県内反対決議　全会一致　国に直接要請へ」『沖縄タイムス』2010年4月6日。
40) 翁長雄志「【インタビュー】沖縄は『友愛』の外なのか」『世界』2010年2月号、152頁。
41) 「稲嶺氏やや先行　島袋氏猛追　琉球新報・OTV世論調査」『琉球新報』2010年1月19日。
42) 浦島悦子『名護の選択　海にも陸にも基地はいらない』インパクト出版会、2010年、112-113頁。
43) 同上、103頁。
44) 「[平野長官発言] 県民の心もてあそぶな」『沖縄タイムス』2010年1月28日。
45) 「"Unacceptable and Unendurable:" Local Okinawa Mayor Says NO to US Marine Base Plan 稲嶺進名護市長インタビュー：沖縄への過重負担が『許容の範囲、受忍の範囲を通り越している』」http://peacephilosophy.blogspot.ca/2011/10/unacceptable-and-unendurable-local.html. Miyagi Yasuhiro and Inamine Susumu, "'Unacceptable and Unendurable': Local Okinawa Mayor Says No to US Marine Base Plan," *The Asia-Pacific Journal: Japan Focus* (October 17, 2011). http://japanfocus.org/-Miyagi-Yasuhiro/3618.
46) 「名護市長『再編交付金なくても大丈夫』　良好な財政状況アピール」『琉球新報』2011年2月8日。
47) 「『国外、県外へ』90%　普天間移設　本紙緊急世論調査　昨秋より26ポイント上昇『グアムなど海外』71%」『沖縄タイムス』2010年4月20日。
48) Gavan McCormack, Sato Manabu, and Urashima Etsuko, "The Nago Mayoral Election and Okinawa's Search for a Way beyond Bases and Dependence," *The Asia-Pacific Journal: Japan Focus* (February 16, 2006). http://japanfocus.org/-Etsuko-Urashima/1592.
49) ［続「アメとムチ」の構図・砂上の辺野古回帰］（11）「分収金の影響　『基地容認』の素地　行政委に権限集中」『沖縄タイムス』2010年8月1日。同 (12)「『黙認』の背景

過半世帯が軍用地主　分収金の恩恵共有」『沖縄タイムス』2010年8月2日。
50)　［続「アメとムチ」の構図・砂上の辺野古回帰］(21)「国策の果実　巨額の金　日常に浸透　かすむ　自助の誇り」『沖縄タイムス』2010年8月20日。
51)　「『陸上案に反対を』　名護軍用地主契約拒否訴え」『沖縄タイムス』2010年3月28日。
52)　［続「アメとムチ」の構図・砂上の辺野古回帰］(1)「反発封じ条件闘争　容認決議急いだ区行政委」『沖縄タイムス』2010年7月16日。
53)　［続「アメとムチ」の構図・砂上の辺野古回帰］(16)「嘉手納方式　埋め立てて市有地化　地元が潤う仕組み」『沖縄タイムス』2010年8月9日。
54)　［続「アメとムチ」の構図・砂上の辺野古回帰］(9)「賛否両派　地元分断の悪夢再び　3区の対応に濃淡」『沖縄タイムス』2010年7月30日。
55)　知念清張「名護市長選挙 一つになった民意」『世界』2010年3月号、24頁。
56)　目取真俊「名護市議会選挙」『海鳴りの島から』2010年9月6日。<http://blog.goo.ne.jp/awamori777/e/763baeb3560503c4f1f5f7181352be7a>
57)　［一票の舞台裏・2010統一地方選］(1)「名護市議会　普天間　過半獲得が鍵」『沖縄タイムス』2010年8月26日。
58)　「"2方面交渉"に批判　移設容認派と密会重ねる前原氏」『琉球新報』2010年8月19日。
59)　「沖縄防衛局長の更迭不可避＝名護市の選挙でも『講話』——自公、防衛相の責任追及」『時事通信』2012年2月1日。
60)　「名護市議選、普天間移設反対の市長派が勝利」『読売新聞』2010年9月13日。
61)　「辺野古移設方針変わらない　仙谷官房長官」『琉球新報』2010年9月13日。
62)　「Nago's Voice Turned Away in Tokyo: "No Sincerity in the Government" 名護市の声を屈辱の門前払い」*Peace Philosophy Centre*, November 8, 2010. http://peacephilosophy.blogspot.ca/2010/11/nagos-demand-turned-away-in-tokyo-no.html.
63)　「『全国に自分の考え申し上げる』　知事、4・25県民大会出席を表明」『琉球新報』2010年4月23日。『普天間』は国外・県外へ　4・25県民大会、9万人が参加」『琉球新報』2010年4月25日。『普天間』県内ノー　9万人超決意固く」『琉球新報』2010年4月26日。知事はしかし、「大会終了後、記者団に対し、普天間移設の条件付き現行案容認の立場については『撤回はしていない』と述べ、県内移設案の明確な拒否には踏み込まなかった」。『普天間』県内ノー」。
64)　「普天間移設、沖縄知事選にらみ　政府、あいまい化戦略　結論先送り狙いI字案」『朝日新聞』2010年8月8日。
65)　「辺野古報告書 実現不能な空証文　日米合意の破綻明らか」『琉球新報』2010年9月2日。
66)　「仲井眞知事 県外移設要求　知事選へ転換 政府配慮も」『琉球新報』2010年9月29日。
67)　「民主、沖縄知事選自主投票へ」『読売新聞』2010年10月1日。
68)　渡辺豪「『自発的隷従』の呪縛を断ち切る沖縄——不可逆な地殻変動に目を向けよ」『世界』2010年12月号、51頁。
69)　「政府、機密費投入否定せず　次期知事選、名護市議選で」『琉球新報』2010年8月21日。
70)　「沖縄知事選 伊波氏大健闘　県内移設反対 民意総意揺るがず　運動は続く」『しんぶん赤旗』2010年11月30日。

71)「仲井眞氏『県外』貫く　知事再選で会見　普天間『県内はない』　振興策引き換え応じず」『沖縄タイムス』2010年11月30日。
72)「県民の思い踏まえて仕事　仲井眞さん「気力沸々」　知事再選、分刻み奔走」『琉球新報』2010年11月30日。
73)　目取真俊「オスプレイ配備反対県民大会を前に」『海鳴りの島から』2012年9月7日。<http://blog.goo.ne.jp/awamori777/e/553abc24d8c3ecf0311097cffeae5e16>
74)「［県民大会不参加］　予算と取引したのか」『沖縄タイムス』2012年9月8日。
75)「知事欠席　歴史の批判に耐え得るか」『琉球新報』2012年9月8日。
76)　2012年9月15日、著者（乗松聡子）への電子メールにて。
77)　前泊博盛　「『基地依存経済』という神話――米軍基地は沖縄経済を蝕むパラサイト」『世界』2010年2月号、203、207頁。真喜屋美樹「米軍基地の利用開発の検証」（宮本・川瀬編『沖縄論』第6章）も参照。
78)「オスプレイ拒否　10万3千人結集　強固な意思発信」『琉球新報』2012年9月10日。
79)「県議選　野党・中道が過半数、仲井眞県政に打撃」『琉球新報』2012年6月11日。

第7章

環　境
——「非」アセスメント——

　外交、政治、軍事上の諸問題は別として、環境上の理由だけでも、辺野古に巨大軍事施設を新たに造るというのは信じがたいことである。巨大な軍事基地をこの場所に押し付けるのは、米国のグランド・キャニオンやオーストラリアのカカドゥ国立公園を軍事基地にするようなものだ。1996年SACO合意により、北部訓練場の半分の返還の条件として「ヘリパッド」ないしは「オスプレイパッド」（後述）の強行工事が進んでいる「やんばるの森」東村の高江地区についても同様である。[1]

　辺野古の沿岸地域は、沖縄県の「自然環境の保全に関する指針」で評価ランク１（自然環境の厳正な保護を図る区域）に指定されている。[2] 沖縄のジュゴンは生息数数十頭といわれる絶滅危惧種だ。国際自然保護連合（IUCN）はジュゴンの保全を2000年、2004年（北部やんばるの森のノグチゲラとヤンバルクイナも）、2008年の３度にわたり勧告している。[3] 環境省も2007年にジュゴンを「絶滅危惧IA類」（ごく近い将来における野生での絶滅の危険性が極めて高いもの）に指定している。[4] 大浦湾と辺野古崎の周辺の海では、ジュゴンが海草を食べ、ウミガメが休息と産卵のために立ち寄る他、希少種の鳥、昆虫等が多数生息している。アオサンゴは石垣に世界最大の群落があるが、2007年には、辺野古沖の大浦湾に大群落が見つかり、[5] 2008年にはジュゴンとともにIUCNのレッドリストの絶滅危惧II類（Vulnerable、絶滅の危険が増大）[6] 指定を受けている。[7] WWFジャパンの2009年調査では大浦湾に36種ものカニとエビ類の新種が発見され、[8] 2010年3月-4月には、東京海洋大学の大葉英雄助教（熱帯海藻学）らの調査で182種の海草類と海洋植物が大浦湾で発見され、そのうち4種は新種であった。[9]

2010年、日本自然保護協会が辺野古の沿岸で希少類の貝類を含む300種以上の生物を確認した。密度の高いところでは50平方センチメートル四方に186種の貝類がいた。[10]

　2010年（「国際生物多様性年」）に名古屋で開かれた国連生物多様性条約第10回締約国会議（COP10）の直前、日本政府はやんばる（沖縄島北部）を国立公園に指定する意図を発表した。[11] やんばるの森は、古くから亜熱帯照葉樹林と多数の渓流が固有で多様な生物を育んでおり、単位面積当たりの全国の平均種数は動物の場合約51倍、植物の場合約45倍生息している「東洋のガラパゴス」と呼ばれている。[12] そしてこの多様性がユネスコ世界遺産登録候補地としての琉球諸島の中核を成してきている。

　しかしこのような高度な自然保護計画が、米海兵隊基地の再編と共存できるのだろうか。日米政府は「普天間代替施設」という口実で、原子力潜水艦の停泊できる港湾施設、長い滑走路2本、さまざまな付属施設を含む海兵隊と陸海軍共用の巨大軍事基地を作る計画である。そのためには、サンゴ類、ジュゴン、ウミガメ、その他の生物は邪魔者に過ぎない。1960年代、米軍は演習に邪魔だとして数次にわたって大浦湾のサンゴ礁を爆破した。[13] 60年代後半には大浦湾軍港計画があったことは4章で述べた通りである。かたや北部訓練場ではベトナム戦争時に高江区住民を「現地住民」に見立てて戦闘訓練が行われ、枯葉剤の使用も疑われている。[14] 今は米軍政下のようなことは許されないが、30年後、1996年のSACO合意で、辺野古と高江は再び脅威にさらされ、現在まで反対する住民とのたたかいが続いている。[15]

1　名ばかりの「アセスメント」

環境影響評価法

　沖縄では三次30年にわたる「沖縄振興開発計画」とその後も続く「沖縄振興計画」によって、環境を破壊する大規模公共工事が行われてきた。本土との「格差是正」の名の下に、沖縄の海岸線は次々と埋め立てによって姿を変え、復帰後35年間、県全体で実に与那国島に相当する面積が埋め立てられた。[16] 1997年6月に公布され、1999年6月から施行された「環境影響評価法（以下、「アセス法」）

に基づく環境アセスメント（以下、「アセス」）は、基地と、基地を維持するための「振興」計画により自然破壊された沖縄から基地を減らし、持続可能な場所にするための手段として本来機能するべきものだが、実情は違った。米軍再編計画においては基地建設のゴーサインさえ出せればいいという目的の下で、環境影響評価の基本である科学性、民主性がないがしろにされた。

　環境影響評価のプロセスは3段階から成る。スクリーニングと方法書（環境影響評価の範囲と方法論）、準備書、評価書、である。

　第一段階の「方法書」は、事業者（辺野古アセスの場合は沖縄防衛局）が作成し、環境影響評価の項目、調査・予測・評価の手法等を記す。事業者は(1)方法書と要約書を関係都道府県知事と関係市町村長に送付、(2)方法書と要約書を公告して1か月間縦覧し（この時、市民は意見書を提出できる）、(3)意見書で述べられた意見の概要を記載した書類を関係都道府県知事と関係市町村長に送付する。(1)～(3)を受けて、知事は、関係市町村の意見を聴いて、90日以内に事業者に対し、方法書について環境の保全の見地からの意見を書面で提出できる。事業者は、方法書に対する知事意見を「勘案」し、住民等の意見に「配意」して、対象事業の特性に応じた環境影響評価の項目並びに調査、予測及び評価の手法を選定しなければならない。

　第二段階の「準備書」は、事業者が、環境影響評価の結果を記載し、「環境の保全の見地からの意見を聴くための準備として」作成する。方法書と同様に、関係都道府県と自治体の長に準備書と要約書を送付、公告と縦覧（と市民の意見書提出）、意見書のまとめを知事と自治体首長へ送付の後、知事は120日以内に環境の保全の見地からの意見を書面で提出できる。

　第三段階の「評価書」は、準備書に対する知事意見を勘案、住民等の意見に配意して作成し知事へ送付する。知事は90日以内に環境の保全の見地からの意見を書面で提出できる。知事意見に照らして修正が必要なときは修正評価書を提出する。

違法調査強行に海自出動

　この環境影響評価法の「目玉」は、法制定前と違い、事業者が調査を始める前に地元自治体・市民意見の反映も含めた「方法書」の手続きを踏まないと調

査が始められない点にある。これには、影響評価調査そのものが環境を改変する可能性を最小にするという狙いもあった。ところが、辺野古環境影響調査の場合、「事業者」である国（那覇防衛施設局）は、2007年方法書の公告・縦覧の前に、同年4月末から辺野古沖でこのアセス法の根幹を覆し、方法書の手続きを踏まずして「環境現況調査」なるものを始めた。[19] しかも、2007年8月14日に出された方法書は事業説明にわずか7頁しかなく、方法書の体をなしていなかった。沖縄県環境影響評価審査会では、アセス法28条に基づき方法書に戻って手続きをやり直すべきとの声が高まったが、県は「やり直し」ではなく「書き直し」で収めた。方法書は二度にわたって追加・修正が行われたが、アセス法で保障されている住民による質問や意見表明の機会は与えられなかった。[20]

政府はこの「環境現況調査」を、「方法書」の手続きを経た上で行う本来の環境影響調査とは異なる「事前調査」と呼ぶことでその違法性を糊塗しようとし、メディアもそれに従った。[21] だが、建築家・運動家の真喜志好一は、方法書告示・縦覧以前の「事前調査」の規定など環境影響評価法の条文のどこにもなく、「自主的とか事前調査と称しようが、方法書の手続を済ませなければ環境現況を調査するのはアセス法違反となる」と指摘する。[22]「事前調査」では、ジュゴンの鳴き声を調べる30個のパッシブ・ソナー（音響探知機）、14個の水中ビデオカメラ、サンゴ幼生着床板など約120個の機器を水中に設置した。2007年5月18日、政府は海上自衛隊掃海母艦「ぶんご」を、機器を設置しかつ反対派を威嚇するために出動させた。市民の抗議行動に対する自衛隊出動は前例のないことだった。[23] 辺野古座り込みテント村の村長、当山栄によると、

　当日の午前5時の辺野古沖は、沖縄戦のときに米軍艦隊が取り巻いていたように、海上保安庁の巡視艇4隻、作業船30隻にゴムボート15-6隻が黒々と停泊していた。そして命がけの阻止活動も報われず、ほとんどの機材が設置されてしまった。当時の久間防衛長官が、「2005年の辺野古沖飛行場建設断念のときのような悔しい思いをしたくない」と発言し、作業船を増やしたり、海上保安庁を30名から100名に引き上げてボディーガードに使った。その結果、海上保安庁からは2、3時間足止めされたり、カヌー隊のダイバー1人が機材の下に潜り込んでの阻止活動に対して、すぐに2、3人の施設局側の作業員が対抗するなど、阻止活動が機能しない状況になった。[24]

「アワセメント」

　このアセスメントは、「ロードマップ」合意（第4章参照）により、2014年使用開始という目標が最初から定められていたので、最初から結論ありきの「アワセメント」であった。2008年の方法書「書き直し」と調査開始から1年経った2009年3月14日に調査終了とされたが、その1年間は偶然台風が無かった。防衛局が必要性を認めていたにもかかわらず、台風時の調査なしでの準備書が、2009年4月に提出された。[25] この5,400頁にわたる準備書には、方法書にはなかった四つのヘリパッド等、新たな事業内容が追加され、「方法書をもとに準備書を作成する」という、環境影響評価法の規定する基本的手続きを無視していた。またこの準備書は、上述した方法書作成前の「環境現況調査」と呼ばれた事前調査の結果が引用されていること自体が違法であった。縦覧期間は1か月しかなく、縦覧所は県内5か所の官公署のみ、平日9時から5時しか見られず、書類はワイヤーでつながれ、コピーも不可という、市民が見やすいものとはほど遠かった。[26] しかし「沖縄ジュゴン環境アセスメント監視団」等の市民団体が力を合わせ、約6,000通の意見書を沖縄防衛局に提出した。[27]

　ジュゴンについては、県から要請があった複数年調査も行わず、沖縄島周辺には3頭（東海岸1頭、西海岸2頭）、辺野古は生息域ではないとした。しかし実際は辺野古海域にはジュゴンの餌場となる海草藻場が広がっており、以前はジュゴンの食み跡が見られたが、4章で述べたような防衛局によるボーリング調査が始まった2004年頃から見られなくなったという。つまり、ジュゴンがほとんどいない（生息域ではない）というのは、追い出されたからいないのだ。科学性のある調査とはとても言えない。また、浦島悦子は、本当に3頭しかいないのなら尚更、個体数を維持するためにも基地建設などはできるはずがないと指摘する。[28]

　また、2008年1月の沖縄防衛局の計画によると、埋め立てには2,100万立方メートルの土砂が必要で、そのうち1,700万立方メートルは沖縄近海で海砂が採取されることになっていた。その量は、なんとダンプカー340万台分にあたり、沖縄県全体の海砂採取量（2006年度）の12年分以上になるとされている。[29] 砂浜の減少による地形変化は台風時の被害を拡大し、ウミガメの産卵場を奪うなどさまざまな懸念がある。また名護は独自の植生を持ち、「陸のジュゴン」

とも言える絶滅危惧種のナガバアリノトウグサ等の湿地性の植物への影響も危ぶまれる。[30]

2009年5月、準備書の縦覧の最中、沖縄防衛局は、さらにアセス法にはない「追加調査」を行ったが、調査の名を借りたサンゴの破壊やジュゴン追い出しである、と市民たちは糾弾した。[31]準備書作成のための環境影響調査が不十分であることを自ら認めている行為であった。[32]このように、国は「方法書」の前段階でやってはいけない「事前調査」をやり、調査が全て終了したから「準備書」を作成できたはずなのに、その後も「追加調査」をやるという、アセス法違反を連続で行った。この「追加調査」にも市民が意見を言う機会はなかった。事前調査、追加調査はそもそもアセス法違反であるから防衛局が市民の意見など求めるはずはなく、逆に、市民の意見を遮断したいような都合の悪い情報をアセスに滑り込ませるためにこのような違法調査を行った可能性も疑われる。

アセスやり直しを求め法廷へ

2009年8月19日、市民ら344名が原告となり、国を相手取ってアセス手続きの方法書や準備書のやり直しを求めて行政訴訟を那覇地裁に起こした。[33]原告はその後622人まで増えた。原告側は、事業者である沖縄防衛局が(1)方法書作成やり直し義務があること、(2)準備書作成やり直し義務があること、(3)方法書作成後の追加修正事項についてアセスやり直し義務があることを確認することを求め、(4)住民等が意見を述べる権利を侵害されたことに対する損害賠償を請求した。[34]2009年秋から2011年末にかけて法廷で14回口頭弁論、沖縄防衛局による県庁への年末の「評価書」強行搬入（後述）を経て[35]2012年初頭からは証人尋問を含む集中審理が行われ、7月18日に結審、2013年の2月に判決が予定されている。[36]判決では、上述のアセス法違反や、後述するように「準備書」の段階までは MV-22 オスプレイ導入計画が隠蔽され、アセス最終段階の「評価書」にいきなり登場したことで、市民が意見を表明する権利を奪われたことに対する違法性に判断が下される。[37]

「ジュゴン対ラムズフェルド（ゲイツ）」裁判

一方2003年には、辺野古の新米軍基地建設を阻止するために、沖縄ジュゴン、

沖縄の市民、日米の環境 NGO や法律家団体が原告となり、米国防総省を相手取ってカリフォルニア北部地区合衆国連邦地裁で訴訟を起こした。通称「ジュゴン VS. ラムズフェルド裁判」と言われるこの訴訟で原告たちは、ジュゴンにもたらし得る悪影響への考慮を国防総省が怠っていることが米国文化財保護法(NHPA)402条違反であると訴えた。ジュゴン保護キャンペーンセンター(SDCC)国際ディレクター、沖縄・生物多様性市民ネットワーク前事務局長の吉川秀樹は、この訴訟は沖日米の市民、法律家、環境系 NGO の協力関係の賜物であり、沖縄の新基地建設反対の社会運動をより国際的な運動に発展させたと述べる。2007 年 9 月、サンフランシスコでの公聴会に向かう原告の真喜志好一と東恩納琢磨は、「米国は民主主義がより発達しているからこの裁判は勝てるかもしれない」との期待を抱いた。そして 4 か月後その通りとなった。2008 年 1 月 24 日の判決で、裁判所は原告勝訴を言い渡した[38]。動物を文化・歴史的財産であるとして NHPA が適用されたこと、そして米国連邦政府による国外の事業に対し適用されたのも前例のないことであった[40]。判決は、NHPA に基づき、国防総省は事業がジュゴンの文化的・歴史的価値に与える影響に「配慮」しなければならないとした。この「配慮」の過程には、基地建設事業が沖縄ジュゴンにいかに影響するかについての情報の生成、収集および比較考量をし、不利益な効果が生ずるか否かについての決定、そして必要ならば不利益な効果を回避、緩和できる事業代替案や事業修正案の開発が含まれる。米国防総省は、これらの責務の遂行は日本政府のアセスによって満たされると主張しており、日本のアセスのジュゴンに関する内容が国防総省の NHPA 遵守義務を満たし得るかの判断が非常に重要になる[41]。

　またこの判決によってこの基地建設計画における米国の責任が確認され、米国はもう素知らぬ顔はできなくなり、日本側も、建設計画の詳細について米国が情報提供しないから知らないとは言えなくなり、吉川の言うところの「無責任の悪循環」を断ち切ることができたのである[42]。

2 従属の道具としてのアセス

「カン」から「ドジョウ」へ

　「県外」公約をした民主党が2009年8月末の総選挙で政権を取って間もなく、「準備書」を審議した沖縄県環境影響評価審査会は、「予測、評価が不十分」として、必要な調査を追加補足し、59項目412件の意見を答申、環境影響を十分低減できない場合は事業中止の検討まで求めた[43]。それを受けて仲井眞知事は10月13日、埋め立てや航空機騒音の環境負荷の予測・評価を全体的に再実施すること、ジュゴンの複数年調査など60項目、502件にわたる「知事意見」を出した。しかし知事はこれだけのアセスの不備を認めながらもやり直しを要求するわけではなく、当時は「県外がベスト」と言いながらも県内移設を容認する姿勢は変えておらず、沖縄の県内移設反対候補が全員当選した直近の総選挙の民意を反映していないとの批判も浴びた[44]。その後、環境影響評価プロセスは、普天間基地問題で国の方針が定まらない中、停滞した。

　2010年6月、鳩山の辺野古回帰を無批判に引き継いだ菅直人首相は、着任直後6月11日の所信表明演説で沖縄の慰霊の日（6月23日）式典への出席を表明し、「長年の過重な負担に対する感謝の念を深めることから始めたいと思います」と語った。「日米合意を踏まえる」という新たな基地の押し付けの宣言とともに発された「感謝の念」という言葉に宮城康博（元名護市議、6、9章参照）はこう応えた。

　　「感謝などいらないから、踏んでる足をどけてくれないか。」[45]

　このように東京の高官の口から繰り返し出る「感謝」、「お詫び」、「誠心誠意」、「負担軽減」、「危険性除去」といった決まり文句は大概、さらなる基地負担を強要する傲慢と暴力をはらんでいる。

　菅政権が12月に発表した「新防衛大綱」は、「島嶼部」の防衛強化や、専守防衛の原則を脱する「動的防衛力」構築など、自民党顔負けの軍拡政策を提示した。それは9月に中国との国境付近の島嶼部で起こった漁船と海上保安庁巡視船の衝突事件を利用し増大させた中国敵視の空気の中で発表された。その

方向性は2年後の2012年9月現在、与那国をはじめとする南西諸島における自衛隊配備・強化、日本の「国有化」が火付け役となった上記島嶼群を巡る日中対立激化、オスプレイ強行配備、与野党に増大する集団自衛権行使容認支持、といった形で確実に具現化されている。

写真7.1　2010年10月、辺野古浜（キャンプ・シュワブ）に上陸する戦車群。（写真：ヘリ基地反対協議会）

　菅政権は2010年末、「新防衛大綱」の発表前後に沖縄への攻勢を一層強めた。仙谷由人官房長官は沖縄に辺野古移設を「甘受」せよと言い、菅首相は怒る沖縄に乗り込み、県庁を取り囲み抗議する市民を横目に通り過ぎ、知事相手に「辺野古はベストではないがベターの選択だ」と言った。自衛隊のヘリで空の上から辺野古を見に来た菅に見えるように、市民たちは「菅」（カン）の音にかけた空き缶（空っぽのカン）で大きな「NO」の字を作った。市民運動出身の政治家でありながら、名護の地に足を踏み入れ市長や市民と対峙する勇気もない菅の姿は哀れですらあった。

　そして菅政権は代わりに名護に対して何をしたかというと、「再編交付金」09・10年度分16億円分の交付を取り消したり（6章参照）[46]、基地新設のための「現況調査」を市長が拒否したことへの「異議申し立て」[47]をしたりといった、防衛省による懲罰行為であった。また、防衛施設局は、北部高江のヘリパッド工事を抵抗運動が弱まる年末の12月22日の未明に強行再開し、翌日の晩には米軍ヘリが低空でホバリングして座り込みテントを吹き飛ばした[48]。

　しかし、菅政権は何も出来ないうちに2011年3月11日の大震災に見舞われた。大震災、特に原発事故の対応に追われた菅内閣は、8月の再生可能エネルギー特別措置法案などの通過を待って総辞職した。その後、新自由主義「松下政経塾」が生んだ初の首相である野田佳彦は、9月の着任早々国連で原発輸出継続と「より安全な」原発開発を表明して米国など核推進国を安心させ、環太

平洋パートナーシップ（TPP）への参加を表明するなど対米従属路線を加速させた。野田は自らを国民のために汗をかく泥臭い「ドジョウ」に喩えたが、実際は国民どころか属国の泥沼にはまりこんでいくだけの首相であった。

「米国の走狗」

　そして2011年終盤、眠っていたアセスは野田ドジョウの下に起こされた。ロバート・ゲイツの跡を継いだリオン・パネッタ国防長官初来日を翌週に控えた10月、一川保夫防衛相は仲井眞沖縄知事に、環境影響評価の「評価書」を年内に県に提出すると伝えた。[49] 仲井眞は「状況は変わっている。（辺野古回帰の）事実に県民は怒っている」と答えた。[50] 12月には米国議会でグアム移転を巡る予算審議が大詰めを迎えることも考慮されており、日本政府が目に見えた形で米国に「進展」を見せる道具として「評価書提出」が使われたのである。パネッタは来日時、防衛相、首相、外相（玄葉光一郎）の3人がかわるがわる「年内評価書提出」と言ったのを受けて「非常にうれしく思った」と語った。[51] 「政治主導」を掲げてスタートした民主党政権は1年経ち、沖縄の怒りを踏みつけながらわれ先に米国に媚びを売る恥ずかしい属国集団となってしまった。

　しかし「進展」に関してオバマ政権が実際にどこまで焦っていたかは定かではなく、いつものように米国のジャパンハンドたちと日本の官僚とメディアが手を組んで「オバマの圧力」を演出していた疑いがある。9月21日の日米首脳会談では、確たる記録もないのに、日本のマスメディア各社はカート・キャンベルの報告を歪曲して、オバマが野田に普天間問題で「結果を求めた」「強く迫った」などと一斉に報道した。だが、外務省の記録にもオバマの普天間問題に関する発言はなく、野田首相もそのような発言はなかったと否定した。[52]

　一方、米国に対する手土産のように差し出された「評価書年内提出」に対し沖縄では怒りと警戒心が広がった。11月14日、沖縄県議会は環境影響評価書の提出断念を求める意見書を全会一致で採択し、元知事の稲嶺恵一や大田昌秀も保革の差を超えて賛同した。[53] 同様の意見書が名護市やうるま市、石垣市等の市町村、米陸軍をかかえる神奈川の座間市議会からも出された。『琉球新報』は一川防衛相を米国の「ご用聞き」と評しながら、アセス評価書提出は「走狗（そうく）のような官僚」が米国に入れ知恵したのではないかとも疑った。[54] 実際、

官僚が米国高官を媒体として閣僚を走狗化することがあるのは5章で述べた通りである。また、11月末には田中聡沖縄防衛局長がメディア関係者との懇談会で評価書提出時期について聞かれ、「犯す前にこれから犯しますよと言いますか」と発言し、沖縄の怒りは頂点に達した。田中はすぐ更迭されたが、1か月後には田中が予言した通り、国家による沖縄に対する強姦的行為が行われた。

2011年末、未明の急襲

　「評価書年内提出」の計画に対する怒りが沖縄中に広がっていることをわかっている沖縄防衛局は、搬入・郵送による提出を阻止しようと監視活動を続けていた市民たちの防備の隙を狙い、仕事納めの12月28日午前4時、「こそ泥のように」ワゴン車に分乗して沖縄県庁の通用口から段ボールに入った「評価書」を守衛室に搬入した。市民が気づいてあわてて止めようとしたが、法令で決められた20部のうち16部が運び込まれてしまった。評価書は7,000頁に及ぶ長大なものだったが、結論としては、事業実施により環境影響はやむを得ず出るが、「環境保全上、特段の支障は生じない」とあった。ジュゴンについては、確認されたジュゴンの個体は辺野古を餌場としていないから「施設等の存在に伴う海面消失によりジュゴンの生育域が減少することはほとんどない」と結論づけていた。

　アセスをずっと監視してきた桜井国俊の反応は速かった。強行搬入当日の論考では、ジュゴンが1998年から2003年までには辺野古沖を含む沖縄島東海岸で頻繁に観察されていたのに、2007年8月から2009年4月の間に実施されたジュゴン調査では辺野古で観察されなかった理由を全く分析していないと批判した。調査そのものによりジュゴンが追い出された可能性(前述)の他、キャンプ・シュワブの海兵隊が頻繁に行っている上陸演習もジュゴンの行動に影響を与えている可能性がある。2010年、準備書以後の調査で沖縄防衛局は1個体を観察しているが、事業がジュゴンに及ぼす影響は小さいとの準備書の主張を評価書でも変えていない。また、桜井が方法書の時点から意見してきた定量的予測の必要性、類似事例調査への疑問にも沖縄防衛局は答えていない。この評価書は「(ジュゴン訴訟で)米国連邦地裁(カリフォルニア北部地区)が米国防総省に課した条件を満たしていない」と桜井は結論づける。

とりわけ、この評価書が準備書段階で受けていた「史上最悪のアセス」[57]という汚名を決定づけた要素は、沖縄県民がずっと懸念を表明していたにもかかわらず政府が否定し続けていたMV-22オスプレイ導入計画を準備書までは完全に隠蔽し、評価書の段階でいきなり触れたという「後出し」「騙し討ち」にある。政府は評価書を意識してか2011年6月6日に突然オスプレイの2012年普天間配備計画を発表、そして同年末、知事しか意見が言えない評価書にオスプレイ配備を滑り込ませたのだ。これは、アセス手続きの最中に事業内容を修正した場合の対応を求めるアセス法28条の明確な違反である。桜井は、この評価書が「持続可能な社会を築く上で不可欠な制度としてのアセス制度を有名無実化させ、日本の未来を奪うこととなる」と断言した。[58]

知事意見、「不可能」

沖縄県環境影響評価審査会は2012年1月末、評価書の不備を厳しく指摘し、辺野古移設を事実上否定する踏み込んだ答申案をまとめた。[59]それを受け知事は、2月20日に評価書の飛行場設置事業部分についての知事意見を、3月27日には公有水面埋立て事業部分に関する知事意見を、沖縄防衛局に提出した。

この二つの意見書で知事は、両事業の、一旦実施されると現況の自然が元に戻せない「不可逆性」を強調、環境影響が「極めて大きい」事業であることを強調し、「評価書で示された環境保全措置等では、事業実施区域周辺域の生活環境及び自然環境の保全を図ることは不可能」と結論づけた。また、事業者である国が方法書や準備書において新たな追加、修正を行ったり、ジュゴンの複数年の調査をしなかったりと、知事意見に十分に対応していないことへの不満を表明し、ジュゴンや海草藻場への影響などについての調査の不備等を指摘した。

飛行場については、オスプレイの配備およびV字滑走路に係る飛行経路の変更という騒音にかかわる大きな情報を、アセスの最終段階である評価書において明らかにしたことを深刻視し、「手続きの最終段階に至って重要な環境情報が提示・変更されたことが、環境影響評価制度における前例となることに大きな疑念を抱いている」と述べた。これは、この評価書が「日本の未来を奪うこととなる」と危惧した桜井国俊の問題意識（上述）を共有しているものである。

埋立てについては、2,100万立方メートル必要な土砂のうち80％にも及ぶ1,700万立方メートルという膨大な土砂の調達先が未定となっていることから、「埋立工事に要する期間の設定が適切なものと判断できない」とした。

知事はまた、「地元の理解が得られない移設案を実現することは事実上不可能」なので、県外に移設すべきとの県の立場をあらためて明確にした。[60] 稲嶺名護市長はこれを「県民の意見を考慮した」と高く評価し、この知事意見後に移設を進めるのなら「民主主義の国、法治国家というのをやめた方がいい」と述べた。[61]

この知事意見に基づき防衛省が評価書を補正するための「有識者研究会」が設けられたが、市民参加と情報公開への訴えは聞き入れられず、環境NGOの「沖縄ジュゴン環境アセスメント監視団」、「沖縄・生物多様性市民ネットワーク」、「JUCON（沖縄のための日米市民ネットワーク）」、「公益財団法人日本自然保護協会」は合同で知事意見の重要項目にさらなるNGOからの意見を9月20日に提出した。[62]

2007年、反対する市民に対し海自掃海艇が出動するという異常事態で幕を開けたアセス手続きは、5年経った今振り返るとその違法性、非民主性、非科学性という、アセス本来の目的を踏みにじった国家暴力の連続を予言していたものであった。そしてその暴力にさらに暴力が塗り重ねられていることが2012年になってわかった。2006年以来86億円以上の国民の税金が費やされた34件のアセス関連業務の受注先はほとんどが防衛省OBの天下り先で、一般競争入札ではなく、落札率90％以上という談合を疑わせるものばかりだという。[63] 2009年政権につく前の民主党が根治すると言っていた公共工事における利権構造は何も変わっていない。天下り先確保と引き換えの利益供与という汚職が「アセス」の名の下に公然と、沖縄の自然と住民生活を侵害しながら行われてきた。

そしてその重層的な暴力の対極には、決して屈することなく内外のネットワークと叡智と情熱を結集して抵抗してきた市民たちの姿がある。

3 高江とオスプレイ用ヘリパッド

　沖縄北部やんばるの森は、1,000種の高等植物と5,000種の動物に恵まれ、沖縄島の生活用水60％を提供している大切な水源地である。1957年以降、やんばるの森のうち7,833ヘクタールが海兵隊の「北部訓練場」として使われ、ベトナム戦争時は米軍が枯葉剤を散布していたこともわかっている。1996年のSACO合意ではそのうち約4,000ヘクタールが返還されることになったが、22か所あったヘリパッドのうち返還地域にある7か所の「移設」という名目で、6か所のヘリパッドを新たに作り、海からの上陸作戦訓練のための水域と土地（宇嘉川河口）を提供するという計画が立てられた。[64]
　この合意の背景にはオスプレイ配備があった（先述のように、2011年まで日本政府は隠蔽）ことを住民はわかっており、建設が計画されているのは「ヘリパッド」というより「オスプレイパッド」と呼ぶべきものであった。これらは人口160人の高江集落を取り囲むように作られる計画で、騒音や危険性が増すことが予想され、住民は反対した。東村高江区は反対決議を2度採択するが、計画は変わらなかった。2007年7月には沖縄防衛局によってヘリパッド工事の着工が発表される。それ以来高江の住民と支援者たち（「ヘリパッドいらない」住民の会）は座り込みを続けている。[65] ブログ「やんばる東村　高江の現状」では、日々のたたかいの現状を全国と世界に伝え、遠隔地からでもできる支援方法を紹介している。[66]
　しかし、遠隔地の上交通手段が少ないということもあり、高江の座り込みは、2004年から続いている辺野古浜での座り込みに増して困難で孤独なものである。高江の計画は東村町も県知事も容認しており、本土はおろか沖縄のメディアもあまり大きく取り上げない。2012年のオスプレイ沖縄配備計画には全県挙げて反対の声が上がったが、9月9日10万人が集まった県民大会でも、オスプレイパッドの強行工事が進んでいる高江のことに触れた発言者は1人だけであった。[67]

「前代未聞！　国が座り込み住民を訴える」[68]

　高江で夫と 6 人の子どもを育て、自給自足生活をしながら「カフェ山甍」を経営する安次嶺雪音（9 章参照）のもとに 2008 年 12 月のある日、那覇地方裁判所からの呼び出し状が届いた。裁判員の通知かと思って開けた安次嶺は、それが高江住民 15 名（子どもも含む）を相手取って沖縄防衛局が「道路通行妨害」の仮処分を申し立てたことによる裁判所からの呼び出しだということを知って唖然とした。[69] 防衛省のこのような行為は、市民運動を脅し、潰すために、優位に立つ政府や大企業などが見せしめ的に起こす訴訟「SLAPP（スラップ）Strategic Lawsuit Against Public Participation」と呼ばれ、英語で「ひっぱたく」という意味の言葉、SLAP にかけて使われる。

　後に子どもは処分対象から外されたが、那覇地裁は 1 年後の 2009 年 12 月、14 人の住民のうち 2 人、安次嶺の夫、現達と伊佐真次に通行妨害禁止を命じた。2 人は他の住民と何ら違わない活動をしていたが、「ヘリパッドいらない住民の会」の共同代表であった。[70] 住民側はこれを不服としたが、2010 年 1 月、防衛省はこの 2 人に本訴訟を起こす。[71] 防衛省は、現場での抗議活動だけでなく、インターネットでの抗議運動参加呼びかけまで通行妨害に当たると主張。対する住民側は、これは不当な SLAPP 訴訟であり、憲法の保障する表現の自由の侵害だと主張した。

　那覇地裁は、2012 年 3 月 14 日、伊佐のみに通行妨害禁止を命じ、安次嶺については国の請求を却下した。[72] 琉球大学の阿部小涼ら数百人の市民たちは抗議声明を出し、「この裁判は不当判決以前に、不当訴訟」であり、「人権を保護すべき法廷による重大な過失」、「裁判所そのものが共犯的に人権侵害に与した」と、政府の民主主義的手続き蹂躙への司法の加担を糾弾した。弁護団は控訴を表明。[73] この判決が、国家に対する市民の抗議行動を威嚇するスラップ訴訟の先例となり、沖縄にとどまらず全国の市民運動を萎縮させるのではないかという危惧と批判の声が上がっている。

4　オスプレイ配備　20 年間隠された暴力

　現在海兵隊が使用しているヘリコプター CH-46 は大型で騒音が大きく、住

民は既に激しい爆音に悩まされている。1982年から陸軍が開発したオスプレイは回転翼の角度を変えられるので、滑走路がない場所でもヘリのように離着陸でき、水平飛行のときはプロペラ機のように高速(時速500キロ超)で移動でき[74]、搭載重量はCH-46の3倍、航続距離は5.5倍、3,900キロまで可能である[75]。しかし1989年初飛行以来頻発する事故で30人以上の死者を出し[76]、量産決定後の5年間(2006-2011年)には58件事故が起きている[77]。2012年になって、4月11日にはモロッコで死者2人[78]、6月13日にはフロリダで5人の負傷者を出す墜落事故が起きている[79]。9月9日の沖縄におけるオスプレイ配備反対集会前日には、6日にノースカロライナ州の市街地に緊急着陸したという報せが入って県民の反対感情はさらに高まった[80]。大会直後に訪沖した森本防衛相は、緊急着陸は車を一時停止して確認するようなものだと喩えて県民の怒りを買ったが、この緊急着陸の際は近隣の複数の住民が、煙が出ていた、家が揺さぶられた等の証言をしている[81]。

オスプレイの沖縄配備の話は今に始まったことではなく、米海軍省が1992年の「普天間飛行場マスタープラン(基本計画)」で既に、普天間飛行場の北西部に拠点を置く配備方針を明記していた[82]。さらに、普天間返還と代替施設建設計画を打ち出した1996年SACO合意に至る日米協議でも、代替施設へのオスプレイ配備を前提として議論が進んだ。日本政府の強い要請で、SACO最終報告の中ではオスプレイは言及されなかったが、両国政府は、オスプレイ配備を前提として、普天間代替施設の形状、滑走路の長さ、沖縄の反発への対処法、などを検討していた。とりわけ、米国がオスプレイに適した滑走路の長さと施設形状にこだわり、オスプレイ配備計画を日本政府が早く発表するべきだと考えていたのに対し、国民、特に沖縄からの反発を怖れる日本側はオスプレイ配備をあくまで秘密にしておくことを強く主張した[83]。ある会議で、日本側は、オスプレイ配備を沖縄と話し合う際の戦略について米国に助言を求めた[84]。11月22日付のSACO最終報告ドラフトの中には「MV-22 (Osprey)」が言及されていたが、12月2日に発表された最終報告からは、その名前は消えていた[85]。

防衛官僚高見沢将林による隠蔽工作

SACO合意協議の過程で、1996年11月、防衛庁の高見沢将林防衛政策局長

が、オスプレイの生産状況、性能、仕様、米海兵隊のオスプレイ沖縄配備予定、騒音、飛行経路、などについての住民からの質問を想定した「Q＆A」集を米側に提出したが、防衛庁の好む答えまで周到に用意していた。いわく、「SBF（普天間代替施設となる海上施設）は現在海兵隊普天間基地に配備されているヘリコプターの移設先だと考える。この観点からすれば、SBFはヘリポートである」と[86]。しかも、高見沢がQ＆Aと同時に提出した防衛庁（当時）のレポートの中でも、「2003年ごろに普天間のヘリコプターはMV-22（オスプレイ）へ変更される予定」と書かれていたのである[87]。すなわち、1996年SACO合意時点で、日本政府は、普天間代替施設にオスプレイを配備する米国の計画を熟知した上で、それを市民、特に沖縄の人々から隠蔽することに必死だったのである。

　日本政府が市民から隠そうとしたのはそれだけではなかった。SACO最終報告の文言についての議論で、米側は、代替施設の「（キャンプ・シュワブという）候補地名を最終報告書に明示するべきだと信じていた」が、日本政府は「地名を発表することに反対した[88]」。

　SACO最終報告書にオスプレイも候補地名も現れないようにすることに成功した日本政府は、その後も一貫して、米国のオスプレイ沖縄配備計画を知らないと主張し続けた。1997年9月、普天間代替施設へのオスプレイ配備に言及した米国防総省の文書が沖縄の人々の知るところとなった[89]。同年11月18日の住民説明会で、オスプレイ配備について訊かれた防衛施設庁は、現行のCH-46とCH-53をオスプレイに替える計画は聞いていない、と主張した[90]。国会で追及されても、政府はあくまで知らないと言い張った[91]。米海兵隊は2010年秋、普天間飛行場のCH-46ヘリコプター24機に替わるオスプレイ2個中隊を、2012年10月と2013年10月の2度に分けて配備すると発表した[92]。しかし、日本政府は「米側から通知はない」とあくまで白を切り通した。

強行配備へ

　長年にわたってオスプレイ配備について国民を騙し続けてきた日本政府も、2011年5月、ゲイツ米国防長官が近く北澤防衛相に2012年後半からオスプレイを普天間飛行場に配備し始める方針であることを伝える予定であると報道されたため、「無知」を決め込むことができなくなった[93]。2011年6月6日、沖縄

防衛局は、米海兵隊が垂直離着陸輸送機MV-22オスプレイを2012年から普天間飛行場に配備すると、県や宜野湾市、名護市、金武町など関係自治体にファックス1枚だけで伝えた。[94]

2009年9月の民主党政権発足時、民主党幹部の中にはオスプレイ配備についてのごまかしに気づいている者もいた。『ウィキリークス』で明らかになった同年10月15日付のルース大使による公電（09TOKYO2369）によると、カート・キャンベル国務次官補と会談した前原誠司は「MV-22（オスプレイ）のキャンプ・シュワブへの配備計画についても、騒音への懸念が生まれることや、最近の環境影響評価には配備が織り込まれていないこともあって、移設が住民にとって受け入れられるかどうかに影響する」との懸念を述べたという。それに対しキャンベルがどう答えたかは公電にはないが、ルースによる注記として、高見沢将林防衛政策局長が別の場面でキャンベルに「現行の環境影響評価では、将来配備するかもしれない航空機については考慮する必要がない」と伝えたという。[95] これは前原が席を外している間にささやいたのかもしれないが、アセスの定義そのものが予定事業の環境影響を調べる手続きなのだから、既に予定されているオスプレイ配備についてそのように言う高見沢の詐欺性がここでも露呈している。

この高見沢は、10月12日、長島昭久防衛副大臣がキャンベルら国務省・国防総省の代表団たちとの会合をした後、長島ぬきのランチミーティングで「長島の現行案に対する評価を額面通り受け取るべきではない」と言い、再編案を民主党政権が気に入るように修正することについて「拙速に柔軟な態度を示してしまわないよう」警告した人物でもある。[96] 要するに大臣たちが席を外している間に米国側に嘘や陰口を吹き込む常習犯と言えよう。

2012年3月、622人の原告が環境アセスメントのやり直し義務確認などを求めた「辺野古・違法アセス訴訟」の公判で、那覇地裁は高見沢を証人喚問した。オスプレイ配備については米側と議論はあったと認めながらも、「1996年当時は開発中で、配備する基地を決める段階ではなかった」と答えた。地元住民を騙すためのQ&A集の作成について問われると「尋問対象外」として回答を拒んだ。[97]

高見沢が犯した罪は重い。2011年末から翌年年始にかけて提出された環境

影響評価「評価書」で初めてオスプレイ配備が明記され、睡眠障害などが指摘されるヘリコプター特有の低周波音について名護市安部集落で健康影響を受ける可能性を予測し、振動や騒音度も14調査地点全てで準備書段階より上回る値が見込まれた。さらに、高江など別の基地に移動するときの飛行経路は盛り込まれなかった。米国西海岸ではオスプレイ配備の環境への影響について9年にわたる、10回の公聴会を含む詳細で大規模な調査が行われている。日本が同様の環境影響評価をしないのは明らかに二重基準だった。

　これだけの法的、人道的問題を抱えながら、オスプレイは2012年7月末に申し訳程度に沖縄を避け岩国に12機陸揚げされた。そして10万人反対集会の直後、政府は、市民がとても納得できない「安全確認」宣言、パフォーマンス的な試験飛行をし、9月末の普天間基地への飛行を発表した。40年前の「返還」時、沖縄県民は現在のような事態を想像できただろうか。

　オスプレイ配備そのものの議論はいつの間にか安全性議論にすり替えられ、原発再稼働時と同様、政府側の勝手な「安全宣言」によって強行配備に導かれた。沖縄が怒っているのはオスプレイの危険性だけではなく、また、オスプレイ配備そのものだけでもない。背景にあるのは、上述の配備隠しや違法アセスはもちろん、「復帰」後40年、沖縄に選択権なしで頭越しに実施される数々の国策に蹂躙されてきたこと、16年前に「返す」といった基地を返すどころか新基地建設の口実にされたこと、普天間へのオスプレイ配備による「固定化」への動きのように、反対すればするほどブーメランのように見せしめ的な基地強化策が返ってくること、そして長年、政治的、軍事的、文化的、経済的、あらゆる側面での差別を受け続けた歴史への怒りである。参議院議員の糸数慶子はオスプレイ飛行が間近に迫った9月26日、次のように述べて憤りを露わにした。

　　復帰前の「島ぐるみ闘争」のように沖縄がこぞって配備に反対しているのに、日本政府は耳をまったく傾けようとはしません。民意を無視するということは、議会制民主主義の根幹にかかわる問題です。それ以上に、ここまで沖縄が無視されているということは、私たち県民は「果たして同じ国民と思われているのか、沖縄だけが差別されているのではないか」という怒りを抑えることができません。

　糸数は、言いたくないとしながらも、1903年の大阪万博で沖縄人やアイヌ人を「展示」した「学術人類館」事件のころから日本政府の差別的態度は変わっ

ていないのではないかと疑った。

【注】
1) 「Voice of Takae——沖縄県東村高江で起きていること」2012年7月13日。<http://nohelipadtakae.org/takaebreau/VoT2012july.pdf>
2) 沖縄県　自然環境の保全に関する指針　「沿岸域における自然環境の保全に関する指針（沖縄島編）」瀬嵩。<http://www.pref.okinawa.jp/okinawa_kankyo/shizen_hogo/hozen_chiiki/shishin/okinawatou_umi_karte/okinawa_umi_karte14.html>
3) ジュゴン保護キャンペーンセンター（SDCC）「SDCCとは」。<http://www.sdcc.jp/sdcc/sdcc2010.html>
4) 環境省「平成24年8月28日　第4次レッドリストの公表について（お知らせ）」。<http://www.env.go.jp/press/press.php?serial=15619>
5) 「アオサンゴが絶滅危惧種に　国際自然保護連合」『共同通信』2008年10月2日。
6) IUCNレッド・リストカテゴリー。<http://www.iucn.jp/species/redlist/redlistcategory.html>
7) IUCNレッド・リストのジュゴン（Dugong dugong）"Dugong dugong,"<http://www.iucnredlist.org/details/6909/0>、アオサンゴ（Heliopora coerulea）。<http://www.iucnredlist.org/details/133193/0>
8) 「大浦湾に36新種　エビ・カニ類、県に保全働き掛けへ」『琉球新報』2009年11月25日。
9) 「辺野古に新種？海藻4種『埋め立てれば絶滅の恐れ』『朝日新聞』2010年7月16日。
10) 「沖縄・辺野古の海、貝の楽園　日本自然保護協会、国連地球生きもの会議で報告へ」『朝日新聞』2010年9月29日。参照：日本自然保護協会『辺野古緊急合同調査レポート（速報）――生物多様性豊かな辺野古の海』（2010年9月28日）。<http://www.nacsj.or.jp/katsudo/henoko/pdf/20101004henoko_report_ver3.pdf>
11) 「国立公園指定　世界自然遺産のステップに」『琉球新報』2010年10月6日。
12) 伊波義安「［論壇］伊波義安県営林道計画は中止をやんばるの森継承は責務」『沖縄タイムス』2009年2月27日。
13) 琉球朝日放送「狙われた海――沖縄・大浦湾　幻の軍港計画50年」2009年10月4日。
14) 阿部小涼「繰り返し変わる――沖縄における直接行動の現在進行形」『政策科学・国際関係論集』第13号、琉球大学法文学部、2011年。
15) 辺野古・大浦湾、やんばるの森、泡瀬干潟等の豊かな自然に対する基地建設や開発の脅威についての詳細は、『小さな島々沖縄の大きな宝――琉球諸島の生物多様性とその保全』（沖縄・生物多様性市民ネットワーク発行、2010年）を参照。
16) 桜井国俊「環境問題から看た沖縄」宮本憲一・川瀬光義編『沖縄論――平和・環境・自治の島へ』第4章、岩波書店、2010年、108頁。
17) 同上、112頁。
18) 以下の環境影響評価の手続きについての記述は、次の資料を基にしている。環境省『環境アセスメント制度のあらまし（パンフレット）』2012年2月、環境影響評価法（平成9年6月13日法律第81号）。<http://law.e-gov.go.jp/htmldata/H09/H09HO081.html>

19) 真喜志好一「5. 環境アセス法違反の辺野古・高江計画」『No More US Bases in Okinawa』。<http://www.ryukyu.ne.jp/~maxi/sub5.html>
20) 桜井「環境問題から看た沖縄」121-123頁。
21) 例えば、「海自動員可能性を示唆　辺野古事前調査で官房長官」『琉球新報』2007年5月11日。
22) 真喜志「5・環境アセス法違反の辺野古・高江計画」。
23) 菊野由美子「辺野古の気持ち」『Peace Philosophy Centre』2010年1月21日。<http://peacephilosophy.blogspot.jp/2010/01/emotions-of-henoko-yumiko-kikuno.html>
24) 2009年12月25日、著者の乗松聡子と仲間の菊野由美子氏が辺野古テント村を訪ね、当山栄村長の話を聞いて菊野氏がまとめた記事が「辺野古の気持ち」（前出）であり、乗松と菊野氏による英訳が『ジャパン・フォーカス』に掲載されたのが Henoko, Okinawa: Inside the Sit-In http://www.japanfocus.org/-Kikuno-Yumiko/3306 である。この記事は米国のヒストリー・ネットワーク、ズィー・コミュニケーション等、著名なネットメディアに再掲載された。当山氏は約1年後、2010年12月5日に永眠された。
25) 桜井「環境問題から看た沖縄」122-123頁。
26) 浦島悦子『名護の選択――海にも陸にも基地はいらない』インパクト出版会、2010年、46-47頁。
27) 同上、52頁。浦島の意見書の要約は53-57頁。WWWジャパンの意見書は「普天間飛行場代替施設建設事業に係る環境影響評価準備書に対する意見書」2009年5月13日。<http://www.wwf.or.jp/activities/2009/05/611813.html>
28) 浦島『名護の選択』48-49頁。
29) 浦島悦子「沖縄・やんばる　風の便り（10）いくさ世は続く」『インパクション』170、2009年8月、137頁。
30) 浦島『名護の選択』62-66頁。
31) ヘリ基地反対協議会「辺野古・違法アセス訴訟」。<http://www.mco.ne.jp/~herikiti/justice.html>、浦島『名護の選択』57-62頁。
32) 田村ゆかり「辺野古・違法アセス訴訟の内容と進行について」『命の海　辺野古違法アセス訴訟原告団通信』2011年12月28日。
33) 「普天間アセス　手続きの妥当性示す訴訟に」『琉球新報』2009年8月20日。
34) 田村「辺野古・違法アセス訴訟の内容と進行について」、金高望「辺野古・違法アセス糾弾訴訟」。<http://www.mco.ne.jp/~herikiti/img/2009-0807-slide.pdf>
35) 田村、同上。
36) 「辺野古アセス訴訟結審　来年2月20日判決」『琉球新報』2012年7月19日。
37) 「辺野古アセス訴訟　『命守る声の機会奪う』　専門家ら証人尋問　オスプレイ"後出し"批判」『琉球新報』2012年2月2日。
38) Hideki Yoshikawa, "Dugong Swimming in Uncharted Waters: US Judicial Intervention to Protect Okinawa's "Natural Monuments" and Halt Base Construction," *The Asia-Pacific Journal: Japan Focus*（February 7, 2009）. http://www.japanfocus.org/-Hideki-YOSHIKAWA/3044. 訴訟の国際的意義については河村雅美「＜辺野古アセス＞

審査会への意見」『沖縄・生物多様性市民ネットのブログ』2012 年 1 月 18 日。<http://okinawabd.ti-da.net/e3770931.html>

39) 「［ニュース近景遠景］普天間移設へ影響必至　沖縄ジュゴン訴訟判決　米国防総省にアセス要求　識者「基地使用禁止も」　連邦地裁『違法』厳しく批判」『沖縄タイムス』2008 年 1 月 26 日。

40) Yoshikawa, "Dugong Swimming in Uncharted Waters."

41) 桜井国俊「桜井国俊――普天間『代替施設』辺野古アセスメントにおけるジュゴン評価の『致命的欠陥』」『Peace Philosophy Centre』2011 年 12 月 30 日。<http://peacephilosophy.blogspot.ca/2011/12/blog-post_30.html>　英語版は Gavan McCormack, Sakurai Kunitoshi, and Urashima Etsuko, "Okinawa, New Year 2012: Tokyo's Year End Surprise Attack," *The Asia-Pacific Journal: Japan Focus*（January 7, 2012). http://japanfocus.org/-Urashima-Etsuko/3673.

42) Yoshikawa, "Dugong Swimming in Uncharted Waters."

43) 「アセス審、再調査要求　普天間移設『予測・評価が不十分』　知事に答申　県『十分に尊重』」『沖縄タイムス』2009 年 10 月 3 日。「県環境審が普天間アセスで答申　ジュゴンで再調査求める」『琉球新報』2009 年 10 月 2 日。

44) 「アセス知事意見　『県外ベスト』有言実行を」『琉球新報』2009 年 10 月 14 日。「［知事意見］ベストを選択するときだ」『沖縄タイムス』2009 年 10 月 14 日。

45) 宮城康博「曳かれ者の小唄」『なごなぐ雑記』2010 年 6 月 14 日。<http://miyagi.no-blog.jp/nago/2010/06/post_53a0.html>

46) 「名護に再編交付金なし　09・10 年度分 16 億円　防衛省方針　「普天間」移設拒否で」『沖縄タイムス』2010 年 12 月 24 日。

47) 「防衛省、名護市に異議申し立て　普天間移設 現況調査拒否で」『琉球新報』2011 年 1 月 29 日。

48) Gavan McCormack, Satoko Norimatsu, Mark Selden " New Year 2011, Okinawa and the Future of East Asia," *The Asia-Pacific Journal: Japan Focus*, January 10, 2011. http://japanfocus.org/-Satoko-NORIMATSU/3468.

49) 「辺野古移設へ、野田政権じわり　アセス評価書、沖縄県に年内提出の方針」『朝日新聞』2011 年 10 月 18 日。

50) 「〈透視鏡〉評価書年内提出　「進展」へ焦る政府　来年 6 月にも埋め立て申請　知事は「拒否」示唆」『琉球新報』2011 年 10 月 18 日。

51) 「普天間進展、窮余の演出　沖縄反発で道筋なし　米、議会恐れ成果重視　国防長官来日」『朝日新聞』2011 年 10 月 26 日。

52) この件については *Peace Philosophy Centre* のサイトの著者乗松聡子による一連の記事を参照。「野田オバマ会談報道はおかしい」2011 年 9 月 23 日。<http://peacephilosophy.blogspot.ca/2011/09/blog-post_23.html>、「日米会談　オバマ発言とされたものを野田が否定」2011 年 9 月 24 日。<http://peacephilosophy.blogspot.ca/2011/09/blog-post_24.html>、「野田オバマ会談報道はおかしい　その後」2011 年 9 月 27 日。http://peacephilosophy.blogspot.ca/2011/09/blog-post_27.html 乗松は、「米国の圧力」がメ

ディアで誇張されている例を追ってきた。参照：「普天間問題、日米関係関連『報道への疑問』過去投稿リスト」『Peace Philosophy Centre』2011年9月24日。<http://peacephilosophy.blogspot.ca/2011/09/peacephilosophy-media-criticism-by.html>
53) 「稲嶺、大田氏ら賛同表明　県議会『評価書断念』意見書」『琉球新報』2012年12月20日。
54) 「知事防衛相会談　大臣は米国のご用聞きか」『琉球新報』2011年10月18日。
55) 年末の市民たちの評価書搬入阻止行動の詳細については、浦島悦子「辺野古アセス評価書、防衛局が未明の『奇襲』稲嶺名護市長『あきれてものが言えない』」『Peace Philosophy Centre』2012年1月6日。<http://peacephilosophy.blogspot.jp/2012/01/blog-post.html>
56) 桜井「桜井国俊――普天間『代替施設』辺野古アセスメントにおけるジュゴン評価の『致命的欠陥』」。
57) 島津康男・環境アセスメント学会元会長のコメント。「［普天間アセス］制度が骨抜きにされた」『沖縄タイムス』2012年1月10日。
58) 桜井国俊「日本の未来を奪う辺野古違法アセス」『世界』2012年3月号、21-23頁。
59) 「［解説］県民の不信感集約　アセス審　最大限の主張」『沖縄タイムス』2012年2月1日。
60) 仲井眞弘多「普天間飛行場代替施設建設事業に係る環境影響評価書について――飛行場の設置の事業について」2012年2月20日。<http://www.pref.okinawa.lg.jp/site/kankyo/seisaku/hyoka/tetsuzuki/documents/iken-68.pdf>　仲井眞弘多「普天間飛行場代替施設建設事業に係る環境影響評価書に対する意見（公有水面の埋立ての事業）」2012年3月27日。<http://www.pref.okinawa.jp/kaigannbousai/umetate/tijiiken-umetate.pdf>
61) 「アセス知事意見　記述内容　高く評価　名護市長『県民の意見考慮』」『琉球新報』2012年2月21日。
62) 「＜辺野古アセス＞防衛省・有識者研究会へ意見書を提出しました」『沖縄・生物多様性市民ネットのブログ』2012年9月20日。<http://okinawabd.ti-da.net/e4068813.html>
63) 「辺野古アセス　防衛省天下り企業独占　総額86億円　落札率99％も」『しんぶん赤旗』2012年2月12日。
64) 当初の計画では7か所のヘリパッドを、もっと森の奥の方につくる予定だったが、予定地域が、やんばるの森の中でも「中核となる聖域」であったため、地元住民だけでなく生物・生態学者を含む強い反対と計画見直しの声が上がり、一時棚上げ状態になった。その間に防衛施設局は水面下で計画の見直しを進め、これらの批判への対処として、当初の予定地域のうち沖縄県の「自然環境の保全に関する指針」で「自然環境の厳正な保全を図る区域・評価ランクⅠ」とされた区域は全て除外、「評価ランクⅡ」の区域も可能な限り除外する、ヘリパッドの数も7か所を6か所に減らす、などの修正を行った。その結果、2006年2月に再浮上した計画では予定地が集落に近くなり、高江を取り囲む形になった。（浦島悦子氏情報提供）
65) 高江の状況は以下を参照。「ヘリパッドいらない住民の会」『Voice of Takae ――沖縄県東村高江で起きていること』2012年7月13日。<http://nohelipadtakae.org/takaebreau/VoT2012july.pdf>　「沖縄から緊急の呼びかけ――ヤンバルの森と人々の暮

らしを守ろう」『沖縄・生物多様性市民ネットのブログ』2011 年 2 月 16 日。<http://okinawabd.ti-da.net/e3263392.html> 阿部「繰り返し変わる」61-90 頁。
66) 『やんばる東村　高江の現状』。<http://takae.ti-da.net/>
67) 浦島悦子「これでもヤマトンチュウには聞こえないのか？」『自然と人間』2012 年 10 月号。
68) 「ヘリパッドいらない住民の会」『前代未聞！国が座り込み住民を訴える』。<http://nohelipadtakae.org/takaebreau/VoTadd-info2012july.pdf>
69) 浦島『名護の選択』92 頁。
70) 『前代未聞！国が座り込み住民を訴える』。
71) 「防衛省 住民提訴へ　高江仮処分、通行妨害の是非争う」『琉球新報』2010 年 1 月 29 日。
72) 「住民 1 人に妨害禁止命令　高江ヘリパッド」『琉球新報』2012 年 3 月 15 日。
73) 「高江 SLAPP 訴訟不当判決への抗議声明」『Project Disagree 合意してないプロジェクト』2012 年 3 月 16 日。<http://www.projectdisagree.org/2012/03/slapp.html>
74) 冷泉彰彦「オスプレイ配備問題は『腹芸』でいいのか」『ニューズウィーク日本版』（ブログ）2012 年 7 月 6 日。<http://www.newsweekjapan.jp/reizei/2012/07/post-454.php>
75) 「朝鮮半島有事に威力　オスプレイ配備」『産経新聞』2012 年 7 月 1 日。
76) 2010 年 4 月にアフガニスタンで 4 人を死亡させた事故までの、オスプレイの事故の年表は、「オスプレイ伝達　日本政府　追い込まれ姿勢転換」（『琉球新報』2011 年 6 月 7 日）を参照。
77) 「オスプレイ事故、5 年で 58 件　米軍資料で判明」『朝日新聞』2012 年 7 月 20 日。
78) "Corps IDs Morocco Osprey crash victims," *Marine Corps News*, April 13, 2012. http://www.marinecorpstimes.com/news/2012/04/marine-corps-identifies-morroco-osprey-crash-victims-041312/
79) "Air Force Osprey crash at Florida base injures five," *CNN*, June 14, 2012. http://www.cnn.com/2012/06/14/us/florida-osprey-crash/index.html
80) 「オスプレイ、米市街地に緊急着陸　機体から煙？」『産経新聞』2012 年 9 月 8 日。
81) Amanda Wilcox, "Neighbors say Osprey landing anything but 'precautionary'," *Stars and Stripes*, September 8, 2012. http://www.stripes.com/news/marine-corps/neighbors-say-osprey-landing-anything-but-precautionary-1.188633
82) 「オスプレイ、普天間配備を伝達　国、県へ正式に」『琉球新報』2011 年 6 月 7 日。
83) Maj. H. Torres, Jr., "MEMORANDUM FOR THE RECORD," October 23, 1996, 琉球大学学術リポジトリ、「東アジア多国間安全保障枠組創出のための研究――米軍プレゼンスの態様」所収の資料、「SACO Process, October 1996」、335-336 頁。"The stationing of V-22 Osprey aircraft has not yet been announced by GOJ [government of Japan]. USFJ desires a release of the information sooner." Robert Y. Jelescheff, "Memo For Record, 26 Nov 96, SUBJECT: Summary of Meeting: USFJ, MOFA, IDA, and ISO, 26 Nov 96" November 26, 1996, 同上、「SSACO [ママ] Process, November 1996」、433 頁。<http://ir.lib.u-ryukyu.ac.jp/bitstream/123456789/6967/19/gabe2_09.pdf>
84) （カート・キャンベルが議長を務めた）10 月 22 日の会議で、日本側は次の三つの可能

性を提示した。(1) オスプレイに言及しない、(2) オスプレイに言及する、(3) 現在の航空機用に建設し、のちに米国がオスプレイ配備を発表した時に、拡張を要請する。だが、米側は具体的な回答を避けた。同上、「SACO Process, October 1996」、336 頁。
85) "The SBF will be designed to support basing or helicopter and MV-22 (Osprey) units. "Final Report, Special Working Group on Futenma Air Station, Special Action. Committee on. Okinawa, as of 22 Nov; 0300 hours、同上、「SSACO ［ママ］Process, November 1996」、436 頁。
86) A fax on "GOJ INPUT TO RELOCATION OF MCAS FUTENMA," November 27, 1996, 同上 , 445, 449 頁。
87) "The SBF will absorb most of the helicopter operational functions of Futenma Air Station and support basing helicopters currently being deployed at Futenma Air Station, a part of which is planned to be replaced by MV-22 (Osprey) tilt-rotor aircraft units around the year o£ 2003. [The SBF will accomodate [sic] this replacement without major change of its specifications.]" in "Report on the return of Futenma Air Station," "provided by Mr Takamizawa of JDA to USFJ/J3." 同上、445、447 頁。
88) "GOJ has decided on the sea-based facility (SBF) option, and believes that Camp Schwab is the best location. USFJ believes this proposed location should be specified in the final report; GOJ is against announcement of exact location." Jelescheff, "Memo For Record." 同上、433 頁。
89) 真喜志好一「7. オスプレイ配備を隠す日本政府」『No More US Bases in Okinawa』。<http://www.ryukyu.ne.jp/~maxi/sub7.html>「『安全』繰り返す政府　住民　データ要求　日程終了　なお疑問　海上基地　押し問答も　名護、屋部で説明会」『沖縄タイムス』1997 年 11 月 19 日。EXECUTIVE REPORT DOD Functional Analysis and Concept of Operations for MCAS Futenma Relocation, Okinawa, Japan, September 7, 1997.
90) 「『安全』繰り返す政府」。
91) 真喜志「7. オスプレイ配備を隠す日本政府」。
92) 「オスプレイ、普天間配備を伝達　国、県へ正式に」『琉球新報』2011 年 6 月 7 日。
93) "Okinawa decries reported plans to locate Ospreys at Futenma," *Stars and Stripes*, May 31, 2011. http://www.stripes.com/news/pacific/okinawa/okinawa-decries-reported-plans-to-locate-ospreys-at-futenma-1.145167.
94) 「オスプレイ、普天間配備を伝達　国、県へ正式に」、「［オスプレイ配備］ファクス 1 枚で通知か」『沖縄タイムス』2011 年 6 月 8 日。
95) 「国務次官補『米国の忍耐にも限界がある』　米公電訳」『朝日新聞』2011 年 5 月 9 日。<http://www.asahi.com/special/wikileaks/TKY201105060402.html>
Roos, Cable 09TOKYO2369, "Managing Alliance Issues: A/S Campbell's," October 15, 2009, *WikiLeaks*. http://wikileaks.ch/cable/2009/10/09TOKYO2369.html.
96) Roos, Cable 09TOKYO2378, "A/S Campbell, GOJ Officials Discuss the History of (Realignment)" October 15, 2009, *WikiLeaks*. http://wikileaks.ch/cable/2009/10/09TOKYO2378.html.「中国めぐる有事に備え『滑走路 3 本必要』米公電訳」

『朝日新聞』2011 年 5 月 5 日。
97）「辺野古アセス訴訟証人尋問　防衛省の高見沢氏、具体的回答避ける」『琉球新報』2012 年 3 月 5 日。「高見沢氏『隠蔽ない』　アセスやり直し訴訟」『琉球新報』2012 年 3 月 6 日。
98）「評価書全文判明　オスプレイで悪化顕著、低周波音や騒音影響」『琉球新報』2012 年 1 月 8 日。
99）「オスプレイ配備：米本土と二重基準」『沖縄タイムス』2011 年 6 月 9 日。
100）糸数慶子「私たち沖縄県民は、日本国民なのですか」『週刊金曜日』2012 年 10 月 5 日、26-27 頁。

第8章

同盟「深化」

1 進む軍事統合とその代償

　ワシントンが同盟に抱く長期的計画は、1995年のジョセフ・ナイらの勧告の路線に沿ったもので、日本の自衛隊と米軍の緊密な協調関係を図るものであった。「相互運用性（Interoperability）」が「ペンタゴン語」のキーワードとなっていた。それは現在の日米関係において、在日米軍と自衛隊の共同訓練・再編統合、基地共同使用を意味する。集団自衛権について日本の憲法改変か再解釈が可能になれば、日本の約24万人の自衛隊が米国の世界的戦力投射能力に完全に統合され、米国と共に参戦し、共生共死の態勢を取ることを可能とする概念である。

　このような関係の下で、日本が防衛計画作成において自律性を保つなど有り得ない話だ。日本が自衛隊を米国に差し出すことによって「属国」政策を着実に推し進めると見る方が賢明であろう。遠隔地での戦争から陸上軍を撤退させる計画をしている米国にとっては、地域軍事介入においては（もしくは世界的規模においても）米軍を日本軍に置換する案はさぞ魅力的であろう。コロンビア大学のジェラルド・カーティスは、普天間問題のこじれ、沖縄の米軍基地反対への民意の高まりを受け、米国は「最終的に日本国内の米軍専用基地はなくし、日本の自衛隊基地内に米軍を置くことを支持すべき」と論じる。米軍が日本に駐留し続けることを政治的に可能にするにはそのような「基地共有」の道を探ることが最善であるというのである。[1]

　鳩山政権という「空白期間」は米国の東アジア戦略が白紙撤回してしまうの

ではないかという不安をワシントンに与えたが、鳩山が退陣、2010年6月に菅新政権が誕生し、「軌道修正」が始まった。2010年9月下旬に菅がワシントンを訪れたとき、双方は同盟の重要性を再確認し、安全保障、経済、人的交流の三本柱で「深化」させていきたいと合意した。また、菅は、鳩山総理が提唱した「東アジア共同体」構想に賛同するが、米国を含めた共同体としたいと伝え、ワシントンのご機嫌取りに努めた。

2010年12月17日、菅内閣は「平成23年度以降に係る防衛計画の大綱」を閣議決定した。「我が国を取り巻く安全保障環境」の一部として中国の「軍事力の広範かつ急速な近代化」への懸念に言及し、米国との同盟を強化し「動的防衛力」を従来の「専守防衛」に替わる概念として提起し、「島嶼部」、すなわち石垣、宮古、与那国等沖縄の離島に自衛隊を配備する計画を打ち出した。「中国の脅威」を従来の「北朝鮮の脅威」に加えることにより、自民党時代には考えられなかった防衛計画を推進することができるようになった。[3]

軍事評論家の前田哲男は、この防衛大綱は民主党政権の安全保障に関するマニフェストを「自己否定する内容」だと批判した。

> 「基盤的防衛力」は専守防衛としての自衛隊、日本列島の守備隊としての自衛隊、そして自衛隊の合憲性の担保として、1976年に初めて大綱を策定して以来、2度の改定でも継承されてきた。「動的防衛力」への転換は専守防衛の実質的な放棄で「戦う自衛隊」に変貌するといえる。[4]

2011年3月11日の東日本大震災を受けて、普天間基地所属のヘリ部隊を含む海兵隊が救援に動員されることにより、東北の出来事と日米同盟と防衛政策の問題がリンクされた。「トモダチ作戦」と呼ばれた米軍の救援活動を菅政権は絶賛し、迅速で大がかりな米軍の援助が「同盟」の真価を証明したということで、沖縄の基地建設計画を後押しするような風潮が作られることは日本本土では容認されていた。『読売新聞』は「これだけ大規模な支援を実施しているのは、日米が長年かけて築いてきた信頼関係があってこそだろう」と社説で述べた。[5]

「トモダチ作戦」には1万8,000人以上が従事、艦船19隻と航空機約140機が物資を被災地に届け、何万トンもの真水が福島の原子炉冷却用にバージで運

搬された。米軍の仙台空港の復旧、がれき除去、行方不明者捜索等は目立った報道をされ、他の国の救援活動がかすんで見えるほどであった。米海兵隊太平洋基地政務外交部 (G-7) 副参謀長補のロバート・エルドリッジは、「トモダチ作戦」について、1990年代のジョセフ・ナイによる言葉「安全保障は酸素のようなものだ。なくなるまでその大事さに気づかない」を裏付けるものだとした。

2011年「2＋2」──「人道支援」「災害救助」を口実とした軍備拡大

　エルドリッジは、「安全保障 (Security)」が、近年軍事だけではなく人間の安全保障、人道支援、災害救助といった分野にも適用されるようになり、海兵隊の果たせる役割が大きくなったと言うが、やはり軍事が日米双方の最大の関心事であろう。日米双方の外務・防衛担当閣僚で構成される「日米安全保障協議委員会 (「2＋2」)」は2011年6月21日「より深化し、拡大する日米同盟に向けて：50年間のパートナーシップの基盤の上に」と銘打った共同発表を行った。2007年以来4年ぶり、民主党政権発足以来初の2＋2会議開催であった。政権交代以後、普天間基地移設問題で長く続く緊張と摩擦から2国間関係を救う目的に重点が置かれていたようだ。

　共同発表は定番の原理原則、「共有された価値、すなわち民主主義の理想、共通の利益並びに人権及び法の支配の尊重」等を確認した他、米軍と自衛隊の統合の地理的範囲を拡大するための新たな項目が盛り込まれた。「共通の戦略目標」では初めて、「豪州及び韓国の双方のそれぞれとの間で、3か国間の安全保障及び防衛協力を強化する」とした。「強く揺るぎないアジア太平洋のパートナー」としてインドを歓迎し、日米印3か国間の対話を促進するとした。

　在日米軍再編においては、米軍と自衛隊の一層の統合が進んだ。問題とされている普天間代替施設については2006年「ロードマップ」の辺野古V字滑走路案を踏襲したが、「ロードマップ」では2014年を完成目標時期としていたのを諦め、「2014年より後のできる限り早い時期に完了」と改めた。

　この中で注目すべき点は三点ある。一点目は、沖縄を含む日本や太平洋地域における「米国の施政下にある領域において日米の施設への二国間のアクセスの拡大を促進する……このステップは、より緊密な二国間の調整、相互運用性

の向上及び地元とのより強固な関係に寄与する」の部分[14]、二点目は、「地域の人道支援・災害救援分野の後方支援の拠点を日本に設置すること」[15]の重要性に合意したこと、三点目は、鹿児島県大隅諸島の馬毛島に新たな自衛隊の施設を作り、「米軍の空母艦載機離発着訓練の恒久的な施設として使用されることになる」とし、日本政府が「地元に説明」しなければいけないことになっていることだ。[16]

要するに、沖縄の島ぐるみの反対を押し切って不可能な基地を作る決心を新たにしたことに加え、日本政府は新たな約束をした。米国のインテリジェンスと統制の下に自衛隊を統合し、普天間基地の辺野古移設を強行するだけではなく、さらに南西諸島に新たな軍事基地を作ろうというのだ。日本政府は、馬毛島だけではなく、3,000メートルの滑走路を持つ民間空港のある沖縄県宮古市下地島にアジア太平洋地域の災害救援のための活動拠点を設置することを提案した。[17]災害時の物資輸送拠点として使用する提案であるが、自衛隊の配備や米軍との共同使用など、軍事利用が懸念されている。辺野古移設への反対はすでに沖縄全体に広がっているが、この新展開で、馬毛島のある鹿児島県西表市と、下地島のある沖縄県宮古島市をはじめとして新たな反対の気運が高まった。仲井眞知事は下地島に自衛隊の配備は認めないと言明した。[18]

「2＋2」合意発表の半月前、2011年6月6日、北澤防衛相は沖縄知事に対し一方的に辺野古案とV字案堅持、2012年後半のオスプレイ沖縄配備を伝えた。『琉球新報』は社説で、「民主党政権は『民主』を語る資格を失った」と批判し、米国の主張に「唯々諾々と従い続ける」日本政府を、「イラランミー」(沖縄の言葉で、物事の解決が到底見込めない方策を自ら選択して出口のない道に入り込むこと)と呼んだ。[19]ゲイツ国防長官は「2＋2」の記者会見で、1年以内には「具体的な進展」があることが重要であると強調した。[20]日本政府にとっては命令に等しい言葉だった。

属国・日本の「思いやり」

沖縄「返還」では、米国がその軍事基地を全て維持し、日本政府が沖縄を「購入」したおかげで自らは財政的負担なく基地を入手し、必要とあらばいつでも核兵器を再導入できる密約を確保したという美味しい条件であったが、それに

加え、米軍が撤退するなどとの考えを起こさぬように日本が財政的補助を続けるという原則が加わった。

日本ほど米軍に気前のいい国はない。国土の一等地を提供し、道路、港湾の無料使用を許し、兵士の宿舎、士官用の住宅、訓練施設、学校、病院、スポーツ・レジャー施設、映画館やショッピングセンターを建設し、水道、電気、ガス、下水道を提供し、高速道路付近での実弾演習および市街地近辺でのパラシュート降下訓練や夜間離着陸訓練を許している。

俗称「思いやり予算」と呼ばれる「在日米軍駐留経費負担」は、日本が負担している「在日米軍関係経費」の一部である。1970年代、円高や物価上昇を受け、当時の政府(防衛庁長官・金丸信)が「思いやりの精神」と称し、1978年から予算に計上を始めたのでこのように呼ばれるようになった。基地労働者の福利費、提供施設整備費等は地位協定の範囲内とされ、1987年以降は「在日米軍駐留経費負担特別協定」により基本給も含む労務費、光熱水費、訓練移転費と、次第に範囲は広がり、額も増えていった。[21] 1999年のピーク時には2,756億円(歳出ベース)となり、1978開始当初の62億円の44倍となっていた。1978年の創設から現在にいたるまで、日本は地位協定では正当化できない予算が大半を占めているこの予算枠で通算約6兆円を米国に差し出してきた。[22] この「思いやり予算」と呼ばれる「在日米軍駐留経費負担」は直接支援であり、「土地の無償使用、家賃の免除、税金や関税の免除、有料道路や港湾使用料の免除」といった間接支援を考慮しなければいけない。[23]

2003年に米国防総省が行った調査によると、2001年の日本によるHNS(ホスト・ネーション・サポート：接受国支援)は約46億ドル(約34億5,000万ドルが直接支援、約11億5,000万ドルが国有地提供などの間接支援)であり、2位のドイツ(約8億6,000万ドル)や3位の韓国(約8億ドル)を大きく引き離し、NATO同盟国の総額(約15億6,000万ドル)の約3倍、対米接受国支援をしている同盟国の支援総額の約60％を占めている。つまり他の同盟国全部を合わせた額(全体の約40％)よりも5割多いということである。[24] 米国政府はそれ以来同様のデータを発表していないが、日本政府の資料で2012年の状況がわかる(表8.1)。

表 8.1　在日米軍関係経費（2012 年）　　　　（単位：億円）

在日米軍の駐留に関連する経費（防衛相関係予算）		3,689
在日米軍駐留経費負担（通称「思いやり予算」）		1,867
（地位協定内）		
提供施設整備（FIP）	206	
労務費（福利費等）	269	
（特別協定による）		
労務費（基本給等）	1,139	
光熱水等	249	
訓練移転費（NLP）	4	
他（「在日米軍駐留経費負担」以外の在日米軍の駐留に関連する経費）		1,822
周辺対策	571	
施設の借料	991	
リロケーション	5	
その他（漁業補償等）	255	
SACO 関連		86
土地返還のための事業	21	
訓練改善のための事業	2	
騒音軽減のための事業	24	
SACO 事業円滑化事業	28	
訓練移転費（特別協定による）	11	
米軍再編関係経費		627
在沖米海兵隊のグアムへの移転	88	
沖縄における再編のための事業	38	
米陸軍司令部の改編に関連した事業	22	
空母艦載機の移駐等のための事業	326	
訓練移転のための事業（施設整備関連等）	0	
再編関連措置の円滑化を図るための事業	113	
訓練移転のための事業（特別協定による）	40	
防衛省関係予算以外		
基地交付金等（2011 年度予算）		381
提供普通財産借上試算（2012 年度予算）		1,656
計		6,439

出典：防衛省　在日米軍関係経費（平成 24 年度予算）http://www.mod.go.jp/j/approach/zaibeigun/us_keihi/keihi.html

この資料によると、2012年度（平成24年度）予算の在日米軍関係経費は、防衛省関係予算3,689億円、SACO関係経費86億円、米軍再編関係経費627億円、防衛相関係予算以外の基地交付金381億円（平成23年度）、提供普通財産借上試算1,656億円、計6,439億円となる。いわゆる「思いやり予算」、つまり「在日米軍駐留経費負担」は1,867億円と、日本政府が負担する在日米軍関係経費の約29％でしかないことがわかる。日本が在日米軍にかけているコストは「思いやり予算」を遥かに超えており、1ドル80円で換算すると、米ドルにしたら約80億ドルである。

「思いやり」の見直しは、さらなる「思いやり」

　民主党は2009年の選挙公約で「思いやり予算」（「在日米軍駐留経費負担」）を見直すと言っていた。2008年に、民主党を含む野党の反対で参院で否決されたものの、衆参で議決が異なる場合は衆院の議決が優先される規則により在日米軍駐留経費負担特別協定が3年間延長されていたため、鳩山が政権に就いたときは、特別協定の有効期間中であった。鳩山の関心は専ら普天間移設問題に集中していたのでこの協定が真剣に見直されることはなかったが、菅が2010年6月に政権に就いたときは翌年に期限切れを迎えることがわかっていたので見直しは急務であった。逆にワシントンからは日本に「見直し」をさせまいとの重圧がかかっていた。マイケル・シーファー副国防次官補（東アジア担当）は2010年3月、米下院軍事委員会で「思いやり予算」を「日米同盟の重要な戦略的柱だ」と述べ、削減に反対した。[25] 同年7月27日にはグレグソン米国防次官補（アジア太平洋担当）が同委員会の公聴会に提出した書面で同様の主張をし、日本の防衛費と「思いやり予算」増額を要求した。[26] 結果的に2010年末に発表された菅政権の「在日米軍駐留経費負担の包括的な見直し」の結果は、「思いやり予算」を削減するどころか、3年ごとの見直しをしていたのを5年に延長し、[27] 2010年水準（1,881億円）を5年間維持するとの決定であった。見直されたのは労務費の上限労働者数を2万3,055人から430人（2％弱）削減することと、光熱費の日本側負担を現行の76％から72％まで段階的に削減するということだけであったが、それも減額分が「提供施設整備費」の増額分として充当されるとし、実質的な削減は何もされなかったことになる。それどころか、「思

いやり予算」が近年減少傾向だったことを考えると、実質的な増額決定だったとも言える。さらに、「SACO関係経費」(1997年度以降)、「米軍再編関係経費」(2007年度以降)と、第二、第三の「思いやり予算」カテゴリーとも呼べる経費が加わって在日米軍関係経費全体を大きく底上げしている。

　財政難のペンタゴンにとって、年間80億ドルを超える支援の甘い汁は吸っても吸っても吸い足りるものではないだろう。「平和憲法」を持つ日本の最大の皮肉は米国の戦争の最も強力なパトロンであることだ。日本は敗戦直後、なけなしの国家予算から米軍駐留経費を搾り取られた。1946年から1951年の6年間、約5,000億円、国家予算の2割から3割を「終戦処理費」という名目で米軍駐留経費に取られている。吉田茂首相は無批判であったが、当時の大蔵大臣石橋湛山は増額する駐留経費に異議を唱えてGHQにより公職追放された。1990-91年の湾岸戦争には130億ドルの援助をし、2009年には鳩山政権はアフガニスタン復興支援の名目で50億ドル（約4,000億円）を5年間にわたって拠出する約束をした。在日米軍再編における日本支出分は何十億ドルにも上る。OECD加盟国の中で対GDP比が世界一である政府債務を抱え、東日本大震災の復興に巨額の資金が必要な状況下において、このような出費を正当化できるのか。このような気前の良さと、基地使用において事実上米軍の全権委任状態を許している状態は世界でも稀であり、だからこそ、ペンタゴンは「思いやり予算」や他の米軍関連予算の削減どころか停止など絶対あり得ないという姿勢を崩さないのである。

　東日本大震災が起こり米軍の「トモダチ作戦」が高く評価されるにつれ、この「思いやり予算」への批判は静まっていった。2008年の時点では特別協定延長に反対していた民主党だが、5年間の現状維持予算を保証した新たな「在日米軍駐留経費負担特別協定」は2011年1月21日に署名、3月31日には国会両院を通過し、4月1日に発効した。米国国務省日本部長のケビン・メアがアメリカ人大学生グループと2010年末に面会して「日本が現在払っている多額の接受国負担は米国にとって有益なものだ。我々米国は日本ですごく得をしている」と言ったとき、メアはこの大家が店子に家賃を払うようなシステムのことを言っていたのである。「トモダチ作戦」の総費用は約8,000万ドルと見積もられているが、日本が在日米軍関係経費として払っている年間80億ドル

の 1％にしか過ぎない。震災直後の混乱の中で国会可決した、今後 5 年間現行水準で維持される「思いやり予算」は年間 1,881 億円、米ドルにしたら 23 億ドルを超える。米国は「トモダチ作戦」の費用ぐらい十分に取り戻したと言える。

2 「トモダチ」関係の屈折

「政府を巧みに操り、ゆすりをかける名人」

　2011 年、東日本大震災の直前に、日米関係の矛盾を象徴するもう一つの出来事があった。米国務省高官による沖縄と日本に対する侮蔑に満ちた発言である。

　2010 年 12 月 3 日、国務省日本部長（前駐沖縄総領事）のケビン・メアが、日本と沖縄に学習旅行に行く予定のアメリカン大学（ワシントン DC）の学生たちを相手に講義をした。出席した学生たちの取ったメモの内容から、メアはその時外交官としての建前は捨てて、自分の本心を語ったことがわかる。メアは沖縄の人々のことを「怠け者すぎてゴーヤーも育てられない」と言い、「東京［日本政府］を巧みに操り、ゆすりをかける名人」と呼んだ。「プエルトリコ人のように」、「肌の色がより濃く」、「背が低く」、「言葉になまりがある」とも言ったという。沖縄の人々にとって金ほど大事なものはなく、基地移設を実行するのは可能である─政府が沖縄知事に「金が欲しければ署名しろ」と言えばいいのだと言った。また、日本文化を「合意にもとづく和の文化」としながら、人々はそれを「ゆすりの手段」として使い、「合意形成をするフリをしながら、少しでもたくさんの金を取ろうとする」と言った。

　メアの発言は 3 月 7 日に報道され、沖縄に衝撃をもたらした。『沖縄タイムス』は社説で「米軍普天間飛行場の移設返還交渉の米側担当者は、心の中では沖縄を侮辱し、基地問題を軽視していたようだ。」と非難した。『琉球新報』は、メアの発言は「図らずも米国の本音を露呈した」と指摘した。

　メアは 3 月 10 日に更迭されたが、国務次官補カート・キャンベルと駐日大使ジョン・ルースの謝罪は形式的なものに聞こえた。メア事件は、差別発言報道のわずか 4 日後に起きた東日本大震災の陰に隠れてしまい、事件への関心は後退した。メアは更迭されても解雇はされず、米国政府による災害救援事業「ト

モダチ作戦」の調整官として再起用された。[39] ワシントンはメアの侮辱発言を恥ずべきものとは思っていなかったのである。4月6日付で国務省を依願退職したメアはその後元国防次官のリチャード・ローレスらが創立した民間のコンサルティング会社の上級顧問におさまり、使用済み核燃料問題再処理などを担当した。[40] 2011年5月11日には民間人として首相官邸を訪れ1時間半も滞在している。[41] 沖縄を愚弄する発言をした人間を、官邸は招かれざる差別主義者とは思っていなかったようだ。

　メアについて付け加えると、『ウィキリークス』が2011年8月末、メアが沖縄総領事時代の2007年に書いた機密書類を公開している。[42] 2007年6月、「USSガーディアン」と「USSパトリオット」という対機雷戦艦が与那国の祖内港に寄港した。与那国は日本の最西端にあり、台湾からは100キロほどしか離れていない。返還以来沖縄の民間港にこのように米国海軍の軍艦が寄港するのは初めてであった。メアはこの寄港を「運用上意義がある」出来事であり、重要な「前例」となると満足げに報告し、近い将来石垣でも同様の寄港が行われることを望んだ。祖内港は対機雷戦艦が「一度に4隻は入港できる深さ」であろうと予測し、民間飛行場が近くにあるので、対機雷戦艦の支援としてこの空港でヘリが使えれば、「台湾海峡での有事の際」には与那国が対機雷作戦の拠点となることができるであろうと言っている。メアがここで熱心に報告しているような、「組員の休憩」といった名目で情報収集し、日本の中国国境付近の軍備を米国主導で進め、中台の衝突に沖縄・日本を巻き込もうとする試みは、2010年「防衛大綱」で打ち出された一連の「島嶼部」軍備強化や近年領土問題表面化による脅威感煽動の動きに通じるものがある。

「トモダチ作戦」

　東日本大震災に続き東電福島第一原発事故が起きたとき、米国は親密な日米関係に基づく人道支援として「トモダチ作戦」をアピールした。特にペンタゴンはこれを在日米軍に対するイメージアップのための絶好の機会ととらえ、日本のメディアも連日米軍の活躍を報道して協力した。またこの作戦は、米軍と自治体の直接の協同作業の前例も作った。震災救援は「自衛隊・米軍の統合運用」、「米軍による民間空港・港湾の使用」、「被災地への上陸による被災地への

上陸による物資搬入」に拡大した。それを踏まえ、先述した 2011 年 6 月 21 日の日米安全保障協議委員会「2＋2」では特別の文書「東日本大震災への対応における協力」を作成し、「閣僚は、地方公共団体によって実施される防災訓練への米軍の参加が、米軍及び基地を受け入れているコミュニティとの間の関係の強化に資するとの認識を共有した」という文言を盛り込んだ。「トモダチ作戦」は「長年にわたる二国間の訓練、演習及び計画の成果を実証した」とし、あたかも在日米軍のそもそもの目的が災害支援だったかのような演出をした。

　しかし米国にとって軍事面で最も意義深いことは、震災・原発事故のおかげで、将来あり得る、核汚染された戦場での共同作戦のための予行演習ができたことではないだろうか。震災直後の 3 月 14 日、災害救援に従事していた 3 機のヘリの海軍乗組員 17 人が低線量の被曝をしたと報じられた。3 機は原子力空母ロナルド・レーガンに着陸したが、空母自体も放射能に汚染されていることがわかった。ロナルド・レーガンや災害救助で他にも出動していた第 7 艦隊の艦船は原発の風下方向から離れるように命じられた。3 月 16 日には米国は自国民に原発から半径 80 キロ圏外に離れるように命じ、米軍関係者も退避した。海兵隊の化学生物事態対処部隊（CBIRF、「シーバーフ」）という 145 名から成る特殊部隊もメリーランド州の本拠地から出動させ、日本メディアも報道したが、4 月上旬に日本に着いて、横田基地を拠点に自衛隊との共同訓練などを行っただけで、原発事故現場周辺に一度も足を踏み入れず、原発事故のため滞っていた行方不明者の捜索を行うわけでもなく、4 月下旬には本国に帰った。

　メディアの中には、官邸が米国の協力を拒否したとか、原発事故への米国の介入に協力しないと日米関係が崩壊するとか、まるで原発事故の一番の被害は日米関係が損なわれたことだと言わんばかりの勢いで菅政権を批判する対米従属論調もあった。しかし実際はそのような「心配」は全くなかった。4 月 4 日の東電の汚染水海洋投棄はどこの国よりも先に米国が知り、直近国の韓国や中国やロシアを差し置いて何の権利があるのか、米国が「内諾」さえしていたのだ。原発事故後日本政府は日本市民を差し置いて真っ先に放射線拡散予測システム（SPEEDI）のデータを米軍に提供し、米国は直ちにモニタリング調査を行い、米国は自国民の避難にのみこの情報を使った可能性が高い。日米政府とも日本市民にはしばらく知らせず、そのせいで原発付近の住民にはより汚染の

高い地域へ避難させられた人も多数いた。多くの市民を無用に被曝させた、原発事故での最も深刻な日米共謀の犯罪とも言える。

しかし全般的には日米政府は震災対応で良好な協力関係を保っていたと両国メディアでは報道されて両政府は満足していただろうし、これで沖縄の反対を乗り越えて再編計画を進めやすくなると期待したであろう。菅首相も北澤防衛大臣も「トモダチ作戦」の賞賛に余念がなかった。北澤は4月4日に原子力空母ロナルド・レーガンを訪れ感謝の意を表し、「日米共同の救援オペレーションが両国民の胸に熱く刻まれ、今後の日米同盟のさらなる深化につながるものと確信する」と強調した。菅は4月15日付の『ワシントン・ポスト』紙に寄稿し、「(トモダチ作戦に込められた) 米国の温かい思いは、我々日本国民の心に深く届いています」と伝えた。

政治利用への反発

「トモダチ作戦」への手放しの絶賛に対し、冷めた批判があるとしたら、沖縄の新聞に目を向けたらいい。『琉球新報』3月18日の社説で、救援に取り組む人々には敬意を払いつつも、「災害支援は売名行為ではない」と警鐘を鳴らした。米軍は、普天間基地の位置が第3海兵遠征軍の災害活動に重要なことが証明された、と表明したが、被災地近辺の基地ではなく遠く離れた基地の重要性を強調する米軍の説明は「独り善がりで筋が通らない」と批判し、「米軍がどのようなレトリックを使おうとも、県民を危険にさらす普天間飛行場やその代替施設は沖縄にいらない。」と断言する。数日後『沖縄タイムス』も、3月19日までに16か国の救助隊が日本に入ったことに触れ、同盟国だけでなく中国やロシアなど、支援してくれた国全てに感謝するべきであり、米軍が震災の政治利用を目論むことを「文民統制」の観点からも問題視した。災害支援を政治利用することは、「使命感を持って『トモダチ作戦』に従事する兵士らに失礼」であり、救援活動の基地問題への利用を「被災者はどう受け止めるだろうか」と問い、「厳に慎むべきだ」と論じている。無論1人1人の米兵の救助活動への献身は疑いようもない。しかし自衛隊も米軍も日本にいて出動できる状態にあったのだから出動するのは当然で、仮に出動しなかった場合に問われる責任の方が重大であろう。当然の救助活動に対し当然の評価をするべきであり、そ

れ以上の政治利用は許されない。

　日本政府は、海兵隊の「トモダチ作戦」における貢献を受けて普天間基地の県内移設への反対が少し収まると期待したかもしれないが、震災翌月に行われた調査では、県内41市町村長全員が県外や国外移設を訴え、県内移設を容認する首長は1人もいなかった。与那国町長は普天間基地を東京に移設すべきと回答した。[57]

ウェブ・レビン・マケインの衝撃

　菅政権が辺野古と高江への攻勢を一段と高める一方で、ワシントンは、急増する財政赤字や、膨大な費用がかかった上に行き詰まっているイラクとアフガンの戦争、また、中国の台頭、広がる社会的経済的危機、予算や社会保障政策についての政治的苦境に直面していた。統合参謀本部議長のマイク・マレンは2010年6月24日に「国家安全保障における最大の脅威は我が国の負債である」と語っている。[58] 2010年5月には、民主党のバーニー・フランクと共和党のロン・ポール両下院議員が率いる軍事予算削減のための超党派委員会「持続可能な軍事検討作業グループ」が発足した。フランクは「1万5,000人の在沖海兵隊が中国に上陸し、何百万もの中国軍と闘うなんて誰も思っていない。彼らは65年前に終わった戦争の遺物だ。沖縄に海兵隊はいらない」と言っている。この2人は軍事予算の抜本的な削減をとなえており、その方法として海外駐留の米軍の削減を提唱している。[59] ロン・ポールはこう言った。「今こそ日本が（防衛の）責任を全て負うべきである……中国がニューヨーク市に基地を作りたいと言ったらどうする？　アメリカ人は激怒するだろう。[60]」このような状況下で、米議会ハイレベルでの「仕分け人集団」とも言える米財政責任改革委員会（NCFRR）が財政支出で削減できる分野はどこか精査したところ、海外の軍事基地が注目され、2010年11月に発表した共同議長草案では、アジアやヨーロッパの駐留米軍を3分の1に削減すること、沖縄に配備予定のMV-22オスプレイの調達を打ち切ることなどが勧告された。[61] 12月の最終報告でも、「削減対象に例外はない。余分で無駄で効果の薄い支出は削減すべきであり……防衛も例外ではない」と容赦なかった。[62]

　2011年4月には、カール・レビン（上院軍事委員会委員長）、ジム・ウェブ（元

海軍長官、上院外交委員会東アジア・太平洋問題小委員長）両上院議員が東京、沖縄、韓国を視察した。東京で北澤防相および菅内閣閣僚たちからは、日米合意に沿って進めていくと聞いていたが、前日に沖縄で聞いてきた話とは全く違うものだった。仲井眞知事は、自身のトレードマークのようになった言葉、「普天間の県内移設は非常に難しくなっている」と伝え、『琉球新報』は「公開書簡」として英語版も用意し、レビン（と米議会全体）に対し、普天間基地の「閉鎖・撤去」を要請し「米国民主主義の真価を示してください」と訴えた。

　数週後に出た報告書からも、レビン、ウェブ両上院議員はこの手紙を読んだに違いないと思われる。2氏は、共和党の前大統領候補であり、上院軍事委員会副委員長であるジョン・マケインと共に、再編計画は「非現実的で、実行不能で、費用がかかり過ぎる」との共同声明を出した。

　ウェブによる詳細報告書では「広域の埋め立て、既存施設の解体と移設には何十億ドルもの費用がかかり、少なくとも数年、場合によっては10年かかると予測される」困難な計画だと書いている。3人連名で、国防総省に対し以下のように提案した。「海兵隊の再編計画は修正し、他所に所属する実戦部隊の交代配備によって強化された常駐の司令部隊機能を備えた海兵隊をグアムに置くことと、沖合における訓練場を検討すること。また、キャンプ・シュワブに高価な代替施設を建設するかわりに、普天間の海兵隊の資産を嘉手納空軍基地に移動させ、嘉手納基地の資産の一部をグアムのアンダーセン空軍基地、あるいは、またはそれに加えて、日本の他の場所に移動させる案の実行可能性を調べること」。

　この提案に従えば、「数十億ドルの税金の節約、この地域における米軍の存在の維持、普天間をめぐる繊細な政治的問題に要する時間の大幅な削減、沖縄の米軍フットプリントの減少が全て可能になる」と、3人は主張する。

　当然この3人のワシントンの実力者の胸中にあるのは深刻さを増す米国の財政危機であった。彼らはおそらく他の誰よりも、14兆ドルの負債（2011年7月時点）、進行中の複数の戦争にかかる経費、世界の軍事支出の約半分を占める軍事予算、千を超える海外基地にかかる費用について認識していたであろう。海兵隊のグアム移転の費用が、2006年の「ロードマップ」合意で予測された42億ドルを大きく上回る、112億ドルとした厳しい米国会計検査院の報告書に

も目を通していたであろう。[69)]

　このような見方はワシントンでハイレベルの影響力を持つ人間たちから大筋の支持を受けている。特に2010年10月までオバマ大統領の国家安全保障問題担当補佐官を務めた元海兵隊総司令官のジェームズ・ジョーンズは、「海兵隊はどこに移転しても構わない部隊」と言い、よく言われるような、沖縄が抑止力として地理的に重要な位置を占めているとの見方をきっぱりと否定した。[70)]

　菅政権はワシントンの有力者がこのような見解を持っていることにショックを受けたに違いない。枝野官房長官は、レビンたちは米政府とは異なり、大事なのは政府間の合意であるといった虚しい主張を行った。[71)]しかし実際はレビンたちグループの影響力は非常に強く、彼らの提案は簡単に拒絶できるものではない。実際に2011年12月、両院の軍事委員会が2012年のグアム移転関連予算約1億5,000万ドルを全額削除したときに、ウェブ—レビン—マケインの政治的影響力は明白となった。[72)]

　深まる財政危機の中で、米国は米国なりの論理で動くしかない。米議会は、大統領が期限と定めた2011年11月末までに、13年1月から10年にわたる赤字削減案を作ることができず、これから軍事予算に対する削減圧力はますます高まるはずだ。10年の間に2兆4,000億ドルの削減をする必要があり、海外基地は否応なしに削減対象となるだろう。[73)]また、沖縄の海兵隊の存在は日本政治の「不安定化」の要因であり、「65年前の遺物」であるとされ、[74)]沖縄海兵隊を米国本土に撤退させる可能性が公に議論され始めている。[75)]

【注】
1) ジェラルド・カーティス「日米関係の将来」『新・下田会議——激動する国際社会と日米戦略的パートナーシップの再構築』バックグラウンドペーパー、2011年2月22日。<http://www.jcie.org/japan/j/pdf/gt/newshimoda/curtis_j.pdf>
2) 外務省「日米首脳会談（概要）」2010年9月23日。<http://www.mofa.go.jp/mofaj/area/usa/visit/1009_sk.html>
3) 防衛省・自衛隊「平成23年度以降に係る防衛計画の大綱について」2010年12月17日。<http://www.mod.go.jp/j/approach/agenda/guideline/2011/taikou.pdf>
4) 「中国軍増強　緊迫の海／防衛大綱に対中戦略　活動範囲、太平洋　周辺諸国との摩擦増加」『沖縄タイムス』2010年12月18日。参考、前田哲男「民主党政権は『専守防衛』を葬るのか——「新安保懇」報告書を検証する」『世界』2010年11月号、113-120頁。

5）「トモダチ作戦　日米同盟深化の重要な一歩だ」『読売新聞』2011年4月10日。
6）「米軍救援活動に密着　命がけ『トモダチ作戦』」『産経新聞』2011年3月27日。
7）Ryan Zielonka, "Chronology of Operation Tomodachi," *National Bureau of Asian Research*, http://www.nbr.org/research/activity.aspx?id=121.
8）Robert D. Eldridge (deputy assistant chief of staff at the community policy, planning and liaison office, G-5, of USMC Okinawa), "Quake Relief Effort Highlights a Vital US Military Function," *Japan Times*, March 31, 2011.
9）同上。
10）クリントン国務長官他「＜仮訳＞　日米安全保障協議委員会共同発表　より深化し、拡大する日米同盟に向けて：50年間のパートナーシップの基盤の上に」(2011年6月21日)。<http://www.mod.go.jp/j/approach/anpo/201106_2plus2/js1_j.html>
11）「日米安保合意　同盟修復にはなったが」『朝日新聞』2011年6月23日。
12）クリントン国務長官他「＜仮訳＞　日米安全保障協議委員会共同発表　より深化し、拡大する日米同盟に向けて：50年間のパートナーシップの基盤の上に」。
13）クリントン国務長官他「＜仮訳＞　日米安全保障協議委員会文書在日米軍の再編の進展」(2011年6月21日)。<http://www.mod.go.jp/j/approach/anpo/201106_2plus2/js2_j.html>
14）同上。
15）クリントン国務長官他「＜仮訳＞　日米安全保障協議委員会共同発表　より深化し、拡大する日米同盟に向けて：50年間のパートナーシップの基盤の上に」。
16）クリントン国務長官他「＜仮訳＞　日米安全保障協議委員会文書在日米軍の再編の進展」。朝日新聞は2011年6月23日の社説「日米安保合意　同盟修復にはなったが」で、馬毛島案に対する「地元の反発は強く、米軍再編の新たな火種になるのは避けられない」と述べている。
17）「災害対応で下地島空港利用　基地負担軽減部会で北沢氏が提案」『琉球新報』2011年5月24日。
18）「自衛隊配備容認せず　下地島空港災害拠点で」『沖縄タイムス』2011年8月4日。
19）「防衛相の通告　むなしい民意無視の愚策」『琉球新報』2011年6月14日。
20）Hillary Rodham Clinton, "Remarks With Secretary of Defense Robert Gates; Japanese Foreign Minister Takeaki Matsumoto; and Japanese Defense Minister Toshimi Kitazawa After Their Meeting," *U.S. Department of State*, June 21, 2011. http://www.state.gov/secretary/rm/2011/06/166644.htm.
21）防衛省・自衛隊「在日米軍駐留経費負担の経緯」<http://www.mod.go.jp/j/approach/zaibeigun/us_keihi/keii.html>
22）防衛省・自衛隊「在日米軍駐留経費負担の推移」<http://www.mod.go.jp/j/approach/zaibeigun/us_keihi/suii_table_53-60.html>
23）吉田健正『「軍事植民地」沖縄――日本本土との＜温度差＞の正体』高文研、2007年、69-70頁。
24）Department of Defense, "US Stationed Military Personnel and Bilateral

Cost Sharing 2001 Dollars in Millions-2001 Exchange Rates"（July 2003）, http://www.defense.gov/pubs/allied_contrib2003/chart_II-4.html.

25）「思いやり予算『安いものだ』 米高官が削減に反発」『しんぶん赤旗』2010年3月19日。
26）「『思いやり予算』『増やせ』米が圧力」『しんぶん赤旗』2010年7月29日。
27）防衛省「在日米軍駐留経費負担の包括的な見直しの結果について」、平成22年（2010年）12月14日。<http://www.mod.go.jp/j/approach/zaibeigun/us_keihi/221214.html>
28）防衛省・自衛隊「在日米軍駐留経費負担の推移（グラフ）」
<http://www.mod.go.jp/j/approach/zaibeigun/us_keihi/suii_img.html>
29）「米軍『思いやり』鳩山政権 自公より突出」『しんぶん赤旗』2010年4月6日。
30）孫崎享『戦後史の正体 1945-2012』創元社、2012年、63-65頁。
31）外務省「在日米軍駐留経費負担特別協定の署名」平成23年（2011年）1月21日。<http://www.mofa.go.jp/mofaj/press/release/23/1/0121_01.html>
32）外務省「在日米軍駐留経費負担特別協定の発効」平成23年（2011年）4月1日。<http://www.mofa.go.jp/mofaj/press/release/23/4/0401_02.html>
33）"Anger Spreads Over Kevin Maher's Derogatory Comments on Okinawans ケビン・メア 沖縄蔑視発言に怒り拡がる（英文原文）," *Peace Philosophy Centre*, March 8, 2011. http://peacephilosophy.blogspot.ca/2011/03/anger-spreads-over-kevin-mahers.html.
34）Roxana Tiron, "US Defense Department Will Spend as Much as $80 million on Aid to Japan," *Bloomberg News*, March 29, 2011.
35）「メア日本部長発言録全文」『沖縄タイムス』2011年3月8日。<http://www.okinawatimes.co.jp/article/2011-03-08_15192/>
36）プエルトリコ人関係の発言は、アメリカン大学の引率教員デイビッド・バイン氏が明らかにした。David Vine, "Smearing Japan," *Foreign Policy in Focus*, April 20, 2011, http://www.fpif.org/articles/smearing_japan.
37）「［メア氏舌禍］信じられない侮辱発言（英文掲載）」『沖縄タイムス』2011年3月7日。
38）「メア氏差別発言 解任し米の認識改めよ ゆがんだ沖縄観を投影」『琉球新報』2011年3月8日。
39）「「ゆすり発言」更迭のメア元日本部長 『事実でない』と猛反論 『記者としてルール違反』」『産経新聞』2011年8月18日。
40）「あのメア元・日本部長、更迭に不満で依願退職」『読売新聞』2011年4月7日。
41）「メア氏、民間会社で核燃料問題を担当」『沖縄タイムス』2011年5月12日。
42）Maher, Cable 07NAHA89, "First USN Civilian Port Call in Okinawa A Success," June 27, 2007, *WikiLeaks*. http://www.wikileaks.ch/cable/2007/06/07NAHA89.html.
43）「米軍と自治体協力 国会無視した官僚の先走り」『琉球新報』2011年6月16日。
44）クリントン国務長官他「<仮訳> 日米安全保障協議委員会文書 東日本大震災への対応における協力」2011年6月21日。<http://www.mofa.go.jp/mofaj/area/usa/hosho/pdfs/joint1106_03.pdf>
45）Nathan Hodge, "US Military Finds Lessons in Japan's Crisis," *Wall Street Journal*, June 21, 2011.

46) Thom Shanker, "17 in U.S. Navy Treated for Contamination," *New York Times*, March 14, 2011.
47) 「米軍、福島原発 80 キロ圏内からの避難命令」『ウォール・ストリート・ジャーナル日本版』2011 年 3 月 17 日。
48) Hodge, "US Military Finds Lessons in Japan's Crisis."「米専門部隊『シーバーフ』が来日　原発対応で日米試行錯誤」『産経新聞』2011 年 4 月 3 日。
49) 「米特殊部隊と自衛隊が共同公開訓練――除染作業など」『ウォール・ストリート・ジャーナル日本版』2011 年 4 月 11 日。
50) 「一例は「[検証・東日本大震災]（1）原発危機　苛立つ米＝その 1（連載）」『読売新聞』2011 年 4 月 10 日。長島昭久は菅に「米側には、本当にフラストレーションがたまっている。日米同盟は深化どころか、崩壊してしまう」と訴えたと報じられた。
51) 「海へ放水　米、3 日前に内諾」『東京新聞』2012 年 4 月 8 日。
52) 「SPEEDI 予測と活用の時系列整理――言い訳は許されない」*Peace Philosophy Centre*, July 16, 2012。<http://peacephilosophy.blogspot.ca/2012/07/blog-post_16.html>
53) 「防衛相、米空母訪問『心から感謝申し上げる』」『読売新聞』2011 年 4 月 4 日。
54) Naoto Kan, "Japan's Road to Recovery and Rebirth," *Washington Post*, April 15, 2011; 首相官邸「菅総理によるワシントン・ポスト紙への寄稿（仮訳）」2011 年 4 月 15 日。<http://www.kantei.go.jp/jp/kan/statement/201104/15kikou_WP.html>
55) 「米軍の災害支援　それでも普天間はいらない」『琉球新報』2011 年 3 月 18 日。
56) 「[震災で普天間 PR]　政治利用に見識を疑う」『沖縄タイムス』2011 年 3 月 22 日。
57) 「普天間移設県民大会 1 年　全首長「県外国外」望む」『琉球新報』2011 年 4 月 24 日。
58) "Adm. Mike Mullen: 'National Debt Is Our Biggest Security Threat'," *Huffington Post*, June 24, 2010. http://www.huffingtonpost.com/2010/06/24/adm-mike-mullen-national_n_624096.html.
59) 与那嶺路代「経済危機が揺るがす在外米軍体制――経済問題化する軍事費」『世界』2011 年 2 月号。英語版は Yonamine Michiyo, "Economic Crisis Shakes Us Forces Overseas: The Price of Base Expansion in Okinawa and Guam," *The Asia-Pacific Journal: Japan Focus* (February 28, 2011), http://www.japanfocus.org/-Yonamine-Michiyo/3494.
60) "2 Congressmen call for pullout of US forces from Japan," *Japan Today*, February 16, 2011.
61) The National Commission on Fiscal Responsibility and Reform, "$200 BILLION IN ILLUSTRATIVE SAVINGS," as part of Co-Chair's Proposal, November 10, 2010. http://www.fiscalcommission.gov/sites/fiscalcommission.gov/files/documents/Illustrative_List_11.10.2010.pdf.
62) The National Commission on Fiscal Responsibility and Reform, "The Moment of Truth," December 20, 2010. http://www.fiscalcommission.gov/sites/fiscalcommission.gov/files/documents/TheMomentofTruth12_1_2010.pdf.
63) 「レビン氏、普天間移設進展求める」『沖縄タイムス』2011 年 4 月 29 日。
64) 「知事、『県外』訴え　レビン軍事委員長と初会談」『琉球新報』2011 年 4 月 28 日。

65) 「拝啓・米議会の友へ普天間撤去へ劇的転換を　試される米国民主主義」『琉球新報』2011 年 4 月 27 日。英 語 版 は "Open letter to Mr. Carl Levin, Chairman of the Senate Armed Services Committee," editorial, *Ryukyu Shimpo*, April 27, 2011, http://ryukyushimpo.jp/news/storyid-176508-storytopic-11.html.
66) Carl Levin, John McCain, and Jim Webb, "Senators Levin, McCain, Webb Call for Re-Examination of Military Basing Plans in East Asia," May 11, 2011.http://webb.senate.gov/newsroom/pressreleases/05-11-2011-01.cfm.
67) Senator Jim Webb, "Observations and Recommendations on US Military Basing in East Asia, May 2011." http://webb.senate.gov/issuesandlegislation/foreignpolicy/Observations_basing_east_asia.cfm.
68) Levin, McCain, Webb, "Senators."
69) US Government Accountability Office, "Defense Management - Comprehensive Cost Information and Analysis of Alternatives Needed to Assess Military Posture in Asia," 25.
70) 「前米大統領補佐官が辺野古移設を困難視」『沖縄タイムス』2011 年 5 月 8 日。
71) 「枝野官房長官会見全文（12 日午前）」『朝日新聞』2011 年 5 月 12 日。<http://www.asahi.com/special/10005/TKY201105120356.html>
72) "U.S. Congress to nix funding for relocating Okinawa Marines to Guam," *Kyodo News*, December 13, 2011.「グアム移転費全額削除」『琉球新報』2011 年 12 月 14 日。
73) 佐藤学「外交・安保正せるのは沖縄」『琉球新報』2011 年 12 月 14 日。
74) 以下に引用された、バーニー・フランク下院議員の発言。Barney Frank, "We could remove the Marines from Okinawa, suggests US Congressman Frank," *Ryukyu Shimpo*（English webpage）, December 6, 2011. http://english.ryukyushimpo.jp/2011/12/15/4216/.「在沖海兵隊『撤退できる』　米民主党・フランク氏」『琉球新報』2011 年 12 月 6 日。
75) Mike Mochizuki and Michael O'Hanlon, "Rethink US military base plans for Japan," Special to *CNN*, November 4, 2011.「『在沖海兵隊、米本土に』モチヅキ氏ら寄稿、後方展開を主張」『琉球新報』2011 年 11 月 6 日。<http://ryukyushimpo.jp/news/storyid-183740-storytopic-53.html>

第9章

歴史を動かす人々

　この歴史の分岐点において、日米という二大国に対し、力の差をもろともせずにたたかい続けている人々は一体誰であろうか？　世界を動かす力は個人にこそある、との信条に基づき、市民運動や政治活動、著述業や学術研究、そして何よりも日々の生活を通して沖縄の運動を担ってきた人々の中から男女4人ずつ、8人の方々—与那嶺路代、安次嶺雪音、宮城康博、知念ウシ、金城実、吉田健正、大田昌秀、浦島悦子各氏に、以下の質問をもとに自由に答えていただいた。これは本書に先行して出た英語版のために2011年半ばに回答いただいたもので、英語版には翻訳を要約して掲載したが、日本語版では英語版に掲載できなかった部分も戻してある。この本はオーストラリアとカナダに住む著者2人によるものだが、沖縄の未来を創るのはもちろん沖縄の人々であり、この章こそこの本の中心的存在である。そういう意味で、ここまでの序章から8章は、この章で紹介する沖縄からの直接の声を届ける背景説明と言っても過言ではないだろう。

1. 貴方が関わってきた運動（座り込み、署名、集会などのいわゆる「運動」、研究、執筆、講演活動なども含む）について教えてください。いつ頃から、何がきっかけで始めましたか。公私にわたり、人生にどのような影響を与え、どのような位置を占めてきていますか。運動の目指す目標は何ですか。
2. 始めたときに比べその問題は解決に近付いていますか、それとも逆ですか。運動の今後の展望はどうですか。
3. 貴方はご自身を主に沖縄人として、または日本人として、あるいは他の存在

として見ていますか。また、そのようなアイデンティティは運動においてどのような役割を果たしますか。
4. 沖縄問題への日本政府の対応についてのご意見を聞かせてください。沖縄のニーズ、気持ちなどをどれだけわかってきているでしょうか。
5. 日本本土に対し沖縄が提示している問題点、メッセージの核心は何ですか。米国に対しては。
6. 沖縄戦の体験や記憶（知識）は、どのように貴方の運動に影響を与えてきていますか？
7. 日本国憲法は貴方にとってどのような意義を持ちますか。また、憲法1-8条（天皇条項）と9条について、一般的に沖縄ではどう考えられているでしょうか。
8. 沖縄問題の正当で妥当な解決策を示唆するような文書、本があるとしたら何を挙げますか。もしくは、貴方の座右の書になっているような、または、勇気を与え続けるような文書や本はありますか。
9. 琉球・沖縄の歴史において、貴方にとっての、沖縄の精神の中枢を体現していると思われる人は誰ですか。

1　与那嶺路代
——1976年那覇市生まれ、琉球新報記者

弱者の側に立つことや不条理をただすことは新聞記者として当然の役目。本質は、日本国民の潜在意識としてある沖縄への構造的差別をなくすこと。

　沖縄の新聞記者であるなら、米軍基地問題は避けられない最大テーマです。私が特に基地問題を追い続けるようになったのは、2004年8月、普天間に隣接する沖縄国際大学に米軍ヘリが墜落したことがきっかけです。当時、普天間飛行場を抱える宜野湾市が担当部署だった私は、事故現場に真っ先に駆けつけ、惨状を眼の辺りにしました。公道に勝手に規制を張り、地元警察やマスコミ、住民を追い出す米兵の行動に、今も残る占領意識を現実の

写真9.1　与那嶺路代と息子

ものとして見せつけられました。以降、東京報道部や政治部、ワシントン特派員を担当し、政治の場で普天間問題を取材するようになりました。

しかし、私の基地問題に対する考え方の原点をたどると、小学1年生のころの教師がひめゆり学徒隊だったことにあると思います。被弾のあとが残る彼女の腕は、戦争の恐ろしさや平和の大切さ何より物語っていました。自らの体験をもって語ってくれた彼女の授業は、まだ小さかった私の記憶に残っています。沖縄で生まれ育ち、戦争を身近に感じてきたことが私の意識を形作り、記者として基地問題と最前線で向かい合うようになったことが今の自分の立ち位置を確固たるものにしたと思います。

沖縄から基地をなくすことを目指しますが、それは物理的な意味だけではありません。本質は、日本国民の潜在意識としてある沖縄への構造的差別をなくすことです。「沖縄は地理的に重要な場所にあるから米軍基地が集中するのは仕方ない」という蔓延した理屈の誤りを正し、最終的には、基地の影響を受けなくなった沖縄が自立することを目標です。

基地問題の状況は変わっていません。何十年も前の新聞を読み返してみると、米軍の蛮行やそれに対する沖縄の反発、中央政府の無関心さなどの記事が紙面を覆い、今とほとんど変わらない状況に愕然とします。しかしだからといって「状況は変わらない」と諦めているのではなく、絶対に変わる、変えてみせる、という気持ちの原動力にしています。

アイデンティティについては、沖縄人もしくは日本人という帰属意識はあまりありません。私が基地問題に取り組むのは、自分自身が沖縄県民であるという身内感情からではなく、グローバルスタンダードからして、どうみても沖縄の置かれた状況が社会の不条理であると考えるからです。弱者の側に立つことや不条理をただすことは新聞記者として当然の役目です。

政府の対応についてですが、沖縄の基地問題が解決しないのは明らかに政治の怠慢です。日本の外交安全保障政策を根本から変えることは、政治家にとって票にならず、むしろ政治的リスクが高いため誰も手を付けようとしません。基地のない島を目指す沖縄のことを、中央政府はよく「理想主義」だとやゆし、「現実主義に立て」と基地の受け入れを強要します。しかし、政府同士が取り決めた普天間飛行場の辺野古移設問題は、合意から15年が経ちましたが全く

進展していません。それでもなお「辺野古がベスト」と信じ込み、他の選択肢を排除することこそ、現実主義に反しています。思考停止した政府や政治家が、辺野古という「(彼らの)理想」から目を覚まそうとしないのは怠慢だと思います。

2　安次嶺雪音

——1971年島根県松江市生まれ。6児の母、カフェ「山甍」のオーナー、やんばるの森・高江ヘリパッド増設に反対する住民の1人

座り込みをしただけで住民が国に訴えられた。米軍基地がなくなり、普通の当たり前の生活がしたいだけ。

私は、沖縄の北部の「ヤンバル」と呼ばれる自然豊かな場所、心豊かな暮らしと子育ての場を求め2004年の春に、基地の町嘉手納町から家族5人（現在は8人に増えました）で移り住んできました。最初この豊かな森の上空にまで、米軍のヘリコプターが飛び交っているのをみて、「沖縄はどこに行っても米軍の基地があるんだな〜」と驚きました。しかし、この豊かな自然環境はすばらしく子どもたちものびのびと自然の中で遊び、理想の暮らしができることを家族みんなで喜んでいました。

ところが2007年2月に私たちの住む東村高江の集落を囲むように新たに6ヶ所もの米軍のヘリコプター離着陸帯（ヘリパッド）を作ることが日米合意で決まったと新聞報道で知りました。その後すぐ、沖縄防衛局が説明会と称して公民館へやってきました。

その頃の私たちは基地問題に全く関わっていませんでしたので、防衛局の様々な専門的な用語で書かれた冊子や説明の意味が全く分かりませんでした。

写真9.2　安次嶺雪音と4歳の息子

ただこれ以上ヘリパッドが増えることは絶対に嫌だ！　安心で安全な暮らしを守りたい！っという強い思いがありましたので、その後すぐに基地問題に詳しい方々を招いて勉強会を数回開き、勉強しました。そこで初めて北部訓練場の訓練の内容やオスプレイの配備の予定があること等を知り、この計画は絶対に止めなければ！と同じ気持ちの有志で、現在の「ヘリパッドいらない住民の会」を立ち上げました。

　この問題が起こってから私たちの暮らしはがらっと変わりました。今まで毎日普通に楽しく暮らしていたのが、仲間達みんなで会話をしていても気がつくと必ずヘリパッドの話になり、いつでもどこでもこの問題から離れることができないのです。私たちが望むことはただ一つ。沖縄から米軍基地がなくなり、沖縄の人たちが普通の当たり前の暮らしをすることができるようになることです。

　やはり日本がアメリカの言いなりではなく、自分たちの足でしっかりたてるようになりたいと強く願います。まずは自給率を上げることが一番だと思います。こうした反対運動ももちろんですが、自分たちの食べる物は自分たちで作る！っということも基地問題を解決するためには重要だと考えていますので私たちは少しずつですが実践しています。

　いままで、日本政府は国民の為に働いてくれていると思っていました。

　しかし、基地問題に関わるようになりそうではないことを思い知らされました。

　私たちがヘリパッド建設に反対するとともに、国と防衛局にきちんとした説明と話し合いを求め、座り込みという形で訴えてきたことを、「通行妨害仮処分」という名目で裁判で訴えてきたのです。まさか！　私たちを守るべきはずの国が、ただ「私たちの生活を守りたい！」と主張しているだけの国民15名を逆に訴えるなんて！　信じられませんでした。その中には、全く関係のない人も含まれており、一番驚いたのは現場に行ったこともない8歳の少女までなんの根拠も証拠もないのに、含まれていたことです。

　「国が私たちの生活を守ってくれるなんてことはないんだ！」と国への不信感は募るばかりです。結局裁判の結果15名のうち2名が仮処分の対象となり、現在も2名に対して裁判が続いています。相変わらず国が証拠として出してく

るものに証拠らしいものは、何一つありません。こういう無意味な裁判に私たちの多大な時間と経費がとられることと、国の税金の無駄遣いを腹立たしく思います。

米軍基地のほとんどを沖縄に押し付ける国の対応には、もうがまんできません。国は沖縄のニーズや気持ち等分かろうともしていないと思います。

3　宮城康博

——1959 年名護市生まれ。元名護市議。1997 年の名護住民投票において中心的役割を果たした

> 「振興信仰」から脱却し自立した沖縄を。9 条と安保は現状ではセットとしか考えられない。沖縄は、光である 9 条のもたらす闇の日米安保に押し込められている。

80 年代は東京で演劇活動をしていました。しかしベルリンの壁が崩壊し、冷戦の島であった沖縄に変化があるのではないかと期待して沖縄、というより、自分が生まれ育った名護に帰りました。名護市への新基地建設の是非を問う市民投票（1997 年）で住民投票を求める住民側の代表になったのが私の運動経験のはじまりです。市民投票では反対が過半数を占めましたが、法的拘束力が無く名護市長が基地建設受入れを表明し辞任したことで、私は市民投票結果を市政に反映させるために市会議員や市長候補など政治活動をすることになります。選挙で落選するまで 10 年近くの活動でしたが、私の人生を決定的に変えてしまいました。現在は集団的社会的な運動には参画していませんが、10 年余の経験を基に、新基地建設問題を市民の視点から省察しブログ等での発信を続けています。私の目標は、新基地建設をさせないことと同時に少しでも沖縄における自治の一助になることです。それは、振興策に頼らない自治を実現してほしいということです。復帰後の 70-80 年代の沖縄振興はインフラ整備中心でしたが、90 年代以降は基地維持政策になりました。基地「負担軽

写真 9.3.　宮城康博

減」としての振興ですが、実際は負担をごまかすためです。振興策に頼り続けている限りは基地と共生しなければいけません。保革を問わず「振興信仰」に陥っており、知事選の争点にもなりませんでした。沖縄における振興開発体制をどう脱構築していくかが課題です。

市民投票以降の10年間は、県民世論調査では基地建設反対が多いが自治体の首長や議員を選ぶ選挙では政府と協調する勢力が多数派になる捩じれた状態が続きました。自民党から民主党への政権交代はその捩れ解消の県民の希望でしたが、それも裏切られました。現段階では、県知事も市長も県内移設に反対していますが、これは政権交代の希望の余波といってもいいと思います。今後、予断を許さない状況が続きます。

アイデンティティについてですが、私は明らかに沖縄人であり、私の思考や存在は沖縄の状況に影響され限界付けられています。運動の過程で、沖縄戦を体験した幾多の先輩たちと出会いました。私(たち)にはこの体験が風化していくことへの危機感があり、基地建設をさせないという意思を強くさせています。

政府の対応については、沖縄はすべての米軍基地を即時返還せよと言っているわけではありません。返還するという名目で新基地建設がされることは、未来永劫基地と共生せよという日米両政府による沖縄へのメッセージでしかなく、経済や様々な妥協策で混乱させられた末の「県外移設」を求める沖縄民衆の気持ちの強さを日米両政府は見誤っていると思います。その強さを知っているから、沖縄では保守政治家でも「県外移設」を主張しているのです。

沖縄から日本本土へのメッセージの核心は、沖縄への「差別」を止めることですね。その植民地主義は憲法の根幹を腐食し、沖縄のみならず日本という国家の本質を歪めている。米国は、歓迎されない(外国)地域には基地を置かないと言うが、第二次大戦後の沖縄への軍事占領を、日本政府を媒介に継続し続けている。やめるべきです。アメリカ人には、沖縄で何が起きているか見えないと思うけれど、1945年に沖縄に入ってきました。沖縄は、カルト国家である日本に島の人々が洗脳された状態になっていて、天皇万歳と言わされて死んだり殺されたりした。そのカルトの対局としてアメリカは入ってきたのでしょうが、それからずっと居座っています。これは初期の目的を逸脱しています。

是認できるレベルをとうに超えています。安保体制というが、10年20年ではなく、1945年の沖縄戦からずっと居座って被害を与え続けています。あの戦争が終わったということを1回でも形にしてほしいです。終戦にして、出て行ってもらいたいです。

　日本国憲法はとても理想的な憲法だと思いますが、沖縄は成立時にも参加していないし1972年の施政権返還後も沖縄の民衆の意志に反し米軍基地が残り続け日本国憲法は沖縄を適用除外しているようです。憲法の天皇条項と9条について一般的な考えについては知りませんが、私は天皇制が国民統合の象徴という形で残ったことは、先の大戦の反省を不明瞭にしたと思います。ですから今でも日本国では沖縄戦等の歴史認識でさまざまな極右的ナショナリズムの側からの歴史修正的攻撃が惹起し続けているのだと思います。憲法9条については日米安保とセットとしか（現状では）考えられず、沖縄人としての私は光である9条のもたらす闇の日米安保の中に押し込められているようでとても複雑な思いを持っています。9条がそんなにいいのなら、9条とセットになっている安保も引き受けてほしいです。つまり、日本本土も基地負担をするべきです。「沖縄問題」は沖縄に問題があるわけではないのです。日本の問題です。

　万巻の書物や文書より、沖縄の民衆の歴史・生活・闘争の中に妥当な解決策があります。日米両政府には、米軍が戦争中に県民から不当に土地を奪って造った普天間基地を代替施設等求めず県民に返還するしか妥当な解決策はありません。

　沖縄の精神の中枢を体現しているのは、ヤンバルの貧しい村から出て名護市に辿り着き、貧しい暮らしの中で私たち兄弟5人を育ててくれた私の両親です。

4　知念ウシ

——1966年那覇市首里生まれ、むぬかちゃー（著述家）。「カマドゥー小（グヮー）たちの集い」メンバー

> 目標は沖縄から基地をなくすことと脱植民地化。普天間基地は「県外移設（本土移設）」を。沖縄に押し付けた基地は本土がまず引き取った上で撤去すべき。

　沖縄の状況に関わる、巻き込まれるということは、沖縄で沖縄人の子孫とし

写真 9.4　知念ウシ
（写真提供・沖縄タイムス社）

て生まれ育ってきた子どものころから、選択したわけではないまま、させられてきていて、いつが初めてかという記憶はありません。東京で大学生生活を送るなかでも常に、沖縄とは何か、自分は何者かという問いがありました。

私の「運動」の目標は沖縄から基地をなくすことと脱植民地化です。しかし、「運動」しているつもりはありません。沖縄という場所で自分らしくありたいと願いながら、「暮らし」ているだけです。

私は「カマドゥー小たちの集い」に2002年ごろから参加するようになりました。「カマドゥー小」は1997年に海兵隊普天間基地の近辺で暮らし、働く女性たちによって創立されました。普天間基地が辺野古に移設される計画を知ったとき、何もしないで見ているわけにはいきませんでした。名護市の住民投票の際、「カマドゥー小」たちは名護の女性たちと共に住民を戸別訪問し、「基地を県内で移設していては沖縄から基地はなくなりません。宜野湾市民のためにと移設を受け入れなくていいです。一緒に反対しましょう」と呼びかけました。それ以来「カマドゥー小たちの集い」は沖縄から基地をなくすための地元に根ざした活動を続けています。「カマドゥー小」は、沖縄に基地があるのは日本本土の世論のせいであると考えています。本土の人たち、すなわち日本人の多数派は基地自体の存在を認めておきながら、自分たちの近くに来ては困ると思っています。基地自体に反対している少数派の人たちは「日本から基地を全部なくすまで待ってほしい」と言いますが、その人たちには基地をなくす権限などありません。結局どちら側も沖縄に基地を恒常化させる勢力になってしまっており、普天間基地を本土に持ってこさせずに沖縄に置いておこうとしているのはその一例です。沖縄と日本の関係の歴史を踏まえ、「カマドゥー小」たちは敢えて「県外移設」を訴えます。「県外移設」は、文字通りには「沖縄県の外へ」という意味ですが、沖縄の文脈では「本土へ」という意味であり、「沖縄に押し付けた基地をまず自分たちのところにひきとり、自分たちで撤去してください」

という意味です。この立場は誤解を受けやすく、「この人たちは基地や日米安保自体には反対していないのか」という非難の嵐が巻き起こりますが、それでも「カマドゥー小」たちは諦めません。

　この「わがままだと思われてもいい。自分らしく生きる」という立場はこれまでの沖縄の女性運動の成果、伝統に根差しています。「カマドゥー」という名前は最近になって、サンスクリット語の「愛しい者」という言葉に語源があることがわかりました。しかし日本併合後の琉球史の近現代で、沖縄は「文明化」の名の下に「日本化」という「同化」が迫られました。その際、特に女性の品位が落とされ「粗野で、劣等で、無知な沖縄女性」というイメージを押しつけられ、「カマドゥー」など、沖縄の伝統的な名前はまさに、その象徴のように扱われることになりました。「カマドゥー小たちの集い」のメンバーはそれを承知でこの名前を選び、そうすることによって沖縄の言語と伝統文化を反基地運動に融合させ、運動自体を、基地のある土地を返還させる運動というだけではなく、沖縄／琉球そのものを返還、復活させる運動に発展させてきました。

　こんにちの沖縄では、自分のアイデンティティと「ポジショナリティ（立ち位置）」を認識し、米国と日本、特に我々の「親密な敵」である日本、日本人に対し、平等な立場を要求し、NO（沖縄に依存するな！）と言える人たちがどんどん増えています。

　その証拠として、沖縄県民は普天間基地問題で県知事を「県内移設容認」から「県外移設」（本土移転）の立場に転向させたことが挙げられます。

　沖縄人／琉球人にとって、「親密な敵」である日本人との関係における多くの複雑な内的困難を乗り越えることがどういうことなのかを十分に認識した上でそのような立場を取ることは、「精神の脱植民地化」の具体的な行動であると言えます。私はこれが非常に重要な変化であり、前向きの第一歩だと思っています。

　この本のタイトルは"Okinawa: The Japanese Islands That Say 'No'"（仮題）だそうですが、最初意味がわかりませんでした。私はまず初めに，"Okinawa that Japanese (Main) Islands say no to"（日本本土がNOと言っている沖縄）だと思って、toが足りず、英語が間違っていると思いました。なぜなら、「基地はいらない」、特に昨今では、「沖縄に押しつけるな、安保も基地も自分で持って、

いやなら自分でなくせ」と「県外移設」を主張している沖縄に、ずっとNOを言い続けているのは日本（「本土」）（政府、官僚、マスコミならず、それを支える国民）だからです。

　次に、しばらく考えて、なるほど、「日本の中でNOを言っている島々」という意味なんだとようやくわかりました。そこで"Japanese"という冠が私たちにつくのには違和感があることを意識しました。その"Japanese"というのは、私には「日本が占領している」とか「日本が植民地化している」島々という意味として、私たちに覆いかぶさってくるのを実感しました。

　ここでの質問は私のアイデンティティについてですが、正直言って、この質問全体に違和感を覚えます。東京での大学生活以来、このような質問を度々されてきました。どうしてこのような一方的な質問にさらされるのでしょうか。このような質問は本来、人と人が出会い互いに語らう中で、信頼関係を築いた上で話されることではないでしょうか。まず質問者が自分のそれを語った上で他人に聞くものではないか、と思います。

　「一方的に聞かれる」という位置、沖縄へ向けられるこのようなまなざしについては、私はよく1903年の人類館事件を思い出します。これは日本が帝国の版図を拡大する中、主に植民地にしていった地域の人間を学術的に展示し、日本人に対して見世物にしたという事件です。琉球人のほか、アイヌの人、台湾の先住民、朝鮮人、ジャワ人、インド人も展示されました。ここに、権力の立場にある植民者が、「見世物」の立場に落とされた被植民者を興味本位で見るという構図があります。

　この私たちへのまなざしは、「沖縄ブーム」の観光のまなざしだけではなく、平和運動や学問の中にさえ今でもあるのではないか、私はとらえています。

　人類館事件のもう一つの問題点は、この「見世物を見る」まなざしを内面化して「私たちを他の者たちと一緒にするな」と琉球人が言ったことです。

　このようなことを二度としないためにも、私たちはこのまなざしとしっかり対峙しなければいけません。ですので、あえてこの文章を書いています。世界中でこのような問題に直面している人たち、そしてこのような「まなざし」に気づいてそれから自由になろうとしている人たちと共にたたかうためにも。

　さて、私のアイデンティティについての質問に答えます。私は、日本国籍を

持っていますが、日本人中心主義の日本に対して、沖縄人と位置づけられているものとして、自分を沖縄人ととらえています。また、同時に、沖縄という近現代の時間、沖縄県という地域区分という枠を超え、琉球という時間と空間に生を受け身を置くものとして、琉球人という意識があり、それらを女性として生きているという自覚があります。

では次は私の番です。この質問をしたあなたは何者なのでしょうか。そしてこれを読んでいるあなたは誰なのでしょうか。

私は多くの人々から学んできました。特に沖縄人の仲間たち、その中でも「カマドゥー小たちの集い」、『無意識の植民地主義――日本人の米軍基地と沖縄人』の著者野村浩也、他にガンディー、フランツ・ファノン、魯迅、マルコム X、ハウナニ＝ケイ・トラスク、ベル・フックスから影響を受けました。

私にとって、琉球・沖縄史における沖縄の精神の中枢を体現しているのは、私の祖母です。

5　金城　実
――1939 年浜比嘉島生まれ、彫刻家

関西では、差別からの解放としてエイサー踊りは抵抗の表現になった。沖縄の空手文化にさえ「琉球処分」があった。「居酒屋独立談義」が現地沖縄に越境した。

沖縄では近年ひんぱんに県民大会が行われてきた。そこでひときわ目にとまる光景に「琉球独立」の大きな旗がある。

そもそも「琉球独立」を口にしだしたのは古い歴史である。沖縄戦終結の最中、二つの捕虜収容所で生まれている。一つは祖国復帰でもう一つが独立。この双子は後に共に大きな流れにのって今日まで迷子になっている。

写真 9.5　読谷のアトリエでの金城実
（写真提供・乗松聡子）

筆者の生活は、ヤマト大阪が長い。その間も、特に関西を中心に集団就職でやってきた沖縄の若者が、会社からパスポートを取り上げられて、盆も正月もふるさとに帰れないと、沖縄から連れてこられたときの約束とは違った。宿舎も賃金も沖縄人差別がある。ついに酒場で暴れる若者もいた[1]。そうしたヤマトの差別構造社会から抵抗感覚として芽生えたものが「沖縄独立」という発想だった。沖縄現地でも、日本本土でも、この言葉が時折り拡大していった。
　その頃は、沖縄の若者による傷害事件や殺人、自殺が社会問題になっていた。ある１人の青年が社長宅にガソリンを撒いて放火し、社長夫人を死なせ、あげくの果てに刑務所で自殺してしまった。復帰の翌年であった。沖縄のある大学教授や識者の中には、彼らの独立論は「居酒屋独立談義」に過ぎないとして苦笑する者もいた。ところが先述の青年の刑務所での自殺を機に関西・大阪の沖縄青年「ガジュマルの会」が生まれ、沖縄人としての誇りと抵抗をかけ、大阪大正区の千島グランドでエイサー盆踊りを開催する[2]。しかしながら、それを見物に来たほとんどのウチナー人は、恥さらしの踊りと言って、遠く離れて恥ずかしそうに見物していた。
　逆に青年たちは、誇りをとりもどす抵抗の踊りであると自覚した。青年たちの世話人の１人であった筆者は、高校の教師であった。当時、沖縄出身者の教師や中流の生活者はエイサーなど恥じていた。それゆえに筆者は、先頭に立ってときに大太鼓を打ち、ときに旗を持ち、共に踊った、素足であった。大きな旗には「豊年万作」、「関西ガジュマル青年会」と記して高々、長い大きな竹ザオを持ち掲げた。当初は、筆者の浜比嘉島の後輩たちが多く20人ほどだった。今日では、９月に毎年数千人も集まる祭りになっていると聞く。関西では、差別からの解放としてエイサー踊りは抵抗の表現になった。そのころの大阪大正区民の４人に１人が沖縄出身者で、３万人以上が住んでいた。その中でのエイサーはまさに恥の文化と見るウチナン人とヤマト社会にある沖縄人差別への解放に向けての抵抗の第一歩だと自覚した青年たちとの沖縄人内部のたたかいでもあった。
　こうした劣等感と恥と思われたエイサーは、全国高校野球大会（甲子園）で堂々と踊られて、大会運営委員からクレームがついたほどに進化した。それに対して、ニュースキャスターの筑紫哲也（故人）が、エイサーは沖縄の伝統で

あると、委員会に反論した。こういう歴史が関西で吹きあれた嵐の中で、居酒屋談義がついに現地沖縄で出現した。

　1995年の少女暴行事件、米兵による犯罪への日米政府の対応への糾弾県民大会（1995年10月21日）で、さらに米軍再編、沖縄戦歪曲記述教科書糾弾県民大会（2008年9月29日）では、「琉球独立」の旗の下で琉球独立宣言文らしき文書が、外国語にも翻訳されたチラシがばらまかれた。冒頭には、琉球の独立を！　わたしたちは日本とは別の道を進もう。自己決定権を我々の手に！とあり、琉球弧の島々が平和を友とし芸術や芸能、文化、スポーツを力とする沖縄社会として、アジアに生きる近隣の仲間たちと連帯し生きていく道を選びます。琉球社会を創造していく知恵も能力も十分にあります。軍隊が蹂躙する社会、従属と隷属、貧困と不平等から解放され、人間としての尊厳を取り戻しましょう！

　　最後に　ヒヤミカチウキリ！
　　大和世ぬ幻想　復帰る未来や　我した島琉球　世や直れ
　　　やまとゆ　ゆくし　たちむどぅ　さち　　わ　　　　　　　　ゆ　　のう

　となっているチラシを県民大会の群集はどう反応したのであろうか。それはともかく居酒屋談義が越境したことは事実である。

　しかも、10万人の県民大会広場で散布された叫びは、地に種を蒔き風に乗って、いつか花咲くときがくる。その大会には、韓国、中国、台湾、アジア、在日、在沖の外国人記者や世界の活動家も多数参加していた中での独立の旗と独立宣言文であった。

　沖縄から靖国を問う闘い（1章参照）—筆者にとって靖国裁判との関わりは、1985年の中曽根首相の公式参拝に抗議して関西・大阪の原告の1人になったことに始まる。沖縄に帰ってからは、小泉首相への靖国裁判原告団長になる。26年間の年月が経っている。判決は、全敗であるにもかかわらず負けても負けても何故に続けなければならないか、沖縄人であることの自覚であり、国家に向き合うことで沖縄戦と米軍基地の現実が未来に向けても見えてくるからである。沖縄の米軍基地と日本政府の対応からは沖縄の未来は靖国神社とは切り離して考えられないからたたかい続けている。

　『沖縄伝統空手「手」TIYの変容』野原耕栄氏（球陽出版）がある。この中で沖縄空手の文化性を説いている。著書の中で、「空手の琉球処分」の記述がある。[3]

空手文化について、日本本土の政治的構造で沖縄空手会の分断についての記述がある。

沖縄空手界には「全沖縄空手連盟」と「全沖縄空手古武道連盟」の二つの大きな組織がある。

そこにヤマト中心に組織された全日本空手連盟（全空連会長、笹川良一）が沖縄の空手界に対して強制的に加盟するよう警察庁の筋を通して沖縄に乗り込んだ。本土の全空連の幹部はほとんど沖縄空手界の門下で弟子であるにもかかわらず、全空連の加盟を強制し加盟しなければ国体競技に参加させないと強制手段をとった。1987年沖縄国体を目前にして、説得が不発となり双方とも交渉は難航した。

そこで国体の審査委員保証をめぐり、一級資格審査委員には八木明徳、比嘉祐直、上地完英の3氏に保証したものの三段、四段、五段の審査は本土の人間が行うとし六段以上は自費で上京し全空連の審査による審査を受けなければならないとした。

政治と財力に物を言わせて沖縄の空手界につばをはきかけた。この強権思考を琉球処分と分析し、その対立は今日まで続いているとしながらも沖縄町道場が沖縄のアイデンティティを守り、沖縄空手文化の誇りを高くかかげている。今年10月に、世界ウチナン人大会があり、そこで全世界空手大会が開催される。米軍再編に揺れる中、沖縄魂で抵抗する。

沖縄文化を自覚し、差別と劣等意識に打ち勝つためのエイサーや空手。さらに甲子園全国野球大会で興南高校の全国優勝は、くしくも普天間県内移設反対県民大会の10万人集会の最中であった。またこの大会に、筆者は敗戦直後から米軍に奪われた土地を守る農民たちや家畜の抵抗を刻んだ彫刻（等身大以上）100メートルレリーフと立体（戦争と人間）の一部「銃剣とブルドーザー」（4、50人・動物も含む）を持ち込んで参加した。

差別と抑圧に泣くなよ！　ウチナー！

抵抗の遺伝子は必ず進化するのだから

6 吉田健正
――1941年糸満市生まれ、ジャーナリスト、元桜美林大学教授

「民主主義国家」米国が沖縄については全く矛盾している。安保と地位協定は日本政府による憲法違反であり、メディアも本土国民も黙認している。

私は、活動家（運動家）というより、沖縄出身のジャーナリストとして「沖縄問題」にかかわってきました。私の中学・高校時代に、沖縄では軍政府統治（占領）問題、軍用地強制接収、本土復帰問題土地問題が騒がれていましたが、1960年代後半に米国の大学でジャーナリズムを専攻し、学士号を得たあと地元の新聞の記者として米軍や民政府（USCAR）を取材したのが、ジャーナリストとして沖縄問題に足を踏み入れる契機になりました。主任を務めた Weekly Okinawa Times の主な役割は、英語で沖縄の状況を報道・解説することでした。二度目の留学時には、沖縄問題について地元の新聞に投稿したり、復帰運動に関する沖縄の新聞社説について修士論文を書いたりしました。

2001年に Western Washington University の Center for East Asian Studies から出版した *Democracy Betrayed: Okinawa under U.S. Occupation* と題する本は、沖縄問題に関する私のそれまでの「活動」の集大成だったと思います。「民主主義国家」として誕生し、国内外でそれを喧伝する国が、沖縄では民主主義とまったく矛盾する政策を行っていることを、米国の大学・大学院で学んだ沖縄出身のジャーナリストとして容認できなかったのです。

その後、米国各地で多くの元兵士にインタビューして50年前の彼らの沖縄戦体験を1冊にまとめ、バトラー在沖米海兵隊司令部の名前の由来である海兵隊の英雄、Smedley D. Butler の冊子 *War Is a Racket* を翻訳して本の一部にしたり、施政権返還後の沖縄における米軍駐留を一生懸命正当化し、その不当性を黙認する日本の政治家や官僚たち、沖縄住民に基地を受け入れさせようとする米軍のプロパガンダ作戦 "Good Neighbor Program" についても、

写真9.6 吉田健正
（写真提供・乗松聡子）

本に書いたりしました。

　1972年の主権国家・日本への施政権返還は、「沖縄問題」を解決する大きな節目になると期待していました。施政権返還は、軍用地接収、毒ガス兵器持込を含む基地運用、人権、経済、教育、文化などにおいて米国統治時代と比べて大きな改善を見せました。しかし、日米安保条約と日米地位協定が集中的に沖縄に適用された結果、基地運用や米兵・軍属・家族のからむ事件・事故は、返還前と同じく日本の「治外法権」とされ、その点での改善はあまり見られません。日本政府が民主主義の独立国家として機能せず、自ら憲法に違反して沖縄に安保と地位協定を押し付ける限り、沖縄は日米双方の「軍事植民地」のまま、今後も改善は期待できません。米国は「友好国」日本の国民に歓迎されていない基地を、それを歓迎する米本土や自国領に移すべきだと思います。プエルトリコから撤退したように。

　アイデンティティについてですが、米国メディアの東京支局（AP通信社、NY Times、Newsweek）と在日カナダ大使館で働き、東京の大学でカナダの政治・外交・歴史を研究・講義し、何度も米国やカナダを訪れ、両国に多くの友人をもつ者として、特に「民族的アイデンティティ」にそれほどこだわっていません。しかし、生まれ育った郷土と同胞を愛する気持ちは強く、米国と日本による軍事植民地扱いには憤りを感じます。

　日本本土に対しては、民主主義の空洞化と地域住民エゴ（NIMBY=Not In My Backyard）の広がりを強く感じます。日本政府は基地に関する沖縄の声を無視し続け、本土都道府県とその住民は日米同盟を支持する一方で米軍基地の負担には反対しています。部数・視聴率・広告収入重視の中央のマスメディアも、沖縄選出議員の少ない国会も、沖縄の声を取り上げません。総人口の1％に満たない小さな島だからという理由で、住民の意向を無視して危険と負担を押し付け続けるなら、NIMBYを優先させて、民主主義を否定することになります。政府は憲法に沿って沖縄住民（＝国民）の安寧と生命を守るという義務も果たしていません。

　米国に対しては、国是にしている「民主主義」の二重基準（沖縄には不適用）、これも国是にしている「国際平和の追求」と矛盾する軍事重視（米国防衛のための海外での基地展開と戦争継続）に強い矛盾を感じます。米国が真に平等や民

主主義や人道主義を信じているなら、ラムズフェルド元国防長官が「米国は歓迎しないところに基地をおかない」と述べたように、沖縄住民が繰り返し駐留に反対してきた基地を撤去し、部隊を引き上げるべきでしょう。米国は沖縄とまったく比較にならないほど広大で、経済的理由から基地の整理縮小（BRAC=Base Realignment and Closure）に反対する地域も多い。沖縄から撤去した基地はこれらの地域に移設すれば、海外軍事費の軽減につながるだけでなく、米国の安全保障にも役立つでしょう。戦後65年が過ぎて、日本のほとんどの地方自治体と住民が米軍基地の駐留を歓迎していないという国民心理も考慮して、米国は日米安保や基地をこのまま（沖縄以外の都道府県を含む）維持することも再考すべきです。そうしないと、日米関係そのものが崩壊してしまう可能性があります。米国民なら、米国の憲法や法律が適用されない治外法権的な地位協定や、開発国援助に似た思いやり予算に支えられた自国内での外国軍駐留を絶対に認めないでしょう。エンクローチメント（「妨害」「迷惑」「侵略」のこと。基地が周辺に与える騒音、危険、健康被害、治安悪化などを指す。一方の軍は、周辺住民の苦痛や要求を軍事活動へのエンクローチメントと呼ぶ）問題の観点から見ても、米国は住民収容中に住民の了解なく建設し、今では民家・学校・病院などに囲まれた普天間海兵隊航空基地（クリアゾーン Air Installation Compatible Use Zone ＝ AICUZ の無視、墜落や衝突の危険性、爆音、先祖遺産への立ち入り禁止、交通妨害、都市開発妨害など）、やはり住民疎開中に無断で建設された嘉手納町の8割を占拠する嘉手納航空隊基地（墜落・衝突の危険性、弾薬庫、騒音、交通妨害、都市開発妨害、自然環境汚染、電波障害）などを撤去すべきです。地域住民の根強い反対をおして日米が合意した普天間基地の辺野古移設（沿岸漁業へのダメージ、近隣村落の住民への危険性や騒音、沿海に棲む絶滅が懸念されている希少哺乳動物ジュゴンへの影響、その他の自然環境汚染）も、取りやめるべきです。開発中に、そしてその後も、多くの墜落事故を起こしてきた垂直離着機オスプレイの沖縄配備も止めるべきです。

　沖縄戦は、日本が沖縄に基地・部隊を配備し、皇国（日本本土）を守るための「捨て石」作戦に使ったために起こりました。このまま米軍の前線基地にされ、自衛隊も駐留・拡大し続ければ、沖縄は再び前線基地として、悲惨な目に遭うのではと心配です。こうした体験や思いは、ジャーナリストとしての私の考え方

や活動に影響を与えていると思います。もちろん、かつて日本が朝鮮半島や中国大陸、東南アジアなどで行った殺害行為や、太平洋戦争や朝鮮戦争・ベトナム戦争から現在に至る各地、旧居住地への住民禁止での戦闘や被害にも心を痛めています。

　憲法については、「象徴」になったとはいえ、日本の天皇は戦前・戦中と同じく国民の支持を集めやすく、あるいは政治に利用されやすく、きわめて危険な存在だと思います。特に天皇の「国事行為」を定めた第6条と第7条は、「有事」の際に天皇に大権を与えて政治介入を認めかねない可能性をはらんでいます。戦後60数年たって、多くの日本国民あるいは沖縄県民がそうしたことに気づいているか、心もとないです。同じように、米軍や自衛隊の基地に反対する人でも、一般的にあまりそれを憲法前文や9条とは結びつけないと思います。私たちは、憲法、安保、地位協定、冷戦終結以降の米国の戦争について、学びなおす必要があると思います。日本政府は日米安保（や地位協定）を憲法の上に位置づけ、自ら最高法規たる憲法を破っています。国会も最高裁判所も同じです。メディアは国の憲法違反を容認し、多くの本土国民も黙認しています。日本・日本人が憲法を守り、日米安保からも解放されれば、日本は、近隣諸国を含む諸外国から尊敬される、友好的で安定した民主的な国になり、沖縄の基地問題も解消すると思います。自衛権や集団安全保障は国際法で認められており、日本は現在の世界有数の軍事力を増大することなく、専守防衛に徹して隣人諸国と安全保障協力体制を築いていけば、あえて憲法を改正する必要はないでしょう。

　「座右」にしているわけではありませんが、日本国憲法は前文も、第二章（戦争の放棄）も、第三章（国民の権利及び義務）も、平和主義・国際協調・国民主権を保証するすばらしい内容です。憲法99条は、「天皇又は摂政及び国務大臣、国会議員、裁判官その他の公務員は、この憲法を尊重し擁護する義務を負ふ」と定めており、これらの人々がこの条文通り憲法を遵守すれば、沖縄問題はきちんと解決できるはずです。

　私にとって沖縄の精神を体現している人は、研究者・政治家として、琉球・沖縄の歴史的流れだけでなく、沖縄戦史、第二次大戦後の米国の沖縄支配、日本の対沖政策に詳しく、沖縄戦体験者としても沖縄の現状の転換を訴え続けて

いる大田昌秀さんです。

7　大田昌秀
——1925年久米島生まれ。元沖縄県知事、政治家、歴史家

差別を行う側は差別者という自己意識を持ち合わせていない。本土の人たちが自らの平和と安全を守るため、いつまでも沖縄の人々を犠牲にして顧みないとすれば、その人間的感性を疑わずにはおれない。

　敗戦後、真っ先にやったのは、恩師や学友たちの遺骨収集でした。戦後、1か年ほど、米軍は、戦争から生き延びた地元住民を沖縄全域の16の地域に設けた収容所に収容した上で、各収容所間の通交を禁止していました。また、米軍は、沖縄住民に対し、人々が反米的と見られる言動をすると、すぐに食糧の配給を停止する措置をとりました。そのため、沖縄民政府の首脳や戦後にできた沖縄文教学校や沖縄外国語学校の教師たちは、民政府職員や生徒たちが反米的言動に走って食糧の配給を停止されるのを恐れて、私たちの遺骨収集に反対しました。それに対し、私たちは徹夜で沖縄民政府や学校首脳と交渉しました。これが戦後沖縄の最初の学生運動となりました。その結果、数人の学生代表だけが米軍憲兵のジープに乗せられ、監視付きで遺骨収集をしたのです。遺骨は一つのテント小屋に、いっぱい集められましたが、それを各人の遺族に届けるのにとても苦労しました。ご遺族の方々がどこにいるかが皆目わからなかったからです。

　次いで上京し、大学3年の時、沖縄戦から生き延びた学友たち個々人の戦争体験記を『沖縄健児隊』というタイトルの本に編集しま

写真9.7　那覇事務所での大田昌秀
（写真提供・乗松聡子）

した。するとそれが松竹映画会社から映画化され、その後、多くの人たちに沖縄戦の実相について伝える運動を始めました。同時に「師弟愛・平和・友情」を象徴する3人の立像から成る「平和の像」を東京で著名な彫刻家に作ってもらい、沖縄に持ち帰って、摩文仁で学徒隊が闘った戦場跡に建立して、戦没した恩師や学友たちの霊を弔いました。

　1956年に米国留学から帰ると、沖縄で発行されていた二つの英字新聞（『The Morning Star』『The Stars and Stripes』）が余りにも一方的に米軍寄りの報道をして在沖米軍将兵や米大学教授らに誤解を与えていたので、地元紙『沖縄タイムス』の社説や基地関連のニュースなどを英訳して『The Weekly Okinawa Times』という新聞を発行し、英文読者に正しい情報を提供すべく努めました。同紙は五年ほど刊行した後、編集に当たっていた私が上京したため、閉刊にしました。

　その後、琉球大学に勤めるようになると、アメリカの国立公文書館に毎年通い続けて、沖縄戦の写真やフィルムを買い求めました。そして個々人からフィルム1フィートを買う約100円の浄財を募り、可能な限り沖縄戦と米軍の対沖縄占領関連の写真とフィルムを購入すべく、「1フィート運動」を起こしました。結局20年ほどアメリカに通い続け、膨大な資料を購入し、県立公文書館に納入して広く県民に今日に至るまで視聴してもらっています。

　その後、「1フィート運動」は「NPO法人沖縄戦記録フィルム1フィート運動の会」に発展し、戦争を知らない世代に沖縄戦の実相を正確に伝え、継承せしめることによって、沖縄を世界平和創造のメッカにすべく運動を継続しています。すなわち、収集したフィルムをもとに映像作品を制作して、上映活動をするとともに、平和シンポジウムなどを主催したりしています。

　【アイデンティティについて】沖縄の歴史について学ぶ過程で、半ば必然的にアイデンティティ問題に関わらずにはおれません。というのは他でもなく、沖縄の人々は、幾度となくアイデンティティ・クライシスに追い込まれる事態に陥ってきたからです。すなわち、1609年の「薩摩の琉球侵略」があって後、薩摩は琉球王府が中国との進貢貿易で得ていた経済上の利益を収奪するため、実質的に琉球王府を支配下においていながら、その事実をひた隠しにして、中国との関係を従前どおりに維持させました。そして中国側に露見しないように

するため、沖縄の人々が日本語を話したり、日本風の服装をしたりするのを厳禁しました。その一方で、琉球王府代表が謝恩使として江戸上りする際には、わざと中国風の服装をさせ、中国の楽器を演奏させるなどして、異国を支配下においていると誇示したのです。そのために、沖縄人は「中国人でもなければ日本人でもない」宙ぶらりんのアイデンティティの保持を余儀なくされたのです。つまり「アイデンティティ喪失」の状況下におかれていたのです。

あまつさえその間、沖縄の文化は、日本文化にくらべてはるかに遅れている上、価値も低いので、全て抹殺して先進的日本文化に吸収・一体化されるのが望ましいとみなされました。それによって初めて沖縄人は、一級の日本人としてのナショナル・アイデンティティ（国民的同一化）を得ることができるとされたのです。ところで本土他府県より8年も遅れて1879（明治12）年に実施された廃藩置県以後は、明治政府によって拙速でいびつな皇民科教育が強制されるようになりました。

ちなみにアメリカのスタンフォード大学歴史学教授ジョージ・H・カーは、日本本土の廃藩置県と沖縄の廃藩置県は根本的に違うという主旨のことを記述しています。すなわち、本土他府県の廃藩置県は、同一民族、同一言語、同一文化を基礎にして近代的国民国家を形成するために実施された。それに対し、沖縄の廃藩置県は、日本の南門を固めるため、専ら軍事的・政治的思惑からなされたというのです。

つまり沖縄の人々を同一民族（同胞）の一部として日本に迎え入れようとしたのではなく、あくまで熊本の第6師団の分遣隊を沖縄に常駐せしめる目的で、沖縄の人でなく土地が欲しかったというのです。なお、沖縄の人ではなく土地のみを必要としたとする類似の言説は「沖縄学の父」と称される伊波普猷をはじめ著名な沖縄出身の学者らが繰り返し異口同音に述べていることなのです。換言すると、沖縄はいかなる意味でも日本の一部とはみなされず、文字通りの政治的、経済的植民地でしかなかったのです。

こうして沖縄の人々にとってはナショナル・アイデンティティ（＝国民的同一化）のみが至上命題とされました。しかもそのためには沖縄人としての文化的アイデンティティ（＝カルチュラル・アイデンティティ）はおろか、「人間としてのアイデンティティ（存在証明）」などもすべて犠牲にしなければなりません

でした。

　その代償は、余りにも大きなものがあります。そのため私は、沖縄の人々が単に日本人としてのナショナル・アイデンティティ（国民的同一化）を得ること以上に、自らのカルチュラル・アイデンティティを保持しつつ、むしろ「人間としてのアイデンティティ」を獲得する必要があるのではないかと、強調するようになりました。

　すなわち人間らしい生き方を志向する立場から、人類に普遍的な価値に基づき、沖縄の人々にたいする日米両政府の「構造的差別政策」を排除して、あくまで人間的生き方とよぶにふさわしい生活環境を追及・整備したいと考えるようになったのです。

　【日米政府に対して】沖縄の人々は、アメリカ人や日本本土の人々とまったく同じ人間です。にもかかわらず沖縄の人々は、過去いくどとなく日本本土の人々や米軍の目的を達成するための政治的質草もしくは抵当物件として取引の具、すなわち物（手段）扱いされてきました。

　例えば明治の「琉球処分」にさいし、日本の南門を固めるといった軍事的思惑から、地元の反対を押し切って400人の日本軍分遣隊と160人余の警官が強行配備されただけでなく、さる第二次大戦末期の沖縄戦においても、沖縄は、日本本土防衛の防波堤にされ、人口の3分の1近くの尊い人命が犠牲に供されました。そのうえ、先人が残してくれたかけがえのない数々の文化遺産をもことごとく焼失してしまいました。しかも日本の敗戦に先立ち、沖縄が日本のアジア侵略の踏み台（基地）にされたとの理由で、日本から切り離されて27年間もの長期にわたって米軍の軍政下に置かれたのです。それどころか、沖縄は1951年の平和条約の締結にさいし、日本の独立と引き替えに日米安保条約によって、軍事基地として米軍に提供されました。それも吉田茂首相が「バミューダ方式（99か年の租借）」によって、基地使用を認めたのです。

　その結果、現在は沖縄全域の約11％の土地が基地化されているだけでなく、29か所の港（水域）と沖縄の空域の40％もが米軍の管理下に置かれているのです。こうして沖縄の人々は敗戦後66年経った現在も、自らの所有物の土地も空も海も自由に使えない体たらくで、まるで主権国家の一部とはみなされていないのです。

ちなみに、米国のケイトー研究所のドグ・バンドー上級研究員の言葉を借りると、「沖縄は米国の軍事的植民地」というわけです。その結果、沖縄の人々は、軍事基地から派生する公害によって、日常的に生命の危険にさらされているだけでなく、物心両面において数々の被害を受けています。

　かくして現在問題化している普天間基地の辺野古移設にからむ深刻な問題は、ノルウェーの著名な平和学者ヨハン・ガルトゥング教授のいう「構造的差別」以外の何ものでもないのです。差別を行なう側は差別者という自己認識をいささかも持ち合わせていないのが常ですが、何よりも本土他府県は、基地存在の基盤をなす日米安保条約は国益に適うと強調しながら、自らはいかなる意味でもその負担を分かち持とうとはしないのです。

　ちなみに日本の国会には衆参合わせて722人の国会議員がいます。そのうち、沖縄代表は8人しかいません。したがって、圧倒的多数を占める本土他府県選出の国会議員たちが本気で沖縄問題を自らの問題として捉えて解決を図るならまだしも、いたずらに対岸の火事視して、一向にそうしようとはしないのです。したがって皮肉にも多数決を原理とする民主主義の名において、沖縄がいつまでも差別され続ける構造が出来上がってしまっているわけです。そしてその事実が、普天間基地問題の解決を遅延させている最大の原因なのです。

　日本本土の人たちが自らの平和と安全を守るため、いつまでも沖縄の人々を犠牲にして顧みないとすれば、その人間的感性を疑わずにはおれません。

　【沖縄戦について】私は1945年の3月26日に沖縄戦が始まったとき、沖縄師範学校の本科1年を終え、4月から2年に進級するはずでした。しかし、同年3月31日、沖縄守備軍司令部の駒馬繼少佐（第2野戦築城隊隊長）の命令で、沖縄師範学校の職員・生徒は、病人以外1人残らず全てが守備軍司令部に動員されました。そして各人は、1丁の銃と120発の小銃弾と2個の手榴弾で武装し、その日の内に鉄血勤皇師範隊を結成して参戦することになりました。

　私は鉄血勤皇師範隊のうち、情報宣伝を任務とする千早隊（22人）に配属されました。私たち千早隊員は2人1組になり、守備軍司令部の情報部で東京の大本営が発表する戦況ニュースを受領し、それを沖縄本島各地の地下壕に身を潜めている兵隊や民間人に宣伝して回りました。つまり壕内に閉じこもったまま外の様子がまったくわからない人々の戦意を高めるべく図ったのです。

しかし、戦況は日に日に悪化し、5月下旬になると、首里城地下の守備軍司令部も危機に瀕し、沖縄本島南部の喜屋武半島に撤退しました。そして敗退に次ぐ敗退を重ねたあげく、6月18日には全ての男女学徒隊は解散となり、各人は軍の命令から解放され自由行動が取れるようになりました。ところが、私たち千早隊員はその後も牛島満軍司令官の直接命令により、敵中を突破して本島北部の国頭地区に集結して、ゲリラ戦を戦え、ということになりました。そのため隊員は2、3人ずつチームを組んで、国頭方面へ向けて敵中を突破、集結することになりました。私は、一級上の仲田君と同級の山田君と3人一緒に敵中突破を図りました。ところが情報部のあった摩文仁の地下壕を出て間もなくして至近弾を浴び、3人は、ばらばらに別れてしまいました。その際、私は、右足裏を削ぎ取られて歩けなくなり、ごつごつした岩の上を腹這いで進むしかありませんでした。
　やむなく敵中突破を当分お預けにして、摩文仁集落に面して構築された守備軍司令部壕の近くの丘の中腹あたりの自然壕に、右足を抱えていざり寄るように入って行くと、中には数人の日本軍敗残兵が身を潜めていました。その中の指揮官らしい某中尉がじろじろ私の方を見て、しつこく何ものだと身分を質しました。私が鉄血勤皇隊の学生だと繰り返しても納得せず、「今ごろ学生が軍司令部壕の近くをうろつくはずがない。貴様はスパイだろう」と私の胸元に拳銃を突き付けてきました。私は、夢想だにしなかったスパイ呼ばわりに、思わず足の痛みも忘れて立ち上がって抗議したものです。
　幸いにして私は、守備軍司令部情報参謀の薬丸兼教少佐の署名入り通行証を所持していたので、それをポケットから出して呈示しました。それは私たち千早隊員がいかなる軍陣地へも自由に出入りすることを保障し、便宜を図るよう各戦闘部隊の指揮官に要請する内容のものでした。それでやっと納得してもらい、難を逃れることができたのですが、それ以後というものは、このときの嫌な体験がずっと心に引っ掛かって、旧日本軍に対する不信感が一挙に高まるとともに、沖縄戦それ自体に対する疑問も湧き、その解明に取り組むようになりました。
　またそれとは別に、余りにも多くの恩師や学友たちを失ったことも、「聖戦」と称された戦争の解明に取り組む大きな契機となりました。20歳にも満たな

い学友たちがそれぞれの人生で花を咲かせることもなく、殺伐とした戦場で蕾のまま無残に散ってしまったことを思うと、何ともやりきれない気がしてならないからです。さらには、1945（昭和20）年6月22日に牛島司令官と長参謀長ら沖縄守備軍首脳が自決し、守備軍の組織的抵抗が止んだ後も、10月23日まで私は、捕虜にならずに摩文仁や具志頭の海岸近くに身をひそめていました。その間に、旧日本軍敗残兵の非人道的悪業の数々を毎日のように目撃して、私はすっかり人間不信に陥らざるを得ませんでした。自分が生き延びるためには容赦なく非戦闘員を避難壕から追い出したり、食糧を強奪したりする者が後を絶たなかったからだけでなく、わずかの水や食糧をめぐって友軍の兵士同士がいとも安易に殺し合うさまは、表現を絶するものがあったからです。そんな姿を目撃するたびに、私は、何がこのような言語道断な事態を生んだのか、きっと何かが狂っていたのだと、もしも生き延びることができたら、このようなおぞましく汚辱に充ちた戦争に行きつく過程をぜひとも明らかにしたいと考えるようになったのです。

　【憲法について】戦後、私は沖縄本島の石川市（現うるま市）に住んでいましたが、そこには沖縄民政府があり、その文教部には「ひめゆり学徒隊」の引率者として有名な仲宗根政善先生が勤めておられました。先生は、戦場から生き残った沖縄の学童たちのために沖縄独自の教科書を作るべく、いろいろと文章を書いておられました。私は一時期、先生のもとで教科書用の文章をガリ版刷りするなどして手伝っていました。そんなあるとき、先生が本土から密航船で持ち込まれたとして日本国憲法の写しを持って来られ、私に読んでみたら、と勧められました。初めて目にした新憲法。私はその内容が、軍隊を持たず、二度と戦争をしないと規定しているのを見て、胸中に激しくこみあげるのを覚えました。戦場から生き延びたとはいうものの、将来への希望も見いだせず、生きている喜びも感じないまま文字どおり身も心もボロボロの状態でした。しかもすっかり人間不信に陥っていただけに、新憲法の一言一句が胸の奥深く沁み通るのを感得しないわけにはいかなかったのです。

　とりわけ憲法前文の基本理念と9条の戦争放棄の規定は、まさに私の反戦平和に対する切実な希求を代弁したにも等しいものでした。それだけに新憲法との思わぬ出会いが、私に新たに生きる希望と喜びを与えてくれました。新憲法

は、まさしくその後の私の人生の指針となったのです。

　そのような思いや経験は、当時の少なからぬ沖縄の人々に共通するものだったと思います。九死に一生を得て生き延びたとはいえ、今度は異民族の軍隊の支配下に置かれ、しかも肝心の日本国憲法の適用もないままの軍事基地との共生。それは折角戦争から生き延びた沖縄の人々にとって、余りにも過酷な事態でした。その後に起きた沖縄住民の日本復帰運動のスローガンが「平和憲法のもとへ帰る」と謳われたのも、まさしく自然の勢いだったのです。

　【座右の書】好きな本や座右の書籍は多くて、特に1冊を挙げることはできません。が、運動の仕方については、大いに影響を受けた方がいます。以前に岩波書店の雑誌『世界』の斡旋でイタリアの有名な労働運動家ダニーロ・ドルチ氏と対談したことがあります。(『世界』1971年5月号)。彼はシチリア島の労働組合のリーダーで、非暴力抵抗の闘士でした。彼の同志がマフィアに殺されるとその家族を引き取って養うなど、労働運動における卓越した功績が認められてレーニン賞を受賞した人物です。対談後の雑談の中で、私が彼に沖縄問題の解決は日米両政府の壁が厚すぎて容易でないことから、「もしあなたが沖縄のリーダーだとしたら、基地問題をはじめ沖縄が抱えている解決困難な問題にどう対処しますか」と訊いてみました。すると、彼はしばらく考えた上で、こう答えました。どの国でも政府権力の壁は厚くて、簡単に突き破れるほどヤワなものではない。したがってそれを正面から突き崩そうとしても、むりです。だから壁はそのままにしておいて、壁の向こう側に友人や理解者をたくさん作る方がより効果的です。それができたら壁は存在しないにもひとしくなる、と。まるでベルリンの壁が崩壊するのを予言するかのような話し振りでした。

　「壁の向こう側に友人を作る」という彼の言葉に、私はハッとさせられました。日米両政府による沖縄に対する構造的差別に真正面から立ち向かうこともちろん必要だけれど、彼の助言どおり、日米両政府の壁の向こう側に1人でも多く理解者や友人を増やすことの方がより問題の解決を早めることにつながるとして、私は、あれ以来そのような手法で、ずっと努力しています。

　【沖縄の精神を体現する人物】沖縄の言語学、歴史学などにおける4人の大先達、すなわち伊波普猷、比嘉春潮、仲原善忠、東恩納寛惇氏らの学恩は、多大なものがあります。伊波先生は、日本の敗戦後、1947年に亡くなられる前

に『沖縄歴史物語』をお書きになりましたが、そこには沖縄の過酷な歴史の歩みにたいする伊波先生の学問、研究における苦悶がまざまざと読みとれます。

　一方、伊波先生の晩年にお世話をみた比嘉先生の場合、90歳を過ぎても沖縄人としてのアイデンティティに固執され、その確立に尽瘁されました。同時に「沖縄」という狭い殻に閉じこもることなく、国際語のエスペラント研究を通して広く世界の研究者たちと交流するおおらかさもありました。私は、沖縄の人々がそのために必死に努めた日本人としてのナショナル・アイデンティティ（国民的同一化）の獲得や、沖縄人としてのカルチュラル・アイデンティティを保持するだけでは十分でない、と思っています。むしろ「人間としてのアイデンティティ」の確立こそがより大事な課題だ、と志向しています。

　一方仲原先生は、「沖縄の万葉集」とも称される『おもろさうし』の研究家として有名な方ですが、米軍の捕虜3人を旧日本軍が殺りくした事件にからむ「石垣島事件」の裁判において、沖縄の伝統的な平和思想を主張されて、米裁判官の認識を強め、死刑を宣告された沖縄出身兵士7人の命を救ったことでも知られています。

　伊波先生と仲原先生の琉球史についての学問上の発想や成果については、対立する面があります。とりわけ1609年の「薩摩の琉球入り」についての評価はその一好例です。

　一方、東恩納先生も文献学者として有名で、タイのアユタヤ王朝の歴史に詳しい方でもあり、数十本の立派な論文を発表しておられますが、先生はご自分の学問を「訓詁の学」とおっしゃっています。

　これらの卓越した先達の学問は総じて訓詁の学といってよいもので、『おもろさうし』の研究が例証するとおり、古い未知の文献や稀覯本や資料などを解釈するのが中心になっています。しかもこれらの先達はすべて東京に居住していて、沖縄現地にはいませんでした。そのためもあってか、大衆運動や土地闘争、基地反対運動などについてはほとんど論及していないのが特色のように思われます。それを私なりに「ロゼッタ・ストーン的学問」と称しています。

　それに対し、私たちやもっと若い世代の沖縄研究者たちの学問は、基本的人権の問題や偏見や差別など人間の権利問題や思想問題などに焦点が当てられているように思われます。沖縄現地にいて自らも各種の運動などにも参加したり

しているからです。それを「マグナ・カルタ的学問」と勝手に名付けています。先達の中から、特に特定の人だけに影響を受けたということはありません。

8　浦島悦子
――1948年鹿児島県生まれ、名護の市民運動家、著述家

次世代に「平和と自然（環境）」を手渡していくことが今を生きる者の責任。沖縄が自己決定権を取り戻すことしか、真の解決はない。天皇条項は日本国憲法の大きな矛盾。沖縄に対する差別と天皇制は無関係ではない。

　私は1990年5月ごろ、個人的な事情から生後7か月の息子とともに沖縄に移住しました。最初に住んだのは基地の町・沖縄市でしたが、沖縄に来る前に住んでいた奄美大島によく似たやんばるの自然と風土に惹かれて山を歩くようになり、やんばるの自然の奥深い魅力とともに、米軍基地の見返りとして注ぎ込まれる国の高率補助金を使った公共事業によって、地球上でも類い希な美しさと多様さを持つ自然がズタズタに破壊されていく惨状を目の当たりにしました。このことは私に「沖縄の基地問題と環境問題は同じコインの裏表（表裏一体）」であることを強く印象づけ、若いころから持っていた「平和と環境」という二つの問題意識がいっそう鮮明に、分かちがたいものとして私の中に根を下ろしていったと思います。
　私と同様、やんばるの自然破壊に胸を痛め、「沖縄の日本復帰20年はひたすら自然破壊の20年であった」という問題意識を共有する仲間たちが1992年5月、「やんばるの山を守る連絡会」を結成し、以来4年間、私はこの会の事務局として、なんとか少しでも破壊に歯止めをかけたいと奮闘しました。この会は残念ながら諸事情により志半ばで解散せざるをえなくなりましたが、それを機に私は念願のやんばる移住を決心しました。
　移住までの一時期、私は、偶然のきっかけから、普天間基地に隣接して建つ佐喜眞美術館で働くことになりましたが、ちょうどその頃、普天間基地の返還と辺野古沿岸域への移設が取り沙汰されるようになり、私は初めて辺野古を訪れる機会を得ました。
　透き通るようなエメラルドグリーンに輝くイノー（サンゴ礁の内海）を挟んで

米軍キャンプ・シュワブを望む辺野古地先の無人島・平島に足を踏み入れた時の感動を、私は忘れることができません。気の遠くなるような長い年月をかけて、この海のサンゴと波や風が形作った、踏むのがもったいないほどの真っ白い砂浜。不純物の全くない白い砂を手にすくいながら、「これを守りたいのです」と熱く訴えた辺野古の住民。その手からこぼれ落ちる輝くばかりの砂の白さが、私の胸深く染み渡りました。同時に、この美しい島が沖縄戦時、特攻艇の基地として使われたという住民の話も脳裏に刻み込まれました。

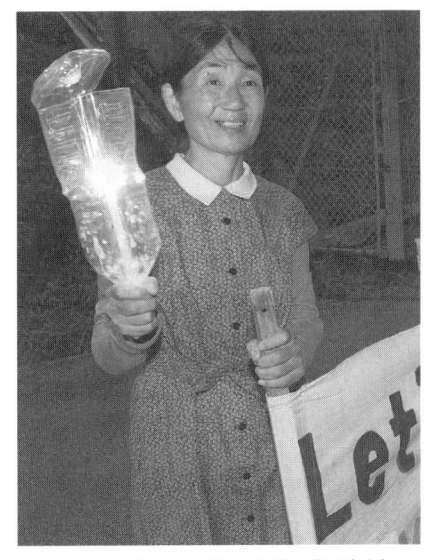

写真9.8　浦島悦子（写真提供・豊里友行）

　1997年12月、名護市民は「ヘリポート建設の是非を問う住民投票」を行い、日米両政府の権力と金力を使ったあらゆる妨害・圧力・懐柔をもはねのけて勝利し、「基地ノー」の市民意思を世界に向けて発信しました。私は、普天間基地のある宜野湾市の女性たちと一緒に市民投票を応援するために名護市に通い、名護市東海岸（二見以北十区）の女性たちとペアを組んで普天間基地の危険性を訴え、反対に投票するよう市民に呼びかける行動に参加しました。

　市民投票には勝ったものの、当時の市長が市民意思を踏みにじり、基地受け入れを表明して辞任。その出直し市長選挙で前市長の後継者が当選して間もない1998年4月、私は、この間の関わりの中でできた人間関係を通じて、念願のやんばる移住＝二見以北十区への移住を実現し、地元の住民団体である「ヘリ基地いらない二見以北十区の会」の会員となりました。といっても、この時期は市民投票の余韻が残り、基地受け入れ派の新市長も慎重な姿勢を見せていたので、私は、やんばるの自然の中でゆったりと暮らしながら、長年の夢であった小説を書いてみたいなどと暢気なことを考えていたのです。

　ところが現実はそう甘くありませんでした。日米の国家権力が総力を挙げて、

カネも権力も持たない住民、高齢化の進む過疎地に襲いかかってくる、その火の粉をはねのけるための必死の努力に明け暮れる日々が続きました。座り込み、署名、集会、道ジュネー（デモ行進）など運動の常套手段はもちろん、住民の声を聞かない市長に対する毎日の「ラブレター」攻勢、沖縄の伝統に則ったウガン（拝み）などの創意工夫、果ては、カヌーや海上ボーリング櫓での沖縄防衛局職員・作業員との熾烈な攻防に至るまで、ありとあらゆるやり方で運動を展開しました。

やんばる移住後はライターを本業（収入の面で、というより自分の生きる姿勢として）とした私ですが、書くものは必然的に、そういった基地建設に反対する住民運動の報告、発信とならざるを得ませんでした。私は第三者的立場から取材して書くということが苦手です。当事者の1人として自分の肌身を通して体験したこと、日々の暮らしや悪戦苦闘の報告であり、心ならずも政治的な言動をせざるを得ない場合でも、あくまで「私」を主語にしてしか語り、書くことができません。

私にとって書くことは、理不尽な権力の横暴によって踏みにじられる自然と、その中で生かされている人々の声なき声を形にし、その美しさやすばらしさ、悲しみや苦しみの襞ひだまでを伝えることであると同時に、自分自身が直面する様々な困難や苦悩を、書くことによって乗り越えてきたと言えると思います。

この15年間の中で、「もう限界だ」「運動をやめたい」と思ったことが幾度あったかわかりません。しかし、その都度、どうしてもあきらめるわけにいかないと思い至るのは、太古の昔から人々を生かしてくれたこのかけがえのない自然、これから生きていく未来世代の生きる基盤である自然を、私たちの世代で壊してしまったら、後の世代に申し訳が立たないと思うからです。私たちの運動の目標は、子や孫たち、次世代に「平和と自然（環境）」を手渡していくことであり、例え困難であろうとその努力をすることこそが、今を生きる者の責任だと思っています。

現状と展望ですが、こんなに長くこの問題を引きずることになるとは当初、想像もしていませんでした。名護市も沖縄県も基地を受け入れる首長が続き、一時はほとんど絶望に近いところまで追いつめられながらもあきらめずに続けてきたことによって、沖縄の中では現在、かなり有利な状況が作られていると

思います。名護市に基地反対を明確に打ち出す市長が初めて誕生し、これまで基地を受け入れてきた県知事も県民世論に押されるように「県外移設」へと姿勢を変えました。全沖縄が「辺野古移設ノー」で一致し、それをきちんと主張するのはこれまでになかったことです。

　しかしながら、きわめて理不尽なことですが、沖縄は自らの運命に関わることであるにもかかわらず、それを自ら決することができない状況に置かれています。私自身、自分たちの運命が自分たちの手の届かないところで勝手に決められる悔しさ、歯がゆさをこの間、いやと言うほど味わってきました。沖縄が自己決定権を持っているなら、この問題はすでに解決しているはずですが、実際に決定権を持っているのは日米両政府であり、彼らが辺野古移設を断念しない限りこの問題は解決しないというところに、いちばんの問題点があると思います。この状況が続く限り、例え日米両政府が彼らの勝手な都合で辺野古移設をあきらめたとしても、再び同様の問題が起こってくることは避けられないでしょう。

　日米の政治と外交に翻弄されてきたこれまでの歴史を断ち切り、沖縄が自己決定権を取り戻すことしか、真の解決はないと思います。

　アイデンティティについては、私は自分を「在沖日本人」だと（いささかの痛みを感じつつ、あえて）定義しています。沖縄を愛し、地域の人々と喜びや苦しみ、悲しみをともにしつつも、沖縄人に自らを同化することによって、自分が沖縄を侵略、差別してきた者たちの末裔であることを忘れてはならないと思うからです。それは同じ過ちを繰り返さないためでもあります。

　私は現在、「十区の会」の共同代表を務めていますが、よそ者であり「在沖日本人」の私が地域住民運動の代表になっていいのか、大きな葛藤がありました。よそ者がのさばり、目立つことが地域住民を動けなくさせているのではないかと悩みました。しかし、地域に根ざせば根ざすほどたくさんのしがらみがあり、気持ちはあっても言動に出せない人たちが、その気持ちを託したいという思いがあることを知って、私には私の役割があると思うようになりました。

　そして何よりも、誰のためでもなく、私自身がここに住み続ける者として、基地ができるのは絶対にいやだと強く思っていることを確認したのです。

　沖縄戦については、私は名護市史編纂の調査員として多くの人から沖縄戦の

体験を聞き取りし、またそれ以外でも戦争体験を追体験する機会をたくさん得てきました。戦争は絶対にあってはならないという強い忌避の心は私の反基地運動の推進力の一つになっていると思います。

　自分は弱い人間であることを私は知っています。戦争という非常事態にあっては「人が人でなくなる」と言われます。多くの人々がそれを証言しています。そんな状況の中に置かれたら、自分も何をするかわからないという恐怖心があります。それでもなお「人間的」でいられるほど強い人間は少なく、おおかたの人間は弱い者です。ですから、必要なことは、強い人間になることではなく、戦争という非常事態を作らないことだと私は思うのです。

　日本国憲法については、国のお仕着せ憲法だという言い方がありますが、私はそうは思いません。第二次世界大戦が終結したあと、敗戦国はもちろん戦勝国も含めて失ったものはあまりに大きく、もう二度と戦争はしたくないという気分や願いが世界に満ちていたと思います。その時代の世界中の叡智（もちろん日本国民の願いや思いも）が結集したものが日本国憲法であると私は思います。しかし、それが掲げた理想はその後、次第に忘れられ、変質し、再び戦争の時代に逆戻りしており、未だにそれを超えるものは打ち出されていません。

　沖縄は日本国憲法（平和憲法）の下に復帰したいと願ったにもかかわらず、「日本復帰」40年が経った今も、沖縄に日本国憲法は適用されていません。しかし、よく見れば、「日米安保が憲法の上にある」と言われる状況は多かれ少なかれ全国的にも共通しており、日本国憲法を沖縄に適用することによって日本全国の無法状態を救うことができるのではないかと思います。

　天皇条項は日本国憲法の大きな矛盾です。これこそ日米の政治的意図によって押し込まれた異物であり、私は、日本国憲法から天皇条項を削除し、天皇制は廃止すべきだと思っています。

　沖縄人は天皇になじみが少なく、関心も薄いようですが、私は、沖縄に対する差別と天皇制は無関係ではないと思っています。沖縄戦においても、天皇の名の下に多くの沖縄人が死を強制されました。天皇制または天皇制的なものは、あらゆる差別の根源でもあると思います。

　本についてですが、沖縄の先人たち、また現在の沖縄のオピニオンリーダーたちの文書や本に学ぶこと、示唆されること、自分が書く場合の参考文献も枚

挙に暇がないほど多々ありますが、私の支えになっているものをあげるとすれば、沖縄と直接の関係はありませんが、レイチェル・カーソンと石牟礼道子の著作です。

　また、歴史的人物や「偉人」として名を残している人に学ぶことは大きいですが、私がもっとも惹かれるのは、市井の庶民の中に脈々と流れる大きな叡智です。聞き取りをしていると、世のリーダーと言われる人よりも、ごく普通の生活者の話の中にハッとしたり大きな発見をすることが多いように思います。

　ごく最近に読んだ沖縄戦体験集の中でも、「天皇のために死ね」という教育を（リーダーたちによって）たたき込まれているにもかかわらず、地域住民たちは「とにかく生き延びよう」と互いに確認し合っていたことに感動しました。

【注】
1) 金城実は1957年に日本本土に行くためのパスポートを取得した。京都外国語大学を出た後英語教師となり、中学校や高校の教師を務めた。35年間本土に住んだあと、彫刻に専念するために1994年に沖縄に戻る。著書『知っていますか？沖縄一問一答　第2版』（解放出版社、2003年）では、本土で体験したさまざまな沖縄差別について語る。
2) 大阪大正区には沖縄人人口が集中していた。19世後半から20世紀前半にかけて、港湾整備の土木工事の人夫として、製材所の従業員として多くの沖縄人が働くようになったためである。（金城、前掲書、48-53頁）
3) 金城実「未来への遺産――琉球共和国独立への文化論的思案」『つぶて』62（つぶて書房、2009年）で、野原耕栄の著書『沖縄伝統空手「手」(TIY)の変容』（球陽出版、2007年）が紹介されており、その中で野原は「空手の琉球処分」について述べている。1870年代琉球王国が解体され沖縄が日本に併合されたのが「第一次琉球処分」、第二次大戦後米軍による植民地支配が「第二次琉球処分」、日本復帰以降が「第三次琉球処分」とする。空手の起源は沖縄にあり、沖縄には空手の二大組織「全沖縄空手連盟」と「全沖縄空手・古武道連盟」があったが、日本本土の空手組織「全日本空手道連盟」に加盟しなければ国体に参加できないといった強圧をかけてきたことを野原は「空手の琉球処分」と呼んだ。
4) 2010年、興南高校は沖縄県の高校として初めて、甲子園野球の春、夏連覇を達成した。

終章

展望

　この章には、「展望 Prospect」という名をつけたが、筆者らにこれからの沖縄の展望が見えているという意味ではない。この本を締めくくる章として、これまで記述してきたことを振り返りながら、オスプレイ配備で熾烈化する沖縄のたたかいや、今後の沖日米関係を理解する上で重要と思われる事実や視点を提供したいと思う。

1　沖縄、抵抗する島々

「踏まれても蹴られても」──どちらが？

　2009年8月末の民主党による政権交代により、日本には希望の光が差し込んでいるように見えた。鳩山由紀夫は政治家が先導し官僚が従う政治、米国との対等な関係および中国を含む近隣諸国とのより緊密な関係の構築、普天間基地は「最低でも県外」を約束して政権に就いた。しかし民主党が、批判対象であった自民党の対米従属主義と新自由主義そのものに回帰し、選挙前の公約を一つまた一つと破棄していくにつれ、その希望は次第に消失した。あとを引き継いだ菅直人は、鳩山の降伏宣言でもある2010年5月の日米合意踏襲を是としたが、2011年3月に東日本大震災が起きて、この合意を遂行する重圧から逃れることができた。2011年9月には民主党の3人目の首相となる野田佳彦が就任した。野田新政権は、官僚の意のままになり、行政改革の計画も放棄し、米国との関係を最優先に据えるものであった。[1]

　野田政権は着任早々、沖縄の民意を無視あるいは抑圧し、どんなことをして

でも日米合意を実行に移すとの意図を表明した。新内閣の外相となった玄葉光一郎は、就任インタビューで、沖縄の「負担軽減」のために日米合意を尊重するとし、そのためには「踏まれても蹴られても誠心誠意、沖縄の皆さんに向き合っていくしかない」と述べた。これには沖縄の人々は耳を疑った。踏んだり蹴ったりしてきたのは一体どちらなのか。民主的手続きを尽くし県内新基地建設に反対してきた県民の声を無視し、オスプレイでさらに県民を危険にさらそうとしている加害者が、まるで被害者であるかのごとく振舞う、「主客転倒発言」であった。[2]

2011年9月21日、国連総会出席のためニューヨークを訪問した野田首相はオバマ大統領と首脳会談を持ち、米国の震災への支援を通じて日米「同盟」は「揺るぎない」ものとなり、米軍再編については日米合意に従うとし、「沖縄の人々の理解を得るべく全力を尽くす」と述べた（7章参照）。[3]

しかしその一方で、玄葉や野田の思惑通りにはいかないという声がワシントンから発せられていた。仲井眞沖縄県知事は2011年9月19日、ジョージ・ワシントン大学の聴衆を相手に、普天間基地の固定化は「受容できる選択肢ではなく」、「普天間海兵隊基地移設計画は見直しが必要だ」と主張していたのである。仲井眞は、「沖縄の状況を無視した辺野古への強行は、全県的な激しい基地反対運動に繋がり、日米安全保障体制に悪影響を及ぼしかねず、沖縄県民と沖縄の米軍との関係を決定的に悪化させる恐れも否定できない」と訴え、沖縄と日米の対立を明確にした。[4] ワシントンにおける記者会見でも仲井眞は、辺野古に新基地を作るということは、1950年代に米軍がやったような「銃剣とブルドーザー」方式、つまり暴力行使しなければできないと警告した。[5] 言い換えれば、沖縄のトップが、県内の圧倒的な辺野古基地建設反対を受けて、基地建設を強行するのなら名護に戦車でも派遣しなければできないだろうと言ったのである。そして2012年10月現在、それは現実のものになりつつある。2012年9月末、オスプレイ強行配備に反対する市民たちは普天間基地の四つのゲートを封鎖し、警察と機動隊が出動して市民たちを強制的に排除、現場で一時拘禁する事件が起き、けが人も出た。[6] 翁長那覇市長は、オスプレイ配備を「空の銃剣とブルドーザー」と言った。[7]

「踏まれても蹴られても」とは、長年差別と人権侵害、自治剥奪、基地被害

にあった上で今さらなる脅威にさらされている、沖縄側のセリフに他ならない。そして沖縄は決して踏まれたままではいない。ジャーナリスト由井晶子が沖縄の近年の「へこたれない」抵抗史を綴った著書で、「アリは象に挑む」と表現したように。[8]

否定される民主主義[9]

　沖縄の抵抗運動は小泉首相時代（2001-2006年）に辺野古基地建設を食い止め、2010年にはもう1人の首相、鳩山由紀夫を辞任に追い込み、その後も菅、野田首相に一貫して反対を突きつけてきた。「普天間代替施設」は1996年のSACO合意で、そして米軍再編計画の下に日米両政府の外相と防衛相、つまり「2＋2」（日米安全保障協議委員会）が2005年、2006年、2010年、2011年、と共同発表を重ねてきた（2009年には「グアム協定」も両外相間で締結）。

　歴代政権は、手を変え品を変えしながらも、実現不可能な辺野古案を判で押したように出してきているだけであった。2012年4月27日には「2＋2」による再編計画見直しの中間報告が発表された。[10]普天間移設については、米議会で辺野古移設は困難と言うレビン議員ら（8章参照）に配慮し、辺野古新基地を「これまでに特定された」中では唯一の有効な解決策とする妥協案であった。[11]しかし田中防衛大臣は相変わらず辺野古以外は「一切念頭にない」[12]とした。そして秋のオスプレイ強行配備後、年末には環境影響評価「評価書」の修正を済ませ（7章参照）、10か月後には知事の埋め立て許可を取ろうとしている。[13]

　沖縄の人々は、選挙、住民投票、座り込みや阻止といった直接行動、自治体の決議、党派を超えた県民大会、訴訟、世論調査、指導者たちによる声明、東京やワシントンへの直訴、国際機関への訴えなど、ありとあらゆる方法を使って辺野古代替基地の建設を許さないという民意を示してきた（6章参照）。[14]琉球大学の阿部小涼は、高江での「人口160名弱の地区が、外交・安全保障問題に正面から対峙させられている」異常な状況においての市民的不服従行動は、「見えない暴力を可視化」し、憲法12条でも認められる、自由と権利を「国民の不断の努力で保持」する行為であるとする。[15]沖縄のこのような堅固で不屈な非暴力の抵抗が弱まる兆しは全くない。

　それでも日米両政府は沖縄県民を不都合な邪魔者として扱い、「アメとムチ」

政策でねじ伏せる対象としか見てこなかった。「民主主義」や「自由世界」を標榜する日米両国自身が沖縄の民主主義を破壊することをどうやって正当化できるのか。仮に現在の沖縄の抵抗のような抵抗が、米国や日本が気に入らない外国（中国、北朝鮮、イラン、シリア等）で起こっていたとしたら、両国政府やメディアは「市民による勇敢で英雄的な民主運動」として注目し、絶賛していたであろう。しかしこの沖縄のたたかいは自分たちが植民地化し抑圧してきている場所で自分たちに向けられているので、賞賛したりはしない。

　沖縄の声が、日米政府の壁を乗り越えて世界に届くことは今まで限定されていた。しかし大田昌秀（9章参照）が言うように、沖縄が「壁の向う側に友人を作る」ネットワークは確実に広がっている。ワシントン拠点の沖縄を支援する市民組織「ネットワーク・フォー・オキナワ（NO）」は『ワシントン・ポスト』に沖縄の基地負担の不当性を訴える全面意見広告を2010年4月25日の県民大会に合わせて出すのに協力した（5章参照）。2012年9月14日の『ニューヨーク・タイムズ』の社説はオスプレイ配備計画への沖縄県民の怒りを取り上げ、「米軍基地の重い負担を強いられてきた沖縄の住民の多くにとっては、オスプレイ配備は傷口に塩を塗るようなものだ」と、自国政府による強行配備を糾弾した。[16]世界は沖縄のことを知り始めている。

続く抑圧と差別を前に結束する沖縄

　日米関係の内部構造を暴く数々の「密約」、公文書、『ウィキリークス』の公電、鳩山の告白（2-7章参照）からは、日本政府の沖縄差別や沖縄の民主主義制圧の実態、そして在日米軍を維持するためにはどんな代償も惜しまないという態度が垣間見える。このような暴露は東京やワシントンにとってはかすり傷程度のものでしかなかったのかもしれないが、日本と沖縄という、一国家と一地域の間に横たわる活断層に大きな揺さぶりをかけるものであったことは間違いない。「返還」後40年経っても本島の約20％を米軍に占領されている沖縄は、日本の他のどの地域よりも逼迫した状況にある。

　沖縄にとっての不当な現実は、米軍事支配を受ける「戦争国家」として、憲法9条を持つ「平和国家」から切り離された1952年、そして安保改定によりその分断が再確認された1960年を経て、1972年の「返還」時に日本国憲法と

その主権在民、基本的人権、平和主義の保障が沖縄に適用されるはずだったのに、実際には安保条約（密約部分も含む）が憲法の優位に立つ状態がずっと続いてきていることである。

そして 2010 年秋の知事選直前、さらに 2012 年半ばのオスプレイ強行配備計画時には、あたかも時機を合わせたかのように隣国との国境問題が再燃した。しかし、増大させた脅威感を追い風に軍備拡大を容認する空気を創り出そうとしても沖縄の民意は動かない。軍隊は住民を守らないという沖縄戦の経験は県民の血脈に世代を超えて引き継がれている（1 章参照）。日本を守るとされている日米「同盟」が今まで沖縄に強いられた犠牲の上にのみ成り立ってきたものであるとしたら、これ以上犠牲にはならないとの決心の下に結束した沖縄を前に、新基地建設は不可能である。仲井眞知事は 2012 年 7 月には、事故が続くオスプレイを強行配備しようとする森本防衛相に対し、もし事故が起これば「（県内の米軍の）全基地即時閉鎖という動きにいかざるを得なくなる」と踏み込んだ。[17] 保守派であっても沖縄差別への怒りは全県と共有する。那覇の翁長市長は自民党県連の幹事長を務めた人だが、2010 年 4 月 25 日の「米軍普天間飛行場の国外・県外移転を求める県民大会」では「今ここに県民の心が一つになった」と宣言した。翁長が語ったような沖縄の姿は、2012 年になって「化学変化」とまで呼ぶ人も出てきた。[18] オスプレイ配備には沖縄県議会と、全 41 市町村が反対決議をしている。

日本政府と市民は、この沖縄の全県蜂起とも言える動きをどう受け止めるのか。いわゆる「沖縄問題」を解決しようと思うのなら、まず「問題」は沖縄にあるのではなく沖縄に基地を押し付け続ける日本や米国の方にあることを認識すべきである。そして、辺野古基地建設計画を取り下げることによって沖縄の過重基地負担を取り除く第一歩を踏み出すことである。沖縄の抑圧と米国への服従に基づいた日本の戦後政治の構造を根本的に見直し、主権侵害を許す日米安保と地位協定の改定や廃棄、平和条約への転換も含め、日米関係を再構築、近隣諸国と自主的な友好関係を築き直すことである。

2 日米関係再考

日本政府の固執をよそに、視点の変化が広がる米国

そして動かない双璧のもう一方である米国からも異なる視点が次々と発信されている。米国の対日政策に影響力を発揮してきたジョセフ・ナイは先述のように 1995 年の「ナイ・イニシアチブ」(「東アジア安全保障戦略」) において、冷戦後の米国世界戦略の一環として日本と韓国に 10 万の兵力を維持する構想を打ち出し、米軍と自衛隊統合のための「再編」とそのための新施設建設を強く主張していた。しかしこのナイが、2011 年 11 月 21 日の『ニューヨーク・タイムズ』で「現在計画している海兵隊の沖縄県内での移動は沖縄県民に受け入れられる可能性は少ない」と述べた。普天間の県内移設を推進したSACOの中心人物であったナイの、沖縄の民意を前にした降伏宣言であったと言える。

コロンビア大学政治学者のジェラルド・カーティスも日米関係を支えてきた学界の重鎮である。2011 年の初頭「新・下田会議」でカーティスは、鳩山の「県外」約束がそれまで抑え込まれていた沖縄の民意を噴出させたことを「パンドラの箱を開けた」と否定的に見た。鳩山が提唱したような日米の「対等」な関係を目指したいのなら、米軍を削減したり米国にノーと言えるようになったりすることによるのではなく、改憲による日本の軍事的役割増大によって達成しろと言わんばかりの演説であったが、辺野古移設については「住民がこれだけ反対している中、日米合意に基づいて基地移設をむりやりに決行するのは無謀である」と言っている。

また、ウェブ、マケイン、レビン、ジョーンズといった米国の議会と軍隊の指導者たちは 2010 年の終わりごろから米国の外交政策を再考するように訴えている (8 章参照)。ウェブとマケインとレビンは 2011 年 5 月 11 日に辺野古基地建設計画を「非現実的で、実行不能で、費用がかかり過ぎる」と表明している。それを聞いて菅政権は狼狽したのだろう。政権の辺野古移設推進派の中心人物、前原誠司はその直後ワシントンに駆けつけ、辺野古案の履行を約束している。

しかしそういった動きは米国内の専門家にもウェブらと同様な意見が広がる

中、無駄な抵抗に過ぎないであろう。琉球新報ワシントン特派員の与那嶺路代（9章参照）が米国の学者や専門家らにインタビューを行ったところ、「辺野古移設は無理」、「在沖海兵隊の役割は希薄」などの声が「圧倒的に多い」結果となり、2011年になって「徐々に大きくなって」きたという。マサチューセッツ工科大学教授のリチャード・サミュエルズは「普天間は一刻も早く閉鎖しなければならない」、「米国に対しもっと責任を持ち、ノーと言えるようになるなら望ましい同盟関係だ」と語った。ジョージ・ワシントン大教授マイク・モチヅキは「辺野古移設は実行できると思わない。民主的手続きにのっとって選ばれた知事の支持を得ることが、この問題で不可欠だからだ。米政府の考え方は非現実だ。日米関係を専門とする私の米国の友人は誰1人として、5月合意が実行されると思っていない」と断言した。[23]

しかし、依然として米国の利益のためには沖縄の立場は度外視するような見方もある。米国保守派シンクタンクのヘリテージ財団のブルース・クリングナーは、もし合意通りの移設を野田政権が進められなければ、米議会でグアム移転の予算が削除され、グアム移転がなくなれば沖縄で反米デモが起こるとし、[24]「野田は沖縄に対し、日本の安全保障とアジアの平和と安定は地元の都合に優先するということを強調しなければいけない。沖縄振興費は普天間移設を条件とし、沖縄の不服従は交付金の削減につながるということを日本政府は沖縄に明確に伝えるべきだ」と述べている。[25] 日本の中央政治家や官僚も同じように思っていてもなかなか直接には言えないような露骨な脅迫だ。

ちなみにこのヘリテージ財団は2012年4月、石原慎太郎がワシントンで「尖閣諸島の都購入宣言」発言をしたシンポジウムの主催者であり、国交正常化40周年という記念すべき年に日中関係を最大の危機に陥れるきっかけを演出した団体である。日本の指導者やメディアは、ワシントンのこのような好戦的な勢力を「米国の声」として押し頂いたり報道したりするのではなく、先述したような良識の声に耳を傾け、日本市民の元に届けるべきである。

「属国」問題

日本による追従と米国による高慢と蔑視に基づいたこの不平等で共依存的な2国間の異常な関係は今まで十分に吟味されてきているとは言えない。米国に

とっては、戦争と占領を経た後、日本は今でも米国の一部のような存在であり、米国の世界および地域戦略の中で在日米軍の維持は不可欠であり、毎年日本政府から絞り取る米軍駐留費用の援助金は好都合な存在である（8 章参照）。

　逆に日本は、どうして自ら進んで屈辱的な従属をしているのか、理解に苦しむ人もいるだろう。一つに、いわゆる「白人」と呼ばれる欧米の民族に対して 16 世紀以来育み、内在化していった畏敬と劣等感やその裏腹の嫌悪感、一方では「脱亜入欧」という概念に象徴されるようなアジアの他民族に対する差別感や「指導民族」意識形成という、複雑な人種主義が戦争期から現在まで果たしてきている役割を抜きにこの関係は語れないだろう。この問題について深く追究することは本書の趣旨ではないが[26]、例えば、裕仁天皇が新憲法施行（1947 年 5 月 3 日）直後に「アングロサクソンの代表者である米国」に日本の安全保障を任せるとマッカーサーに語ったことはこういった屈折した人種主義を表徴していると言える[27]。

　実際、裕仁は上記のような発言によって戦後の日米属国関係に影響を及ぼした。新憲法で天皇主権を放棄させられて国民の 1 人に過ぎなくなった彼が、戦争と武力放棄を掲げる新憲法施行 3 日後に日本の安全保障（つまり軍備）を戦争国家米国に任せるという発言をしたということは、憲法施行後初の違憲的行為とも言えるのではないか。もちろん彼の違憲的影響力にはそれを容認し利用した米国が大きな役割を果たした。

　裕仁は、関西学院大学の豊下楢彦の著書『安保条約の成立』が示すように、その後も米国の反共派との直接のチャンネルによって講和、安保といった重要な政策に影響を及ぼしていく。それは、ジャーナリスト、ジョン・G・ロバーツとグレン・デイビスが『軍隊なき占領』で明らかにしたように、戦後、米国の巨大企業を背景にした政治家ジョン・F・ダレスら反共勢力「対日アメリカ協議会」（ACJ）を中枢とする「ジャパン・ロビー」がマッカーサーの民主化、非軍事化政策を凌駕して「逆コース」を敷いたことと深く関連している。この「ジャパン・ロビー」が裕仁や、戦犯刑務所から釈放された岸信介等の保守（資本主義、軍国主義、天皇支持）政治家や官僚らと共同で、財閥復活、再軍備といった「逆コース」の指揮を取り、戦後日本の政治経済制度と日米関係を下支えしてきた[28]。このような共謀性を伴う属国関係が現在まで政財官界、メディア、学

界を支配し続けてきているのだ。これらの勢力が一体化して「米国の圧力」を演出して政策や世論に影響を及ぼしてきている姿は5章でも見てきた。序章では琉球・沖縄が「劇場的国家」とされたと書いたが、国民主権と民主主義を装いつつ、上記のような戦前からの既存勢力が米国のそれと結託して支配している日本こそが現在の「劇場的国家」なのではないか。

　日米関係がこの腐敗した属国関係から脱し、平等で相互尊重に基づくものに転換しない限り、日本の国民による主権は実現できず、東アジアやアジア全体の協力関係構築においても役割を果たせなくなるであろう。そしてこの属国関係の一番の被害者は言うまでもなく沖縄である。日本が米国に追従すればするほど、日本は沖縄を植民地的属領として扱うことによって埋め合わせをしてきたが、沖縄は既述のようにこれ以上の抑圧は許さないと結束しており、米日―日沖の多層支配の構造はもう通用しない。沖縄は、日米が過去の不正を正すことと、敬意を持って沖縄に接することを求めている。そうすることによって初めて日米関係も健康で持続可能なものになり得るのであり、日本も近隣諸国と信頼関係を築き直せるのである。

　また、近年問題となっている三つの隣国との「領土問題」についても、これは日米の「属国関係」が深く関わっていることを忘れてはいけない。「固有の領土」というような根拠のない論調に惑わされず、それらの背景において米国が果たしてきた役割を認識することが重要である。カナダのウォータールー大学の原貴美恵は、戦後対日領土処理から発生した「未解決の問題」は、冷戦の地理的前哨であると説明する。北方領土問題の相手国のソ連は全体が共産主義であった。竹島独島問題の相手は朝鮮半島であり、その半分は共産主義である。尖閣釣魚諸島問題の相手は中国であり、その大陸部分は全てが共産主義である。米国はアジア戦略において日本の西側確保が最優先であり、これらの未解決の問題はすべて「日本を囲む楔のように並んでいる」[29)]。そしてそれは米ソの冷戦が終結した後、新たに作られた米中の冷戦に引き継がれているのである。

　尖閣／釣魚諸島の場合、米国は沖縄返還時に施政権を返還すると言いながら領有問題を曖昧にしておくことにより、敢えて日中の紛争の種を残した[30)]。日本を近隣諸国と仲良くさせずに米国の極東の駒のままにしておくことで地域への影響力を保ち、米国にとっては地域の緊張を口実に基地維持と軍備拡張が可能

となる。沖縄関連では、何より「日中間の領土問題、特に沖縄近辺の島々を巡る領土問題が存在すれば、米軍の沖縄駐留はより日本にとって受容可能なものになる[31]」との思惑があった。

　日中ともに、2010年や2012年の日中間の紛争も全て米国の思うツボになっている、ということを冷静に見据えて、平和的な問題解決に共に取り組むべきである。

3　「普天間問題」を超えて

「普天間移設問題」を捉え直す

　沖縄の現在のたたかいの焦点は、辺野古新基地や高江ヘリパッド建設反対、オスプレイ配備反対といった緊急の課題に集中しており、それは当然のことであるが、普天間基地が県内移設なしで返還されても、日本の米軍専用基地を沖縄が負担している割合は74%から72%に減るだけである。まず、理論的に真の平等負担にするには沖縄の全国に対する面積割合である0.6%までに削減しなければいけないという点を踏まえるべきである。普天間基地の県内移設なしでの返還は平等のための第一歩であり、沖縄での日本国憲法の実現、特に第9条（戦争放棄）、第11条から40条（基本的人権）、第92条から95条（地方自治）の実現のための第一歩であるという文脈の中で捉える必要もある。そして沖縄が中国、台湾、東南アジアに近いことからも、米軍の過度な存在によって地域の緊張を創り出す場所としてではなく、新たな地域協力の枠組みを創り出す場所として捉えることも重要だ。

　そしてこのたたかいは、米国の世界的な軍事基地帝国の戦略的計画について大きな問いを投げかけるものでもある。ジョンズ・ホプキンス大学の政治学者ケント・カルダーが言うように、そもそも外国の軍事基地を主権国家内に置くということ自体が尋常ではなく、論争を呼ぶことなのである[32]。拡大し続ける米国軍事基地帝国や各地での無人機攻撃等の作戦は米国をますます紛争の泥沼に陥れ、自滅の道をたどらせるものだ[33]。沖縄の米軍基地は、この平和を求める島々自身を傷つけるのはもとより、米帝国による他国の主権侵害と市民に対する暴力の起点とされ続けてきている。沖縄のたたかいは沖縄だけでなく、他国の市

民を守るためのものでもある。

　さらに、この沖縄のたたかいは、日本の中で辺境地という位置に置かれ差別され続けた地域による中央に対する挑戦という枠組みでも捉えられる。2011年3月の東日本大震災後は東北、特に福島の東電福島第一原発周辺地域がこれに加わった。沖縄は福島の避難者を多く受け入れ、久米島には原発事故の影響を受けた子どもたちの保養所が作られた。東京大学の高橋哲哉は、経済成長、安全保障といった名目の下の国策遂行のために沖縄や福島等の脆弱な少数派に犠牲を強いる構造、「犠牲のシステム」の不当性を訴える[34]。沖縄国際大学の西岡信之も、中央政府が差別し見捨てる「棄民」ありきの政策を批判する[35]。西岡が指摘する「政官財労学情」（政界、官庁、財界、労働組合、学界、大メディア）という権力機構[36]が癒着し維持するシステムに対し、組織には属さない市民層が新しいメディアで横につながり、インターネット上または直接街頭に出て社会の違ったあり方を提示する市民たちからは、沖縄のたたかいから学び、沖縄の問題をわが問題として捉える人々も出てきている[37]。

新たな沖縄への動き

　過去400年間にわたり、競い合う地域帝国同士、国民国家同士、そして冷戦両陣営に挟まれた位置において、琉球／沖縄に自治の余地が許されることはあまりなく、独立においては尚更であった。しかし冷戦後20年以上経った今、地域の経済統合は進み、冷戦後の新しい安全保障と国際協力の仕組みを模索する中で、沖縄は新たな課題と機会に面している。米軍再編計画とのたたかいは、沖縄や沖縄の人々自身がアイデンティティや、地域における役割を問い直し、また新たに生み出す過程となってきているのかもしれない（9章の沖縄の人々の声参照）。

　沖縄の政治学者、島袋純は、戦後日本がかかえる根本的な問題は、その主権自体が実体のない「見せかけ」に過ぎないことだという。平和、人権、自治といった理念を掲げる日本国憲法に対して日米安保条約が実質的な上位を保っている体制が「戦後国体」となり、日本はその体制の矛盾に対し沖縄への基地押し付けという形で対処してきた。沖縄の「日本復帰」以来の運動はこの「米軍の特権が上で、憲法が下」の構造を覆し、人権、自治権、政治的主体性の回復

を目指すためのものなのである。

とりわけ、現在の沖縄差別への怒りが増すにつれ、琉球／沖縄の何らかの形での独立というものに支持が集まってきている。日本が沖縄を二級市民のように差別的に扱うにつけ、琉球国として独立していた過去にも照らし合わせ、日本国の枠組みの中でより自治権を高めるか、独立国家となる将来像を描く沖縄人もいる（9章、金城実のセクション参照）。

沖縄で独立を求める声は大きいとは言えないかもしれないが、2010年6月23日、「琉球自治共和国連邦」の名の下に、松島泰勝、石垣金星らが琉球を日本による差別から解放し、「戦争の島」から「平和の島」に変えるため、「独立宣言」を発表した。「連邦」は日本国に対し、1879年の「琉球処分」に対する謝罪と賠償、また「日米の密約により法的根拠が揺らいでいる」沖縄返還協定の破棄を求めた。松島らは、日本の政治経済や文化体制への同化を前提とはしない、琉球人が琉球人らしく琉球で平和に幸せに生きる道としての「独立」理論を体系的に確立してきている。

「県外移設」＝平等負担の訴え

また、沖縄と本土の関係を再交渉していくという動きは今、新たな展開も見せている。沖縄の人々は、沖縄から米軍基地を削減してほしいという要求だけではなく、本土に平等に負担して欲しいという要求をし始めている。沖縄の女性グループ「カマドゥー小たちの集い」のメンバーである著述家知念ウシは、日本は安全保障において沖縄に依存し過ぎていると指摘する。安保を肯定するのなら基地負担の責任を日本は自らが負うべきであり、普天間基地の移設も本土にすべきと主張する（9章参照）。こういった主張は最近までタブー視されてきた傾向があった。自分たちの苦しみを本土に味わわせたくないとの思いもあったからである。が、いくら訴えても政府の差別政策や本土の無関心は変わらないということもあり、近年になってそのタブーは破られるようになった。

社会学者の野村浩也も、日本人は民主主義の下で米軍基地を受け入れる決定をしているからには平等に基地負担をするべきであるのに、実際には沖縄に過重な負担を押し付けており、それは差別意識、植民地主義の表れであると糾弾する。これらの主張は安保を容認しているわけではなく、実際は逆である。本

土の人が安保を容認できるのは沖縄に押し付けることによって基地と軍隊と共に暮らす苦しみを知らないで済んでいるからであって、それを本当に知れば、知ろうとすれば、本土の人たちも安保撤廃に本腰を入れて動くのではないかという望みを持って言っているのである。

沖縄に長く住む米国出身の政治学者ダグラス・ラミスも、本土の人々が憲法9条と安保条約を同時に支持する矛盾を指摘し、基地問題を「沖縄問題」として切り離すことで自分たちとは関係ないこととしていると批判している。知念と同様に、日本国民の多数派が安保条約を支持し米軍基地を維持することを選ぶのなら、基地を平等に負担すべきであると訴える。今すぐ在日米軍全面撤廃を訴えることは非現実的であり、それは沖縄の現在の基地負担を半永久化させることを支持することに等しいとする。[44]

沖縄の運動は平和運動であると同時に、日本による不平等な扱いに対する反対、反植民地主義に基づく抗議であり、「県外移設」の訴えの核心はここにある。

沖縄の仲井眞県知事も普天間基地を「東京でいえば日比谷公園みたいなところですよ」[45]と言い、基地の「県外移設」を要求している。本土の人々が想像力を働かせて沖縄への構造的差別に気づくように仕向けられた言葉だ。沖縄の犠牲の強要によってのみ平和憲法の恩恵を受けられるということに目をつぶっている本土に直接突きつける挑戦状である。

帰属の相対性と、運動の普遍性

以上のような議論を踏まえつつ、大国の論理と利害に翻弄されてきた沖縄による抵抗運動について、中国社会科学院研究員、孫歌の考察は示唆に富んでいる。

日米と抵抗できる「国家機構」を持たない状況下、沖縄人は「合法的闘争の制度空間」を利用し、不断に米国の軍拡と日本の共謀を牽制しつつ、「具体的な闘い」の中、机上の空論ではない理念、「本当の政治力」を育んできた。[46]孫から見ると、外部の人間からは沖縄が日米からの独立、歴史における琉球への回帰、あるいは独立自治を最終目標として運動しているように見えるが、沖縄のたたかいの目標はもっと高いところにある。

……沖縄のような社会では、帰属という、主権ともまたアイデンティティとも関連

する問題は相対的なものであらざるを得ない。沖縄の思想家は、無条件の日本復帰にも、また絶対化された沖縄独立にも同様に警戒感を持っている。……単に被害者として見られることも拒否し、同時に彼らの「辺境」の位置を中心へと取り換えることも拒否するとき、彼らは我々のために人類の未来の理念を生産しているのである。[47]

孫は、ある沖縄の活動家との会話の中で、その人にとっては沖縄人のたたかいの目標は米軍を沖縄から撤退させることだけではなく、他の太平洋の地域に移動することもよしとせず、「本当の意味で戦争の潜在的な脅威を消滅させること」にあることを知り、「何と言う政治的責任感だろう！」と驚嘆する。[48]「沖縄人の奮闘は自身の困難を解決する手段にとどまらないもので、むしろそれによって原理を創り出すことなのだ」と。孫が指摘する「沖縄人の反戦平和における国際的な視野、沖縄人が覇権に反対する平等共生の理念、沖縄の思想家がアイデンティティの問題について表す覚めた判断力[49]」は、沖縄という特定の場所の歴史と政治的状況が生み出したものであるとしても、周辺地域や世界に示唆する普遍性を持つのではないだろうか。

確かに、沖縄にとって「帰属」は相対的なものであらざるを得ない状況だったであろう。琉球王国時代の冊封進貢関係を通じた中国との緩やかな主従関係、薩摩侵攻以降は薩摩を通じた日本による同時支配、「琉球処分」による強制的な日本帰属、そして第二次世界大戦後米国に占領され、「返還」後は日本の一部となりながらも日米共謀の軍事占領を被ってきた。琉球処分後には日本は宮古・八重山を中国に割譲しようとしたときもあり（序章参照）、アジア太平洋戦争終盤1945年6月に、天皇は近衛文麿を特使としてロシアに送る計画で、国土については沖縄、樺太、小笠原を「捨て」てもいいという和平条件を用意していたのである。[50]そのような歴史的背景をかかえている沖縄にとって、領土問題における「固有の領土」論などご都合主義で空虚なものにしか映らないのではないだろうか。

近隣諸国と自由な交易を行っていた琉球にとっては、国境とか領土といった概念が持つ意味は薄かった。沖縄の歴史学者新崎盛暉は「……中国は、周辺諸国に朝貢は求めても、支配や経済的収奪を及ぼそうとはせず、むしろ実利的には恩恵を与えてきた」と言う。[51]

『ウィキリークス』で明らかになった2006年4月26日のトーマス・ライシュ

在沖米総領事（当時）の公電によると、琉球／沖縄の対中国関係の認識は日米のそれとはかなり異なり、沖縄の人々は日米ほど中国の台頭を脅威視していない。それは琉球王国時代からの中国との関係もあるが、沖縄は日米から受けたほどの被害を中国からは被っておらず、中国に対する脅威視は暗に駐沖米軍の正当化にもつながるから沖縄のメディアも控えめであるとの見解であった。この公電は、そのような「米軍基地に関する地元の環境」をことさら強調はしていないが、その後かつてないほど尖閣釣魚問題が表面化し深刻化していった経緯に鑑み、沖縄の中にも「固有の領土」論が少なからず聞かれるようになったことを思うと、近年、中国の脅威についての認識が沖縄の米軍基地の維持・強化に対する沖縄の人々の心理を操作するために利用されてきた可能性は否めない。日中の国境問題に沖縄を巻き込むことは、孫の言う沖縄の運動の普遍性に寄与している「相対的な帰属」への絶対化への重圧を意味する。

沖縄──「市民」であることとは

浦島悦子(9章参照)は、2012年9月9日オスプレイ反対集会の後、こう書いた。

> 正直言って、私たちはこれまでがんばれるだけがんばってきた、これ以上、どうがんばれと言うのか、というのがおおかたの県民の本音だろう。しかし、あきらめるわけにはいかない。私たちがあきらめるのをほくそ笑んで待っている者たちの意のままになれば、私たちの後に続くいとしい者たちに同じ苦しみを押しつけることになるからだ。美しい空と海、緑の島を失うことになるからだ。[53]

この沖縄の壮大なたたかいがどのような結果になろうとも、沖縄の歴史、過去16年間の「普天間基地移設問題」をめぐる抵抗の歩みから日本、そして東アジア全体や世界全体が学べることがある。それは人間が「市民」として生きるということはどういうことなのか、ということである。それは自分たちのことは自分たちで民主的に決め、基本的人権が保障された平和な暮らしを送る権利を行使しようとする市民の姿、また、軍国主義の惨禍を忘れず、その罪を二度と繰り返させないという決意をもってたたかう市民の姿である。

本書では沖縄の抵抗の歴史と現在について、特に日本の読者を意識し、著者たちなりの分析と見解を提示した。この本を読む人それぞれが、沖縄の状況と沖縄の声をどう受け止め、これからどう自らが関わっていくのか、考えて決め

ていくための一助になれば幸いである。

【注】
1） TPP、消費税、普天間基地移設問題、原子力発電に関する野田政権の政策は、国会運営においても協力関係にあった自民党のものとほとんど見分けのつかないものであった。渡辺治「構造改革へと回帰する保守内閣」『週刊金曜日』2011 年 9 月 30 日。
2）「玄葉外相発言　踏みつけているのは誰か」『琉球新報』2011 年 9 月 7 日。
3） 外務省「日米首脳会談（概要）」2011 年 9 月 22 日。<http://www.mofa.go.jp/mofaj/area/usa/visit/1109_sk.html>
4）「Okinawa Governor Nakaima: an Irreparable Rift in Okinawa/Japan/US Relations Would Result From Forceful Construction of Henoko Base 仲井眞沖縄知事──辺野古基地の強行は沖縄・日米関係に修復不能の亀裂を残す」『Peace Philosophy Centre』2011 年 9 月 22 日。http://peacephilosophy.blogspot.ca/2011/09/okinawa-governor-nakaima-irreparable.html.
5）"Unrealistic Promise on Futenma," *Japan Times*, September 23, 2011.
6）「ゲート前市民『隔離』　専門家疑問視『法的根拠ない』」『琉球新報』2012 年 10 月 3 日。
7）「【オスプレイ配備】比屋根照夫氏に聞く（上）」『琉球新報』2012 年 10 月 9 日。
8） 由井晶子『沖縄──アリは象に挑む』七つ森書館、2011 年。
9） 沖縄戦から 20 世紀末の普天間基地返還・移設問題が勃発するまでの米日による沖縄軍事支配の実態を英語で出版したものとして、沖縄出身のジャーナリスト吉田健正（9 章参照）による『裏切られた民主主義：米占領下の沖縄』（ウェスタン・ワシントン大学、2001 年）がある。Kensei Yoshida, *Democracy Betrayed: Okinawa under U.S. Occupation*, studies in East Asia Vol. 23（Bellingham：Center for East Asian Studies, Western Washington University, 2001）.
10） Joint Statement of the Security Consultative Committee, April 27, 2012. http://www.mofa.go.jp/region/n-america/us/security/scc/pdfs/joint_120427_en.pdf「日米安全保障協議委員会　共同発表 2012 年 4 月 27 日」http://www.mofa.go.jp/mofaj/area/usa/hosho/pdfs/joint_120427_jp.pdf
11）「新移設先、含み残す表現　在日米軍再編・中間報告発表」『朝日新聞』2012 年 4 月 27 日。レビン氏らは代わりに嘉手納統合案を提案しているが、既に騒音問題が深刻な嘉手納基地の問題を悪化させるだけだと沖縄では反対の声が高い。
12） 防衛省・自衛隊「大臣会見概要」2012 年 4 月 27 日。<http://www.mod.go.jp/j/press/kisha/2012/04/27.html>
13）「辺野古移設　防衛相、振興策と一体で推進」『琉球新報』2012 年 9 月 30 日。
14） 例として、2012 年 2 月、3NGO による国際人種差別撤廃委員会への、辺野古基地と高江ヘリパッド建設の差別と人権の側面からの検証の要請。「国連：日本政府の CERD への回答に対する 3NGO からのコメント」『沖縄・生物多様性市民ネットのブログ』2012 年 8 月 31 日。<http://okinawabd.ti-da.net/e4045324.html>
15） 阿部小涼「繰り返し変わる──沖縄における直接行動の現在進行形」『政策科学・国

際関係論集』第 13 号、琉球大学法文学部、2011 年、71、75-77 頁。
16) "Ospreys in Okinawa," *New York Times*, September 14, 2012.
17) 「仲井眞知事『全基地即時閉鎖』に言及」『沖縄タイムス』2012 年 7 月 2 日。
18) 山田文比古「沖縄『問題』の深淵——むき出しになった差別性」『世界』2012 年 6 月号、98 頁。
19) Joseph S. Nye, "A Pivot That Is Long Overdue," *New York Times*, November 21, 2011.
20) ジェラルド・カーティス「日米関係の将来」『新・下田会議——激動する国際社会と日米戦略的パートナーシップの再構築』バックグラウンドペーパー、2011 年 2 月 22 日、2 頁。<http://www.jcie.org/japan/j/pdf/gt/newshimoda/curtis_j.pdf>
21) 同上。
22) 平安名純代「前原氏、米議員に現行案の履行を約束」『沖縄タイムス』2011 年 7 月 13 日。
23) 与那嶺路代「経済危機が揺るがす在外米軍体制——経済問題化する軍事費」『世界』2011 年 2 月号。インタビューを受けた他の専門家は元国防総省次官補代理のモートン・ハルペリン、MIT 教授のバリー・ポーゼン、元陸軍大佐でボストン大教授アンドリュー・バスビッチ等。
24) ブルース・クリングナー「野田首相への期待と懐疑」『毎日新聞』2011 年 10 月 8 日。
25) Bruce Klingner and Derek Scissors, "The US Needs a Real Partner in the New Japanese Prime Minister," The Heritage Foundation, Washington, D.C., August 30, 2011. http://www.heritage.org/research/reports/2011/08/the-us-needs-a-real-partner-in-the-new-japanese-prime-minister.
26) 戦争における人種主義の果たす役割については、ジョン・W・ダワー『容赦なき戦争——太平洋戦争における人種差別』(猿谷要監修、斎藤元一訳、平凡社、2001 年) を参照。
27) 豊下楢彦『安保条約の成立——吉田外交と天皇外交』岩波書店、1996 年、156 頁。
28) ジョン・G・ロバーツ、グレン・デイビス『軍隊なき占領——戦後日本を操った謎の男』森山尚美訳、講談社、2003 年。
29) 原貴美恵『サンフランシスコ平和条約の盲点——アジア太平洋地域の冷戦と「戦後未解決の諸問題」』渓水社、2005 年、290 頁。
30) 同上、276 頁。
31) Kimie Hara, "The Post-War Japanese Peace Treaties and China's Ocean Frontier Problems," *American Journal of Chinese Studies*, 11, no. 1 (April 2004) : 23.
32) Kent E. Calder, *Embattled Garrisons: Comparative Base Politics and American Globalism* (Princeton: Princeton University Press, 2007) : 1, 83.
33) David Vine, "Tomgram: David Vine, U.S. Empire of Bases Grows," *TomDispatch*, July 15, 2012. デイヴィッド・ヴァイン「米軍事基地帝国の今：水草のように歯止めなく世界中に増殖している小規模軍事基地『リリー・パッド』(デイヴィッド・ヴァイン、アメリカン大学)」*Peace Philosophy Centre*, July 25, 2012. http://peacephilosophy.blogspot.ca/2012/07/david-vine-lily-pad-strategy-from.html.
34) 高橋哲哉『犠牲のシステム——福島・沖縄』集英社、2012 年。
35) 西岡信之「補章 2 原子力『核』のない無戦世界を——3.11 福島原発事故を問う」石

原昌家編『ピース・ナウ沖縄戦——無戦世界のための再定位』法律文化社、2011年、177-178頁。
36) 同上、179-185頁。
37) Satoko Oka Norimatsu, "Fukushima and Okinawa –The 'Abandoned People,' and Civic Empowerment," *The Asia-Pacific Journal: Japan Focus*, November 21, 2011. http://www.japanfocus.org/-Satoko-NORIMATSU/3651.
38) 島袋純「日米安保の変容と沖縄の自治」『沖縄は、どこへ向かうのか』沖縄大学地域研究所、2012年6月23日、121-141頁。(2010年12月19日沖縄大学における第471回沖縄大学土曜教養講座『ジャパン・フォーカス』フォーラム「沖縄は、どこへ向かうのか」報告集)。
39) 島袋純「自治州となり絆を再生する」(『朝日新聞』2010年8月24日)に表現された感情を言い換えている。
40) 「琉球自治共和国連邦」の独立宣言については以下を参照。松嶋泰勝「『琉球』独立で『平和な島』に」『週刊金曜日』2010年7月23日。『NPO法人ゆいまーる琉球の自治』ウェブサイト <http://ryukyujichi.blog123.fc2.com/>
41) 松島泰勝『琉球独立への道——植民地主義に抗う琉球ナショナリズム』法律文化社、2012年。
42) 知念ウシ「日本こそ沖縄から自立して」『朝日新聞』2010年8月24日。
43) 野村浩也『無意識の植民地主義——日本人の米軍基地と沖縄人』お茶の水書房、2005年、25-41頁。
44) C・ダグラス・ラミス『要石——沖縄と憲法9条』晶文社、2010年、169-212頁。
45) 2011年12月16日参議院沖縄及び北方問題に関する特別委員会における仲井眞知事の参考人発言より。
46) 孫歌「沖縄に内在する東アジア戦後史」『アジアの中で沖縄現代史を問い直す』沖縄大学地域研究所、2010年11月30日、60-61頁。
47) 同上、63-64頁。
48) 同上、54頁。
49) 同上、64頁。
50) 豊下楢彦「『尖閣購入問題』の陥穽」『世界』2012年8月号、44-45頁。
51) 新崎盛暉「尖閣諸島（釣魚諸島）問題と沖縄の立場」(「環球時報第一稿」として、2010年12月19日於沖縄大学ジャパン・フォーカスフォーラム『沖縄は、どこへ向かうのか』で配布された)
52) Reich, Cable 06NAHA103, "Okinawan Exceptionalism: The China Threat or Lack Thereof," April 26, 2006, *WikiLeaks*. http://wikileaks.org/cable/2006/04/06NAHA103.html.
53) 浦島悦子「これでもヤマトンチュウには聞こえないのか？」『自然と人間』2012年10月号。

あとがき──日本は「愚者の楽園」のままでいるのですか？

　この本の元になっている英語の本 *Resistant Islands: Okinawa Confronts Japan and the United States,* Rowman & Littlefield, 2012（『抵抗する島々：日米に立ち向かう沖縄』2012年7月末発刊）が生まれるきっかけには、私の尊敬する2人の方との関わりがありました。1人は元沖縄県知事の大田昌秀さん、もう1人はこの本の共著者であるガバン・マコーマックさんです。ガバンさんとは、オンライン英語誌『アジア太平洋ジャーナル：ジャパン・フォーカス』（www.japanfocus.org）を通じて、沖縄の立場を英語で世界に伝える仕事を一緒にしてきました。2010年夏、『ジャパン・フォーカス』のために大田さんにインタビューしたとき、これから沖縄に役立つにはどうすればいいか、と助言を求めたところ大田さんは「まず何か書くことから始めたらいい」と言ってくれました。それをガバンさんに伝えたところ、「それなら一緒に書こう」と言われ、この本の企画が始まったのです。

　私は2004年ごろから地元カナダ・バンクーバーで「バンクーバー9条の会」や自らの団体・ウェブサイト Peace Philosophy Centre を通じて活動してきました。2006年バンクーバーで開催された「世界平和フォーラム」で憲法9条についての会議のパネルに参加したとき、最後に沖縄から来ていた大西照雄さんが発言のために立ちました。時間がないので1分でと言われたとき、大西さんは顔を歪め「沖縄のことを1分では話せない」と、発言をやめました。200人以上の参加者で埋め尽くされた会場には重い沈黙が漂いました。9条の素晴らしさを語る会議で沖縄の声が聞かれなかったのは、今にして思えば、宮城康博さんが本書9章で言う「光である9条のもたらす闇の日米安保」に押し込められた沖縄を象徴するような出来事でありました。これが、遅まきながらも、自分が沖縄に真剣に向かい合う精神的出発点となったと思っています。

　沖縄は、40年前の「復帰」にあたり、日本の「平和憲法の下に」戻ったと一般的に捉えられているようですが、沖縄の人々はむしろ、米国の軍政下から脱して日本の新憲法を採用することを選んだと言えるのではないでしょうか。

しかし「復帰」をしても結果的に沖縄は裏切られ、40年経った今も軍事占領状態は変わらず、憲法は沖縄の地に実現していません。私は沖縄を抑圧し続けた日本本土出身の人間として、日本有権者の1人として、沖縄に正義をもたらす責務があると感じています。そして、9条と安保の矛盾や、日本による沖縄差別に直面しない9条運動など、しない方がましだと考えるようになりました。というより、私にとっての9条活動、すなわち平和と非戦のための活動は、沖縄に平和と正義をもたらす活動とイコールになりました。

日本は、今すぐ安保を解消しないのなら、長年の沖縄への差別と抑圧に対し償うためにも、今すぐ米軍基地を平等に本土で受け入れるべきです。土地や人口の比率での平等を真に実現するためには、沖縄の負担を現在の74%から1%かそれ以下にしなければいけません。自分が日本にいないからそんなことが言えると言われるかもしれませんが、私は、米軍犯罪や事故にいつ巻き込まれるかわからない住環境に自らと家族を置いてもいいのかという問いにYESと答える覚悟を決めて、これを言う決心をしました。本土の人（米軍基地直下に住んでいない大多数の本土の人）には、自分が基地直下に住んでいたらどうなのか、という危機感と想像力を持って安保体制に対峙して欲しいのです。このまま沖縄の人々に犠牲を強いて平気でいることを続けるのか、自らの人間性を喚起して無関心をやめる決意をするのか。

もちろん私は基地を支持していないし、日本の主権を取り戻すために米軍は日本から撤退するべきと思っています。しかし本土に移すことで1日でも早く沖縄から基地がなくなるのだったら、そうするべきと考えています。何十年後に原発がなくなる（かも）と政府に言われても誰も安心などできないのと同じで、基地と共に生活する沖縄の人々に、そのうち安保をなくすからと言うだけで年月が過ぎていく状況は無責任すぎます。日本有権者は安保を支持するなら、基地も受け入れるべきです。安保を支持しなくとも、米国とは安保条約をやめて平和友好条約を結び直せる政党を総選挙で今すぐ与党にすることができないのなら、基地負担の不平等をまず解消するべきです。沖縄「返還」交渉時に佐藤首相の密使を務めた若泉敬は晩年、平和を享受しながら沖縄に目を向けない本土を「愚者の楽園」と呼びました（2010年6月19日放送NHKスペシャル『密使　若泉敬　沖縄返還の代償』）。日本の皆さんは、このまま「愚者の楽園」にい

ることを選びますか、それとも誇り高き別の道を歩むことを選びますか。

　上に「日本本土出身の人間として」と書きましたが、この本を作るにあたり大事なレッスンを与えてくれたのは、知念ウシさんでした。本書9章では沖縄の8人の方にメールによるインタビューをしたのですが、知念さんは彼女のセクションに書いてあるように、私たち著者が自分たちのことを知ってもらう努力もしないで、アイデンティティといった個人的な質問を送るという失礼なことをしてしまったことを気づかせてくれたのです。1903年の大阪万博で、沖縄やアイヌ、朝鮮や台湾の人々を「展示」した「学術人類館」事件における好奇の「まなざし」と同じ視点を、私たちのインタビューに感じたというのです。これには、私はショックを受けましたが、本当にその通りと思いました。これが、沖縄や沖縄の人たちとかかわる自分の主体性というものに直面し内省するきっかけになりました。

　私は、16歳まで東京で育ち、高校2、3年はカナダで留学生活を送り、日本の大学を出て、国際教育交流の仕事に従事した後、大学院留学が目的で、1997年、夫と再びカナダに行きました。子どもができたこともあり、結果的には定住して現在は、日系移民、または「新カナダ人」a new Canadian と言われるような立場で暮らしています。平和活動に従事するようになったのは、この多文化社会に少数派として住んでこそ、日本が憲法を変えて戦争国家に戻っていこうとする姿、戦争中日本がアジア隣国に対して与えた夥しい被害の数々、現在も続く日本での女性や少数派に対する差別がより明確に見えてくるようになったからだと思います。さらに、「民主主義」や「自由」を標榜しながらも、実際は全ての戦争と不正義の背景にある物質欲と資源浪費を社会基盤とし、軍産複合体が支える権力機構が支配する「先進国」に住むことにより、世界の暴力、貧困、環境破壊に加担している自らの矛盾も意識するようになりました。今日ここで、自分のアイデンティティを聞かれたら、上記のような矛盾に対峙しながら、ものを書き、活動する人間であり、女性であり母親である、と言えると思います。

　自分のことをここに敢えて書いたのは、知念さんに指摘されたように、自分が誰なのか、言い換えれば、9章で沖縄の皆さんに聞いた質問を自分自身が答える責任を感じたからです。同時に、この本を読む日本の皆さんにも、自分の

たどってきた道のりを示した上で、「あなたはどうしますか？」と尋ねたいからです。

　この本の出版にあたってお礼を言いたい方々が沢山います。まずは共著者のガバン・マコーマックさん。根幹の問題意識を共有しているという信頼感に支えられ、ここまで一緒に来られました。そして翻訳や編集、リサーチにおいて多大な助力をいただいた長谷三知子さんには、どんな感謝の言葉も足りないという思いです。平和と人権のための本を作り続けている法律文化社の小西英央さんの助言と編集のもとで日本語版を出せたことは何よりもの光栄です。お忙しい中、原稿の一部に目を通して助言や励ましをいただいた、石原昌家さん、浦島悦子さん、吉田健正さん、宮城康博さん、成澤宗男さんに心からお礼を申し上げます。また、最後の段階で翻訳に協力していただいた酒井泰幸さんに感謝いたします。写真や図表を提供いただいた豊里友行さん、牧志治さん、山内末子さん、高里鈴代さん、琉球新報社、沖縄タイムス社、沖縄公文書館、ヘリ基地反対協他、このスペースにはとても入りきらない沢山の方々にお世話になりました。

　今日、オスプレイ12機があっという間に沖縄の空と自然と住環境を侵していくのを見ながらペンを擱くのは表現しようのない悔しさを伴うものです。しかし冒頭に紹介した詩の「あきらめない！」の言葉を肝に念じ、沖縄の前に立ちはだかる「壁」を崩すための仕事を続けていきたいと思います。

　最後に、子どもたちへ。書斎にこもってばかりいた母親を許してください。夫へ。あなたの支えがあったからここまで来られました。ありがとう、心から。

2012年10月8日
　　　　　　　　　　　　　　　　　　カナダ感謝祭の日に

　　　　　　　　　　　　　　　　　　　　　乗松　聡子

■著者紹介

ガバン・マコーマック　　Gavan McCormack

　東アジア現代史。メルボルン大学卒業後、ロンドン大学博士号取得。リーズ大学、ラトローブ大学、アデレード大学で教鞭をとった後、1990年からオーストラリア国立大学太平洋アジア研究院歴史学科教授。現在、同大学名誉教授。その間、京都大学、立命館大学、筑波大学、国際基督教大学の客員教授を務めた。著書に *Client State: Japan in the American Embrace*（Verso, 2007）『属国——米国の抱擁とアジアでの孤立』（凱風社、2008）、*Target North Korea: Pushing North Korea to the Brink of Nuclear Catastrphe*（Nation Books, 2004）『北朝鮮をどう考えるのか——冷戦のトラウマを越えて』（平凡社、2004）、*The Emptiness of Japanese Affluence*（M.E. Sharpe, 1996）『空虚な楽園——戦後日本の再検討』（みすず書房、1998）等。英国出身、オーストラリア・キャンベラ在住。

乗松聡子（のりまつさとこ）　　Satoko Oka Norimatsu

　東京出身、カナダ西海岸に通算18年在住。レスター・B・ピアソンカレッジ卒、慶應義塾大学文学部卒、ブリティッシュ・コロンビア大学（UBC）経営学修士。国際教育交流事業運営、UBC異文化間コミュニケーションセンター講師を務めた後、2007年に「ピース・フィロソフィー・センター」（www.peacephilosophy.com）設立、代表。沖縄米軍基地問題、核兵器と原発問題、歴史認識問題等、日本とアジア太平洋地域の平和・人権・社会正義について英語と日本語で教育・研究・執筆活動を行う。海外の学生や教育関係者向けの広島、長崎、沖縄等への学習旅行の企画・講師・通訳も務める。訳書『広島・長崎への原爆投下再考——日米の視点』（法律文化社、2010年）他。

　ツイッター：@PeacePhilosophy　フェイスブック：Peace Philosophy Centre
（乗松は日本語版の翻訳・加筆修正も担当。）

　両著者はオンライン英文誌『アジア太平洋ジャーナル：ジャパン・フォーカス』（www.japanfocus.org）編集コーディネーター。同ジャーナルは2008年、沖縄についての英語発信を評価され、琉球新報社より池宮城秀意賞を受賞。

Horitsu Bunka Sha

沖縄の〈怒〉
―― 日米への抵抗

2013年4月1日　初版第1刷発行
2014年8月25日　初版第2刷発行

著　者	ガバン・マコーマック／乗松聡子
訳　者	乗　松　聡　子
発行者	田　靡　純　子
発行所	株式会社　法律文化社

〒603-8053
京都市北区上賀茂岩ヶ垣内町71
電話 075(791)7131　FAX 075(721)8400
http://www.hou-bun.com/

＊乱丁など不良本がありましたら、ご連絡ください。
　お取り替えいたします。

印刷：亜細亜印刷㈱／製本：㈱藤沢製本
装幀：白沢　正
ISBN 978-4-589-03485-4
Ⓒ2013 Satoko Norimatsu Printed in Japan

JCOPY ＜(社)出版者著作権管理機構　委託出版物＞

本書の無断複写は著作権法上での例外を除き禁じられています。複写される場合は、そのつど事前に、(社)出版者著作権管理機構(電話 03-3513-6969、FAX 03-3513-6979、e-mail: info@jcopy.or.jp)の許諾を得てください。

松島泰勝著 **琉 球 独 立 へ の 道** —植民地主義に抗う琉球ナショナリズム— Ａ５判・278頁・2800円	小国における脱植民地化過程の比較・実証研究をふまえ、琉球（沖縄）の政治経済的な独立の可能性を研究。琉球の独立を文化・思想面からだけでなく、包括的かつ実証的に再検討し、実現可能なロードマップと将来像を提案する。
石原昌家編 **ピース・ナウ沖縄戦** —無戦世界のための再定位— Ａ５判・218頁・2000円	意図的な沖縄戦の捏造の動向分析を踏まえ、国民保護法下の現代版「総動員体制」と沖縄を拠点とした「軍事強化」へ警鐘を鳴らす。3.11を契機に「有事」への協力要請が高まるなか、それに抗うとともに平和創造のためのメッセージを発信する。
島袋 純著 **「沖縄振興体制」を問う** —壊された自治とその再生に向けて— Ａ５判・328頁・4800円	あたかも返還前の沖縄のような米軍の全土基地化と自由使用の実態を前提に、その統治のあり方を問い、問題の本質に迫る。沖縄の人びとが求めた人権と自治の実現、平和な島への願いを叶えるための「統治の仕組み」を提言する。
孫崎 享・木村 朗編 **終わらない〈占領〉** —対米自立と日米安保見直しを提言する！— Ａ５判・264頁・2400円	日本は真の独立国家なのか。戦後日本を「終わらない占領」という視点から検証する。対米従属により主権・人権・平和が蔑ろにされてきたことを衝き、その克復には対米自立と日米安保条約見直しが必要であることを提言する。
貝澤耕一・丸山 博・松名 隆・奥野恒久編著 **アイヌ民族の復権** —先住民族と築く新たな社会— Ａ５判・246頁・2300円	アイヌ民族の復権へ向けた問題提起の書。二風谷ダム裁判をあらためて問い直すことを契機にアイヌ民族復権への根源的な課題を学際的かつ実践的アプローチにより考察。先住民族と築く多様で豊かな社会を提言する。
越田清和編 **アイヌモシリと平和** —〈北海道〉を平和学する！— Ａ５判・266頁・2600円	アイヌモシリ（北海道）が日本の植民地であったという「植民地支配の認識」をふまえ、北海道における平和を考える。アイヌ民族の軌跡を問い直すだけでなく、人権・開発・平和をオキナワやフクシマとの応答も含め、多様に考察する。

―法律文化社―

表示価格は本体（税別）価格です